国家电网公司

STATE GRID
CORPORATION OF CHINA

U0657837

国家电网公司运维检修部 组编

10kV电缆线路不停电作业

培训教材

中国电力出版社
CHINA ELECTRIC POWER PRESS

内 容 提 要

　　本书是国家电网公司10kV电缆不停电作业试点工作的重要成果之一，从作业基本原理、电力电缆基础知识、作业装备、作业指导书及现场实例等方面系统地对10kV电缆线路不停电作业进行了阐述。涉及面广，内容新颖、前沿，既有理论知识，也有工程实践，更汇聚了国内的最新发展。

　　本书力争在理论上讲透、在技能上按照标准化作业指导书的方式突出实用性和可参照性，从电缆运行、检修的角度突出知识够用和实际工作能力的培养。可供从事配网管理、不停电作业研究、生产工作人员的技术参考用书，也可作为带电作业取证人员的培训教材。

图书在版编目（CIP）数据

10kV电缆线路不停电作业培训教材/国家电网公司运维检修部组编. —北京：中国电力出版社，2013.10
　ISBN 978-7-5123-4919-3

　Ⅰ.①1⋯　Ⅱ.①国⋯　Ⅲ.①电力电缆-带电作业-技术培训-教材　Ⅳ.①TM726.4

中国版本图书馆 CIP 数据核字（2013）第 219281 号

中国电力出版社出版、发行
（北京市东城区北京站西街 19 号　100005　http://www.cepp. sgcc. com. cn）
航远印刷有限公司印刷
各地新华书店经售

*

2013 年 10 月第一版　2013 年 10 月北京第一次印刷
787 毫米×1092 毫米　16 开本　13 印张　318 千字
印数 0001—3000 册　定价 **40.00** 元

前 言

　　配电网不停电作业是以实现用户不中断供电为目的，采用带电作业、旁路作业等方式对配网设备进行检修的作业。作业方法包括绝缘杆作业法、绝缘手套作业法及综合不停电作业法。作业项目包括架空线路的带电作业、旁路作业、临时取电作业和电缆线路旁路作业及临时取电作业。

　　电缆不停电作业是配网不停电作业中对电缆线路开展的作业，可以达到用户不停电或少停电的目的。采用带电作业、旁路作业等多种作业方式可对电缆线路设备进行检修。

　　截止到 2012 年底，国家电网公司城市配网电缆化率已经超过 40%，经济发达地区的电缆化率甚至超过 80%，电缆线路在配网中所占的比重日益增高。开展电缆线路不停电作业，对减少电缆线路停电时间，进一步提升城市配网供电可靠性及优质服务水平具有十分重要的意义。

　　2011 年，国家电网公司运维检修部召集科研、生产、设备厂家等单位，对电缆不停电作业项目进行了多次技术讨论，根据当前国家电网公司配网电缆线路的实际情况，确定在目前已经开展电缆相关带电作业的基础上，将旁路作业法拓展延伸到电缆线路，逐步实现电缆线路检修、消缺和故障处理等工作的不停电作业，并编制了 Q/GDW710—2012《10kV 电缆线路不停电作业导则》。明确了带电断、接空载电缆引线、旁路作业检修电缆线路设备、临时取电作业等三类 6 项 10kV 电缆线路不停电作业项目的技术方案和安全作业原则。2012年，国家电网公司运维检修部在国网北京、天津、山东、上海、浙江、福建、湖北、湖南、重庆电力公司等单位开展了电缆不停电作业试点工作。经过近一年的试点工作，形成了一整套作业规程、方法和指导书。

　　2012～2013 年，国家电网公司运维检修部组织制定了 Q/GDW1811—2013《10kV 带电作业用消弧开关技术条件》、Q/GDW1812—2013《10kV 旁路电缆连接器使用导则》、《配网带电作业用绝缘斗臂车技术规范》（试行）、《旁路作业车技术规范》（试行）、《移动箱变车技术规范》（试行）等电缆不停电作业相关技术标准。

　　2013 年 3 月 5 日，国家电网公司运维检修部下发《关于印发推进 10kV 电缆线路不停电作业工作意见的通知》（运检三〔2013〕127 号），确定的工作目标为 2013 年重点城市和电缆化率超过 70% 的地市公司全面开展电缆线路不停电作业；2014 年电缆化率超过 50% 的地市公司全面开展电缆线路不停电作业；2015 年地市公司全面推广电缆线路不停电作业。

　　本书为电缆不停电作业工作的主要成果之一，全面地总结阐述了电缆不停电作业理论基础及实际操作内容，并着重对 10kV 电缆不停电作业三类 6 项操作主要危险点、关键技术措施、标准化作业指导书进行详细的阐述。第一章为电缆不停电作业基本原理，为电缆不停电作业方法和项目分类；第二章为电力电缆基础知识，介绍了电力电缆、环网柜及电缆分支箱的基础知识；第三章为电缆不停电作业装备，介绍了带电作业用绝缘工具、防护用具、斗臂车、绝缘平台、旁路作业车、移动箱变车、移动电源车等工具装备的技术条件及使用方法；第四章为标准化作业指导书，为三类 6 项电缆不停电作业的标准化作业指导书，以及关键步骤的现场照片；第五章为 10kV 电缆线路不停电作业现场实例。

本教材由国家电网公司运维检修部组织编写，国网浙江省电力公司、国网湖南省电力公司为主编单位，中国电力科学研究院、国网北京市电力公司、国网上海市电力公司、国网山东省电力公司、国网湖北省电力公司、国网河南省电力公司为参编单位。

限于编者水平，书中难免有疏漏和不妥之处，恳请各位专家和学者批评指正。

编　者

2013 年 9 月

目 录

第一章

电缆不停电作业基本原理

电缆不停电作业沿用配网不停电作业方法，主要包括绝缘杆作业法、绝缘手套作业法和综合不停电作业法。其作业项目包括带电断、接空载电缆引线，旁路作业检修电缆线路设备和临时取电作业。

第一节 作 业 方 法

一、绝缘杆作业法

绝缘杆作业是指作业人员在地面，或者登杆至适当位置，或者利用绝缘斗臂车、绝缘平台、绝缘梯等绝缘承载工具至适当位置，系上安全带，与带电体保持足够的安全距离，通过端部装配有不同工具附件的绝缘杆进行作业。操作人员的技能和熟练程度、作业项目的复杂程度及工具操作的方便性，直接影响到工作效率。采用该作业方式时，绝缘工具、绝缘手套和绝缘靴组成带电体，与地之间形成纵向绝缘防护，其中绝缘工具起主绝缘作用，绝缘靴、绝缘手套起辅助绝缘作用，形成后备防护。在相与相之间，空气间隙是主绝缘，绝缘遮蔽罩起辅助绝缘作用，组成不同相之间的横向绝缘防护，避免因人体动作幅度过大造成相间短路。该作业方法的特点是不受交通和地形条件的限制，在高空绝缘斗臂车无法到达的杆位均可进行作业，但机动性、便利性和空中作业范围不如绝缘斗臂车作业。现场监护人员应主要监护人体与带电体的安全距离、绝缘工具的最小有效长度，作业前应严格检查所用工具的电气绝缘强度和机械强度。

二、绝缘手套作业法

绝缘手套作业法是指作业人员借助绝缘斗臂车或其他绝缘承载工具（绝缘梯、操作平台等）与大地绝缘并直接接近带电体，作业人员穿戴全套绝缘防护用具，与周围物体保持绝缘隔离，通过绝缘手套对带电体进行检修和维护的作业方式。采用绝缘手套作业法时无论作业人员与接地体和相邻的空气间隙是否满足《国家电网公司电力安全工作规程（线路部分）》（简称《安规》）规定的作业距离，作业前均需对作业范围内的带电体和接地体进行绝缘遮蔽。在作业范围窄小、电气设备密集处，为保证作业人员对相邻带电体和接地体的有效隔离，在适当位置还应装设绝缘隔板等，用来限制作业者的活动范围。在配电线路的带电作业中，不允许作业人员穿戴屏蔽服和导电手套。采用等电位方式进行作业，绝缘手套法也不应混淆为等电位作业法。

采用绝缘手套作业法（直接作业）时，相与地之间的绝缘承载工具（绝缘斗臂车、绝缘梯、操作平台等）起主绝缘作用，绝缘手套、绝缘靴起辅助绝缘作用。绝缘遮蔽罩及全套绝缘防护用具（手套、袖套、绝缘服、绝缘安全帽）用来防止作业人员偶然同时触及带电体和接地构件造成电击，形成后备防护。在相与相之间，空气间隙为主绝缘，绝缘遮蔽罩起辅助绝缘隔离作用，作业人员穿着全套绝缘防护用具，形成最后一道防线，防止作业人员偶然触及两相导线造成电击。

无论是直接作业法还是间接作业法，在被检修相上开展作业之前，均应采用绝缘遮蔽罩和隔离用具对相邻相带电体进行遮蔽或隔离，同时作业人员应穿戴全套绝缘防护用具。当采用绝缘手套直接作业时，橡胶绝缘手套外应套上防磨或刺穿的防护手套。

采用绝缘斗臂车进行带电作业，具有升空便利、机动性强、作业范围大、机械强度高、电气绝缘性能好等优点。采用高空绝缘斗臂车进行带电作业，具有一种便利、灵活、应用范围广泛、作业效率高、劳动强度较低的优点，能完成细致、复杂的检修工作，是目前配网带电作业采用的主要作业方式，但是它受地形条件限制。

绝缘平台一般由绝缘材料加工制作，安装固定在电杆上，是承载带电作业人员并提供人与电杆等接地体的主绝缘保护的工作平台，主要由抱杆装置、主平台及附件等组成。绝缘平台主要起相对于地的绝缘作用，工作人员不但可以利用绝缘器具选择间接作业法，也可以利用绝缘手套选择直接法进行作业。使用带电作业绝缘平台，为处于田间或山区及狭窄地区等绝缘斗臂车无法接近的配电线路开展带电作业提供了有利条件，可以有效解决山区带电作业受交通和地形条件的限制问题，是绝缘斗臂车的有效补充。但是劳动强度大，适用范围较窄。

三、综合不停电作业法

综合不停电作业法是利用旁路电缆、移动箱变车、移动电源车等作业工具及装备，在用户不停电或少停电的情况下，实现配电线路设备的检修。按照使用的主要工具装备，可分为旁路电缆作业、移动箱变车作业及移动电源车作业。

1. 旁路电缆作业法

旁路电缆作业法是通过一种柔性高压电力电缆、快速连接电缆接头和旁路开关在现场快速搭建一条临时旁路供电电缆线路，跨接故障或待检修线路段；然后通过旁路开关操作，将电源引向临时旁路供电电缆线路，保持对用户不间断供电；再断开故障线路段电源，进入停电状态下，对其进行检修，等检修完毕再重新投入运行。旁路电缆作业法架空线路或电缆线路设备示意图如图1-1所示。

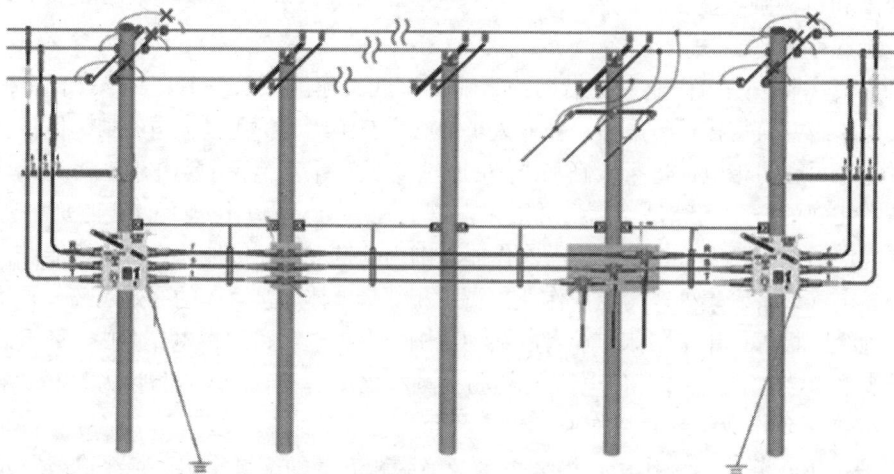

图 1-1 旁路电缆作业原理图（一）

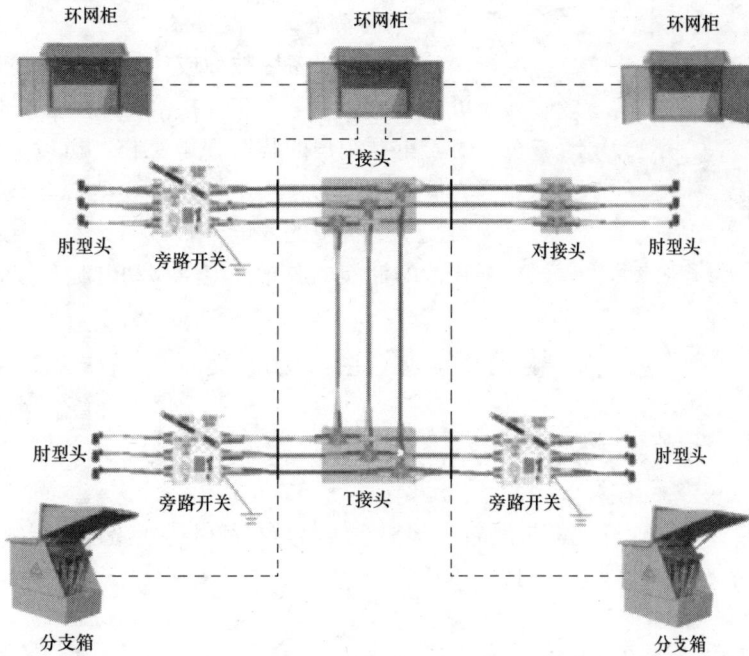

图 1-1　旁路电缆作业原理图（二）

2. 移动箱变车作业法

移动箱变车作业法是利用有箱式配变站的移动电源，通过负荷转移实现配电变压器的退出运行及停电检修；也可以实现对低压用户的临时供电。检修或更换变压器的旁路带电作业原理如图 1-2 所示。

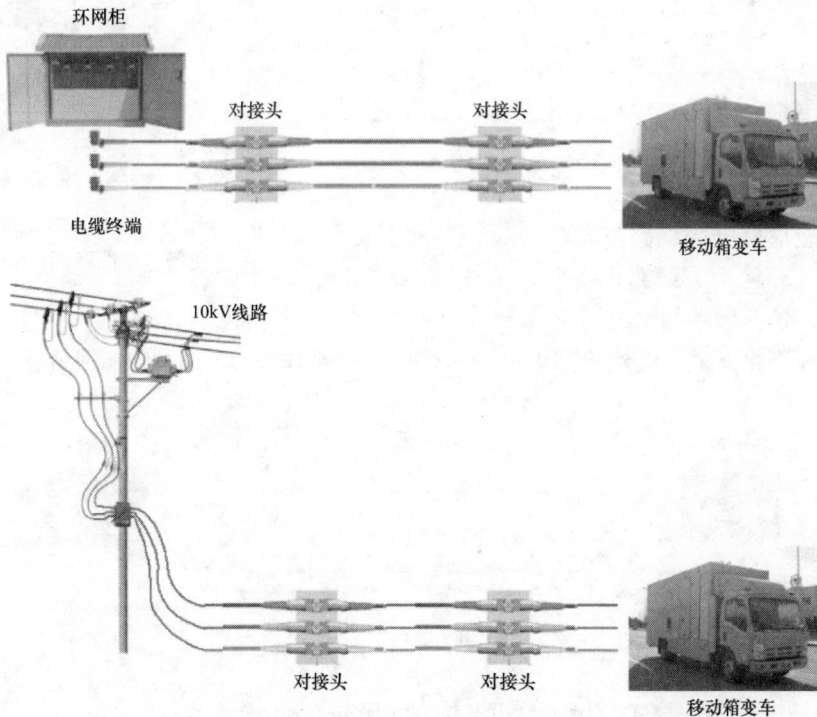

图 1-2　检修或更换变压器的旁路带电作业原理图

图1-3 应急移动电源车

3. 移动电源车作业法

当配电设备因故障或计划检修造成低压用户停电，可以利用移动电源车直接给低压用户临时供电。此外，对于重要用户的临时保电工作，可以将移动电源车作为低压用户的备用电源。移动电源车包括带有柴油或燃气发电机组的发电车，以及带有电池或飞轮等储能装置的储能电源车。应急移动电源车如图1-3所示。

第二节 项 目 分 类

一、带电断、接空载电缆引线

1. 项目需求

采用带电作业用消弧开关，带电断、接架空线路与空载电缆线路连接引线，解决电缆进线用户接入电网、检修时停电范围大的问题。

2. 项目介绍

带电断、接架空线路与空载电缆连接引线作业项目，主要用于架空线路与其T接的支线电缆之间无隔离开关、直连的情况，作业时需要采用专用的带电作业用消弧开关消除空载电缆电容电流的影响，其示意图及消弧开关如图1-4所示。

二、旁路作业检修电缆线路设备

1. 项目需求

采用旁路作业法，不停电（短时停电）检修两环网柜间的电缆、环网柜或电缆分支箱，解决电缆线路设备检修停电时间长的问题。

2. 项目介绍

旁路作业检修电缆线路设备作业项目主要用于在检修电缆、环网柜等线路设备时，无法利用网架结构进行用户负荷转移的情况。

图1-4 带电断、接空载电缆连接引线现场示意图及消弧开关

（1）两环网柜间电缆线路不停电（短时停电）检修作业示意如图1-5所示。

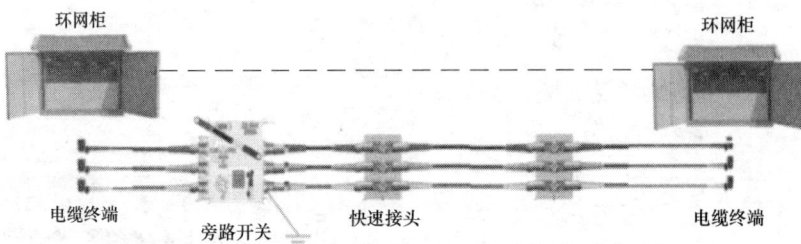

图1-5 电缆线路不停电（短时停电）检修作业示意图

（2）环网柜（分支箱）的不停电（短时停电）检修作业示意如图 1-6 所示。

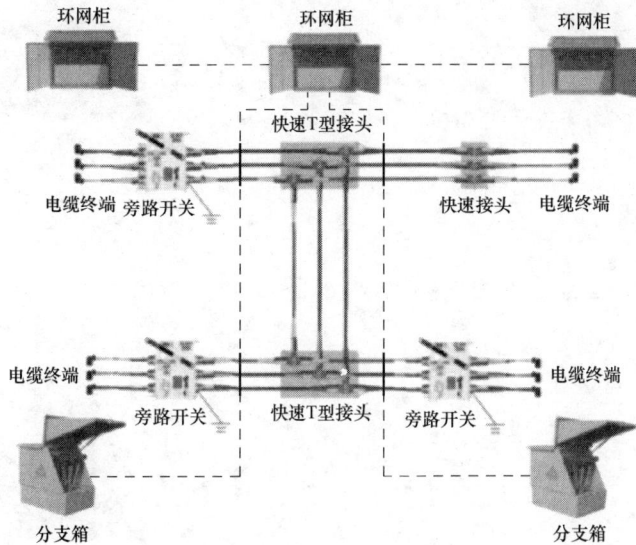

图 1-6　环网柜（分支箱）的不停电（短时停电）检修作业示意图

三、临时取电作业

1. 作业需求

采用旁路作业设备，从就近的架空线路、环网柜、可带电插拔电缆分支箱临时取电。给因故障造成停电的重要用户或居民用户应急供电，给保电用户提供备用电源。解决重要用户或居民用户故障停电时间长的问题，增加重要用户保电技术手段。

2. 项目介绍

（1）从架空线路（环网柜、可带电插拔电缆分支箱）临时取电给环网柜（分支箱）供电作业示意如图 1-7 所示。

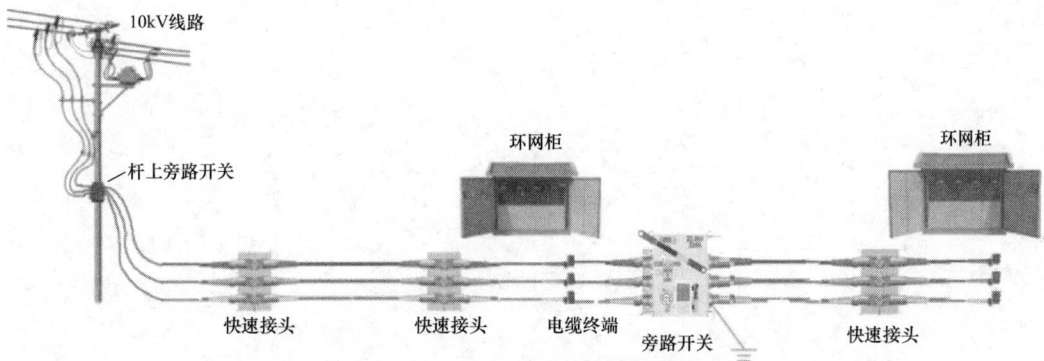

图 1-7　临时取电给环网柜供电作业示意图

（2）从架空线路（环网柜、可带电插拔电缆分支箱）临时取电给移动箱变供电作业示意如图 1-8 所示。

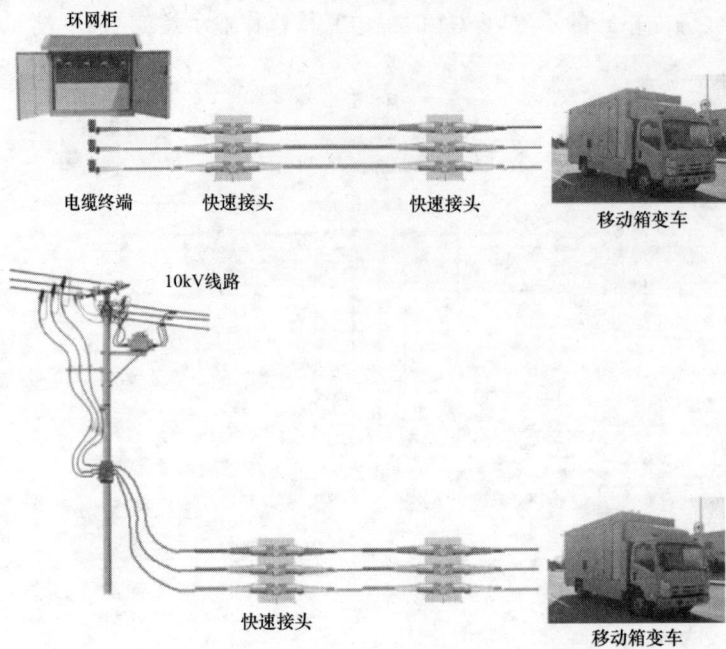

环网柜

电缆终端　　　快速接头　　　快速接头　　　移动箱变车

10kV线路

快速接头

移动箱变车

图 1-8　临时取电给移动箱变作业示意图

第二章

电力电缆基础知识

随着城市的发展，配电网越来越多地采用电缆线路供电，与架空线路相比，电缆线路具有受外界环境影响小，供电可靠性高，占地面积和空间小，美化城市，适应城市发展的优点。但是，电缆线路也有投资大，出现故障查找困难，检修时间长等问题。因此大力发展电缆不停电作业是配电网发展的必然趋势。

第一节 电 力 电 缆

一、电缆的分类

电力电缆通常按接电缆的绝缘和结构不同，可分为纸绝缘电缆、挤包绝缘电缆和压力电缆三大类。

1. 纸绝缘电缆

纸绝缘电缆是绕包绝缘纸带后浸渍绝缘剂（油类）形成绝缘的电缆，是使用历史最久的电力电缆，具有使用寿命长、价格低、热稳定性高等优点。其缺点是制造和安装工艺比较复杂。图 2-1 是 10kV 三芯统包油浸纸绝缘电缆的结构示意图。

2. 挤包绝缘电缆

挤包绝缘电缆又称固体挤压聚合电缆，是以热塑性或热固性材料挤包形成绝缘的电缆。10kV 交联聚乙烯（Cross Linked Polyethylene，XLPE）电缆是挤包绝缘电缆的一种，图 2-2 是其结构示意图。

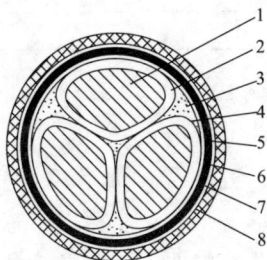

图 2-1　10kV 三芯统包油浸纸绝缘电缆示意图
1—导体；2—绝缘；3—填料；4—统包层；
5—铅包；6—内衬层；7—铠装；8—外护套

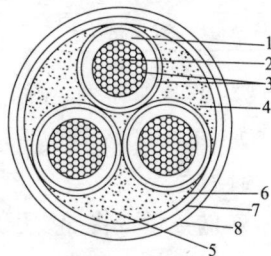

图 2-2　10kV 交联聚乙烯电缆构造图
1—绝缘层；2—线芯；3—半导体层；4—铜带屏蔽层；
5—填料；6—塑料内衬；7—铠装层；8—塑料外护层

目前，挤包绝缘电缆有聚氯乙烯（PVC）电缆、聚乙烯（PE）电缆、交联聚乙烯（XLPE）电缆和乙丙橡胶（EPR）电缆等。

3. 压力电缆

压力电缆是在老电缆中充以能够流动，并具有一定压力的绝缘油或气的电缆。油浸纸绝缘电缆的纸层间，在制造和运行过程中，不可避免地会产生气隙。气隙在电场强度较高时，会出现游离放电，最终导致绝缘层击穿。压力电缆的绝缘处在一定压力状态下（油压或气压），抑制了绝缘层中形成气隙，使电缆绝缘工作场强明显提高，由于成本高，施工难度大，所以一般用于 63kV 及以上电压等级的电缆线路。

二、电力电缆基本结构与材料特性

1. 电力电缆的基本结构

电缆的基本结构包括导体、绝缘层和保护层三大组成部分，对于 6kV 及以上电缆，还有内、外半导电层、金属屏蔽层，如图 2-3 所示。

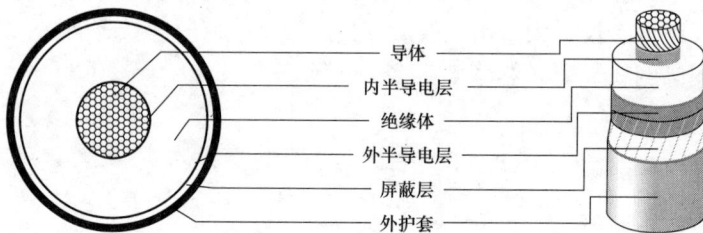

图 2-3　单芯电力电缆结构图

2. 导体的结构与材料

导体是电缆中具有传导电流特定功能的部件。

（1）常用电缆导体材料是金属铜和铝，这两种金属的电导率大，机械强度高，易于加工，其主要性能对比见表 2-1。

表 2-1　　　　　　　　　　　　铜和铝主要性能对比

名　称	铜	铝
密度（g/cm³）	8.89	2.70
20℃时的电阻率（Ω·m）	1.724×10^{-8}	2.80×10^{-8}
电阻温度系数（1/℃）	0.003 93	0.004 07
抗拉强度（N/mm²）	200～210	70～95

（2）我国规定的电缆导体截面积规格有 2.5、4、6、10、16、25、35、50、70、95、120、150、240、300、400、500、630、800、1000、1600、2500mm² 等。

（3）电缆导体数量与形状：单芯、两芯、三芯、四芯、五芯、3+2 芯、4+1 芯和 3+1 芯等，并根据线芯的数量，将导线压成圆形、半圆形、扇形等形状；小截面实芯（即独股），大截面导体由多根导丝绞合而成，满足电缆的柔软性和可曲度的要求。圆形绞合导体几何形状固定，稳定性较好，表面电场比较均匀。

3. 绝缘层的结构与材料

电缆绝缘层具有耐受电网电压的特定功能。在电缆使用寿命期间，绝缘层材料具有稳定的以下特性：较高的绝缘电阻和工频、脉冲击穿强度，优良的耐树枝放电和耐局部放电性能，较低的介质损耗角正切值 tanδ，以及一定的柔软性和机械强度。

（1）油浸纸绝缘：怕水，需金属防水层，除 500kV 及以上超高压充油电缆外，基本被交联电缆所取代。

（2）橡胶绝缘：乙丙橡胶电缆最高使用电压已达150kV。

（3）聚氯乙烯绝缘：介损大，含氯，运行温度低，一般只用于 6kV 及以下电压等级，即将被淘汰。

（4）聚乙烯绝缘：熔融温度低（70℃），最高工作电压达 500kV。

（5）交联聚乙烯：通过化学或物理方法将聚乙烯分子链间相互交联。最高运行温度可达 90℃，短路时导电线芯允许的最高温度可达 250℃，极大地提高了电缆的安全载流量和短路容量，其最高工作电压达 500kV。

图 2-4　电缆交联聚乙烯绝缘层

1～220kV 的各种电力电缆中，交联聚乙烯是当前应用最广的一种绝缘材料，几乎取代了纸绝缘。电缆交联聚乙烯绝缘层如图 2-4 所示。

4. 屏蔽层的结构与材料

（1）屏蔽层的作用和结构。

电缆屏蔽层是电阻率很低且较薄的半导电层，是改善电缆绝缘内电力线分布的一项措施。屏蔽层分为导体屏蔽（也称为内屏蔽）和绝缘屏蔽（也称外屏蔽）。导体屏蔽是包裹在导体上的非金属或金属电气屏蔽，与被屏蔽的导体等电位，并与绝缘层良好接触，使导体和绝缘界面表面光滑，消除界面处空隙对电性能的影响，避免在导体与绝缘层之间发生局部放电。

在绝缘表面和护套接触处也可能存在间隙，电缆弯曲时，油质电缆绝缘表面易造成裂纹，这些都是引起局部放电的因素。绝缘层屏蔽是包裹于绝缘表面的金属或非金属电气屏蔽，它与被屏蔽的绝缘层有良好接触，与金属护套（金属屏蔽层）等电位，避免在绝缘层与护套之间发生局部放电。

非金属屏蔽层为半导体材料，其体积电阻率 $10^3 \sim 10^6 \Omega \cdot m$。油纸电缆的屏蔽层为半导体电纸，这种是在普通纸中加入了适量胶体碳黑粒子。半导电纸还有吸附离子的作用，有利于改善绝缘电气性能。在高压充油电缆的绝缘屏蔽外，用铜带或编织铜丝带扎紧绝缘层，使绝缘层与金属护套有良好接触。

（2）交联聚乙烯电缆屏蔽层结构特点。

1）采用挤包半导体电屏蔽层，为提高局部放电起始电压和绝缘耐冲特性，改善绝缘层与外半导电层界面光滑度和黏着度，在封闭型、全干式交联生产流水线上，导体屏蔽、绝缘层和绝缘屏蔽采用三层同时挤出工艺。实行"三层共挤"，能使层间紧密结合，减少气隙、防止杂质和水的污染。

2）绝缘屏蔽层有可剥离屏蔽和粘结屏蔽两种，后者需要用特殊工具、溶剂、加热或同时用上述几种方法才能除去。35kV 及以下电缆一般为可剥离屏蔽，110kV 及以上电缆应为粘结屏蔽。

3）绝缘层屏蔽外有金属屏蔽层，它是将电场限制在电缆内部和保护电缆免受外界电气干扰的外包接地屏蔽层。在系统发生短路故障时，金属屏蔽层是短路电流的通道，金属屏蔽层有铜带和铜丝两种，35kV 及以上电缆应采用铜丝屏蔽。金属屏蔽层的截面积应根据系统短路容量、中性点接地方式经过计算确定。为了使系统发生单相接地或不同点两相接地时，故障电流流过金属屏蔽层而不致将其烧损，金属屏蔽层截面应符合表 2-2 的要求。采用铅包或铝金属套时，金属套可作为金属屏蔽层。

表 2-2 　　　　　　　　　交联聚乙烯电缆金属屏蔽层截面积（推荐值）

系统额定电压 U（kV）	6～10	35	66	110	220
金属屏蔽层截面积（mm²）	25	35	50	75	95

5. 护层的结构与材料

电缆护层是覆盖在绝缘层外面的保护层，它和导体、绝缘层统称为电缆的三大组成部分。护层的作用是电缆使用寿命周期保护绝缘层不受水分、潮气及其他有害物质侵入，承受安装与运行条件下的一般机械外力，使电缆不受机械损伤和各种环境因素影响，确保电缆绝缘的电气性能长期稳定。

护层的结构取决于电缆的电压等级、绝缘材料和使用环境。典型的护层结构包括内护套和外护层两部分。紧贴绝缘层的内护层是绝缘的直接保护层，外护层是内护套的保护层，它覆盖在内护套外面，增加电缆受控、抗压的机械强度，防止护套腐蚀及避免受到其他环境损害。通常，外护层由内衬层、铠装层和外被层三个同心圆层组成。充油电缆的外护层属于特种外护层，为承受电缆内部油压，铅护套充油电缆应有金属外强层结构。

（1）内护套的结构和材料。按所用材料不同，护套分为金属护套、非金属（橡塑）护套和组合护套三种。

1）金属护套。金属护套具有完全不透水性。油质绝缘电缆和 110kV 及以上的交联聚乙烯电缆应采用金属护套。按加工方式不同，金属护套分为热压金属护套和焊接金属护套。金属护套材料有铅、铝和钢。表 2-3 是铅和铝的主要性能对比表。

表 2-3 　　　　　　　　　　　　铅和铝的主要性能对比表

金属种类 性能	铅	铝
密度（g/cm³）	11.34	2.7
熔点（℃）	327	658
线膨胀系数（10^{-6}/℃）	29.1	23.7
抗张强度（N/mm²）	18～20	85
20℃时电阻率（Ω·m）	22×10^{-8}	2.8×10^{-8}
挤压温度（℃）	260	500
挤压压力（N/mm²）	200	500
硬度（HB）	4	20

铅的优点是熔点较低，质地较软，完全不透水，容易加工，化学稳定性好，耐腐蚀性能强；缺点是机械强度低，密度较大，具有蠕变性和疲劳龟裂性。此外，用作黏性油质电缆内护套，运行中会形成不可逆膨胀，致使电缆内形成空隙。

电缆铅护套的材料是铅、锑、铜合金，其中含锑 0.4%～0.8%，含铜 0.02%～0.06%，其余为铅。铅锑铜合金的机械强度和耐震性能比纯铅有较大提高，其耐震动疲劳次数在相同应力作用下要比纯铅多 2.7 倍左右。

铝的密度还不到铅的 1/4，而抗张强度几乎是铅的 5 倍，铝的蠕变性和疲劳龟裂性比铅合金要小得多。

与铅护套相比，铝护套有其突出的优点。铝的熔点较高，约为铅的 2 倍，因此，铝不能像压铅那样采取熔融剂制作护套。电缆铝护套的制造要用专门设备——压铝机。为了解决铝护套电缆敷设施工时能按允许半径弯曲，直径在 40mm 以上的铝包应增加扎纹工艺，即扎成波纹铝护套。铝的耐蚀性比铅差，因此，用于直埋、管道及水下敷设的铝护套电缆应有防水性能较好的外护套。

2）非金属（橡塑）护套。非金属护套有一定的透水性，用于本身绝缘为具有较高耐湿性的高聚物电缆。非金属护套材料是橡胶和塑料，如聚氯乙烯、聚乙烯、氯丁橡胶、丁基橡胶等。聚乙烯的防水性能比聚氯乙烯强。

3）组合护套（护套）。组合护层也称综合护层或简易金属护层。一般采用挤包皱纹铝套，或采用氩弧焊工艺焊接铝套，然后涂以沥青为防蚀涂料，再挤包聚乙烯或聚氯乙烯外护套，最后涂抹炭黑导电层，用于测量外护套绝缘电阻。组合护层仍具有塑料电缆柔软、轻便的特性，而由于铝带的隔潮作用，其透水性比单一的塑料护套要低得多。

（2）外护层的结构和材料。

外护层作用：外护层是包覆在电缆护套外面，保护电缆免受机械损伤和腐蚀或兼具其他特种作用的保护覆盖层。电缆外护层的结构主要取决于护套种类和敷设环境要求。

金属护套电缆通用外护层结构，一般分为内衬层、铠装层和外被层三部分。

1）内衬层。内衬层是介于金属护套和铠装层之间的同心圆层，其作用是保护护套不被铠装层扎伤。内衬层的厚度与电缆直径有关，直径较大，内衬层较厚，一般为 0.4～2mm。内衬层有绕包型和挤出型两种，绕包型内衬层的材料为沥青涂料、塑料带、无纺布，挤包型内衬层材料为沥青加聚氯乙烯或聚乙烯套。

2）铠装层。在电缆承受压力或拉力的场合，应用铠装层使电缆具备必需的机械强度。铠装层的材料主要是钢带或钢丝，钢带铠装能承受压力，适应于地下直埋敷设；钢丝铠装能承受拉力，适应于水底或垂直敷设。

3）外被层。外被层是铠装外的防腐层，能防止铠装层和金属护套遭受电化学腐蚀。外被层一般用聚氯乙烯或聚乙烯经挤包法制成，对被层材料经过适当特殊处理，可制成与某些特定环境相适应的电缆，如阻燃电缆、防白蚁电缆等。

4）铅套充油电缆特种外护层。铅套充油电缆特种外护层与通用外护层不同，它增加了一个"加强层"，以承受充油电缆的内部油压力。加强层的结构为绕包径向铜带或径向不锈钢带，在电缆承受向张力的使用环境，或者为适应通过系统短路电流的需要，在径向铜带或径向不锈钢带外面，再增加纵向窄铜带或纵向窄不锈钢钢带。

三、电力电缆型号及命名

电力电缆型号及命名以字母和数字组合表示。其中，以字母表示电缆的产品系列、导体、绝缘、护套、特征及派生代号，以数字表示电缆外护层。完整的电缆型号及命名还应包括电缆额定电压、芯数、标称截面及标准号。电缆的型号及命名如下：

```
 ┌─┐   ┌─┐   ┌─┐   ┌─┐   ┌─┐   ┌─┐   ┌─┐
 │1│   │2│   │3│   │4│   │5│   │6│   │7│
 └─┘   └─┘   └─┘   └─┘   └─┘   └─┘   └─┘
               芯数  护套        派生
          导体            特征
     产品系列              外护套
```

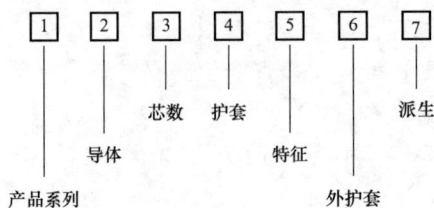

1. 产品系列代号含义

产品系列代号含义见表 2-4。

表 2-4 产品系列代号含义

产品系列名称	代　号	拼音文字	产品系列名称	代　号	拼音文字
纸绝缘电缆	Z	Zhi	橡胶电缆	X	Xiang
自容式充油电缆	CY	Chong You	丁基橡胶电缆	XD	X. Ding
聚乙烯电缆	Y	Y Jiao	阻燃电缆	ZR	ZuRan
交联聚乙烯电缆	YJ	Y Jiao	耐火电缆	NH	NaiHuo
聚氯乙烯电缆	V		引导电缆	D	Dao
控制电缆	K	Kong	光缆	G	Guang

2. 导体代号

以 L 作为铝导体代号，而铜导体代号 T 可省略。

3. 绝缘层代号

绝缘层代号与产品类别代号相同时，可以省略，例如黏性纸绝缘电缆，绝缘层代号 Z 可省略，但自容式充油纸绝缘电缆的绝缘层代号 Z 就不可省略。

4. 护套代号

护套代号含义见表 2-5。

表 2-5 护套代号含义

护套名称	代　号	护套名称	代　号
铅护套	Q	聚氯乙烯护套	Y
铝护套	L	聚乙烯护套	Y
皱纹铝护套	LW	橡套	H
铝带聚乙烯组合护套	A	非燃性橡套	HF

5. 特征代号

表示电缆产品某一结构特征，例如，分相铅包以 F（fen）表示，滴流以 D（di）表示，贫油以 P（Pin）表示，直流电缆以 Z（Zhi）表示等。

6. 外护层代号

外护层代号编制原则如下：

（1）内衬层结构基本相同，在型号中不予表示。

（2）一般外护层按铠装层和外被层结构顺序，以两个阿拉伯数字表示，每一个数字表示所采用的主要材料。

（3）充油电缆外护层型号按加强层、铠装层和外被层的顺序，通常以三个数字表示。每一个数字表示所采用的主要材料。

电缆外护层代号含义见表2-6。

表 2-6 电缆外护层代号含义

代　号	加强层	铠装层	外被层或外护套
0		无	
1	径向铜带	联锁钢带	纤维外被
2	径向不锈钢带	双钢带	聚氯乙烯外套
3	径、纵向铜带	细圆钢丝	聚乙烯外套
4	径、纵向不锈钢带	粗圆钢丝	
5		皱纹钢带	
6		双铝带或铝合金带	

7. 派生代号

表示电缆产品具有某种特性。例如，纵向阻水结构以 Z（Zong）表示，具有低卤和低烟无卤特性的阻燃电缆分别以 B 和 C 表示等。

四、电力电缆载流量

交流电缆在运行中，由于导体的损耗、绝缘介质的损耗、金属屏蔽损耗和铠装损耗而使电缆发热升温。电缆加上负载后，经过一个较长时间的暂态过程，温度逐渐上升到一个稳定值，此时电缆的发热和散热达到平衡，电缆处于热稳定运行中。

（一）电力电缆载流量和最高允许工作温度

1. 电缆载流量

在一个确定的适用条件下，当电缆导体流过的电流在电缆各部分所产生的热量能够及时向周围媒质散发，是绝缘层温度不超过长期最高允许工作温度，这时电缆导体上所流过的电流值称为电缆载流量。电缆载流量是电缆在最高允许工作温度下，电缆导体允许通过的最大电流。

2. 最高允许工作温度

电缆运行中，电缆各部分损耗所产生的热量以及外界因素的影响使电缆工作温度发生变化。电缆工作温度过高，将加速绝缘老化，缩短电缆使用寿命，因此必须规定电缆最高允许工作温度。电缆的最高允许工作温度，主要取决于所用绝缘材料热老化性能。各种型式电缆的长期和短时最高允许工作温度见表2-7。一般不超过这个规定值，电缆可在设计寿命年限内安全运行。反之，工作温度过高，绝缘老化加速，电缆寿命会缩短。

表 2-7 各种型式电缆的长期和短时最高允许工作温度

电缆型式		允许最高工作温度（℃）	
		持续工作	短路暂态（最长持续 5s）
黏性浸渍纸绝缘电力电缆	3kV 及以下	80	220
	6kV	65	220
	10kV	60	220
	20～35kV	50	220
	不滴流电缆	65	175

电缆型式		允许最高工作温度（℃）	
		持续工作	短路暂态（最长持续 5s）
充油电缆	普通牛皮纸	80	160
	半合成纸	85	160
充气电缆		75	220
聚乙烯绝缘电缆		70	140
交联聚乙烯绝缘电缆		90	250
聚氯乙烯绝缘电缆		70	160
橡皮绝缘电缆		65	150
丁基橡皮电缆		80	220
乙丙橡胶电缆		90	220

（二）影响电力电缆载流量的主要因素

1. 电缆本体材料的影响

（1）导体材料。

1）导体的电阻率越大，电缆的载流量越小。在其他情况都相同时，电缆载流量与导体材料电阻的平方根成反比。铝芯电缆载流量为相同截面积铜芯电缆载流量的 78%，也即铜芯电缆载流量约比相同截面铝芯电缆的载流量大 27%。因此选用高导电率的材料有利于提高电缆的传输容量。

2）导体截面积越大，载流量越大。电缆载流量与导体材料截面积的平方根成正比（未考虑集肤效应），已知电缆的截面积及其他条件，可以计算出电缆载流量。反之，已知对电缆载流量的要求，也可按要求选择相应的电缆。

3）导体结构的影响。同样截面积的导体采用分割导体的载流量大，尤其对于大截面导体（800mm²）。

（2）绝缘材料对载流量的影响。

1）绝缘材料耐热性能好，即电缆允许最高工作温度越高，载流量越大。交联聚乙烯绝缘电缆比油纸绝缘允许最高工作温度高。所以同一电压等级、相同截面的电缆相比，交联聚乙烯绝缘电缆比油纸绝缘传输容量大。

2）绝缘材料热阻也是影响载流量的重要因素。选用热阻系数低、击穿强度高的绝缘材料，能降低绝缘层热阻，提高电缆载流量。

3）介质损耗越大，电力电缆载流量越小。绝缘材料的介质损耗与电压的平方成正比表明，在 35kV 及以下电压等级，介质损耗可以忽略不计，但随着工作电压的提高，介质损耗的影响就较显著。例如，110kV 电缆介质损耗是导体损耗的 11%，220kV 电缆介质损耗是导体损耗的 34%，330kV 电缆介质损耗是导体损耗的 105%。因此，对于高压和超高压电缆，必须严格控制绝缘材料的介质损耗角正切值。

2. 电缆周围环境的影响

（1）周围媒质温度越高，电力电缆载流量越小。电缆线路附近有热源，如与热力管道平行、交叉或周围敷设有电缆等使周围媒质温度变化对电缆载流量造成影响。电缆线路与热力管道交叉或平行时，周围土壤温度会受到热力管道散热的影响，只有任何时间该地段土壤与其他地方同样深度土壤的温升不超过 10℃ 以上时，电缆载流量才能不受影响，否则必须降低电缆负荷。对于同沟敷设的电缆，由于多条电缆的相互影响，电缆负荷应降低，否则对电缆寿命有影响。

（2）周围媒质热阻越大，电力电缆载流量越小。电缆直接埋设于地下，当埋设深度确定后，土壤热阻取决于土壤热阻系数。土壤热阻系数与土壤的组成、物理状态和含水量有关。比较潮湿紧密的土壤热阻系数约为 0.8m·K/W，一般土壤热阻系数约为 1.0m·K/W，比较干燥的土壤热阻系数约为 1.2m·K/W，含砂石而且特别干燥的土壤热阻系数约为 1.7m·K/W。降低土壤热阻系数，能够有效地提高电缆载流量。

电缆敷设在管道中，其载流量比直接埋设在地下的要小。管道敷设的周围媒质热阻，实际上是三部分热阻之和，即电缆表面到管道内壁的热阻、管道热阻和管道的外部热阻，因此热阻增大。

（三）电缆额定载流量计算

电缆载流量计算有两个假设条件：①假定电缆导体中通过的电流是连续的恒定负载（即100%负载率）；②假定在一定的敷设环境和运行状态下，电缆处于热稳定状态。

1. 电缆敷设环境温度的选择

为了在电缆载流量的计算时有一个基准，对于不同敷设方式规定有不同基准环境温度：如管道敷设时 25℃，直埋敷设时 25℃，空气或沟道敷设时 40℃，室内敷设时 30℃。

2. 电缆额定载流量

根据热流场概念，由热流场富氏定律可导出热流与温升、热阻的关系，即热流与温升成正比、与热阻成反比。推导可得出：

$$I = \sqrt{\frac{(\theta_c - \theta_0) - nW_i \frac{1}{2}(T_1 + T_2 + T_3 + T_4)}{nR[T_1 + (1 + \lambda_1)T_2 + (1 + \lambda_1 + \lambda_2)(T_3 + T_4)]}} \qquad (2\text{-}1)$$

$$W_i = 2\pi f C_n u^2 / (3\tan\delta) \times 10^5 \text{W/cm}$$

式中　R——导线电阻，Ω；

　　　θ_c——长期允许工作温度，℃；

　　　θ_0——环境温度，℃。

对于三芯电缆，$n = 3$；C 为单位长度电容，单位为 μF/km；λ_1 和 λ_2 为护套损耗及铠装损耗与线芯损耗之比。环境温度变化时载流量校正系数见表 2-8。

表 2-8　　　　　　　　　　　　　　　　载流量校正系数

长期允许工作温度 θ_c（℃）	环境温度 θ_0（℃）	实际使用温度（℃）											
		5	10	15	20	25	30	35	40	45	50	0	−5
80	25	1.17	1.13	1.04	1.05	1.00	0.96	0.91	0.85	0.80	0.74	1.21	1.25
	40		—	1.27	1.23	1.18	1.12	1.07	1.00	0.94	0.87	1.41	1.46
90	25	—	—	1.04	1.10	0.96	0.96	0.92	0.88	0.83	0.78	1.18	1.21
	40			1.18	1.14	1.09	1.09	1.05	1.00	0.95	0.90	1.34	1.38

电缆在电缆沟、管道中和架空敷设时，由于周围介质热阻不同，散热条件不同，可对载流量进行校正；而对直埋电缆，因土壤条件不同，如泥土、沙地、水池附近、建筑物附近

等，也要根据实际条件进行载流量校正。

3. 10kV 及以上 XLPE 电力电缆载流量校正系数

电力电缆由于敷设状态等因素不同，因而实际的载流量也有所不同，必须以一定条件为基准点，而代表这些基准点的参数为：电缆导体最高允许工作温度为 90℃，短路温度为 250℃，敷设环境温度为 40℃（空气中）、25℃（土壤中）；直埋 100cm 时土壤热阻率为 100cm·℃/W，绝缘热阻率为 400cm·℃/W，护套热阻率为 700cm·℃/W。各种校正系数见表 2-9～表 2-13。

表 2-9 环境温度校正系数

空气温度	25	30	35	40	45
校正系数（℃）	1.14	1.09	1.05	1.0	0.95
土壤温度	20	25	30	35	
校正系数（℃）	1.04	1.0	0.98	0.92	

表 2-10 并列电缆架上敷设校正系数

敷设根数	敷设方式	$S=d$	$S=2d$	$S=3d$
1	并排平行	1.00	1.00	1.00
2	并排平行	0.85	0.95	1.00
3	并排平行	0.80	0.95	1.00
4	并排平行	0.70	0.90	0.95

注 d 为电缆外径，S 为电缆轴间距离。

表 2-11 土壤热阻率校正系数

土壤热阻率 cm·℃/W	60	80	100	120	140	160	200
校正系数	1.17	1.08	1.00	0.94	0.89	0.84	0.77

表 2-12 敷设深度校正系数

敷设深度（cm）	80	100	120	140
校正系数	1.017	1.0	0.985	0.972

表 2-13 各种土壤热阻校正系数

土壤类别	校正系数	土壤热阻（Ω·cm）
湿度在 4% 以下的沙地，多石的土壤	0.75	300
湿度在 4%～7% 的沙地，湿度在 8%～12% 多沙的黏土	0.87	200
标准土壤，湿度在 7%～9% 的沙地，湿度在 12%～14% 多沙的黏土	1.0	120
湿度在 9% 以上的沙区，湿度在 14% 以上的黏土	1.05	80

电缆载流量计算式为

$$I_{\sum} = nK_1K_2K_3K_4K_5I \tag{2-2}$$

式中　$I_{\sum}$——长期允许载流量总和；

　　　I——电缆载流量；

n——电缆并列条数；

K_1——环境温度校正系数；

K_2——并列电缆架上敷设校正系数；

K_3——土壤热阻率校正系数；

K_4——敷设深度校正系数；

K_5——各种土壤热阻校正系数。

五、电缆绝缘的老化

老化是绝缘材料随时间的增加，在机械强度和电性能等方面发生的不可逆下降现象。根据实际运行电缆的统计分析，产生局部放电、电树枝和水树枝是导致 XLPE 电缆及其附件绝缘老化的主要原因，且发生的频率较高。

1. 局部放电老化

在电场作用下，绝缘中只有部分区域发生放电而没有击穿的现象称为局部放电。当带电导体周围电场强度达到周围大气的击穿场强时就会发生局部放电，即电晕放电。气体的介电常数要低于液体或固体的介电常数，而导体周围的交流电场与介电常数成反比，因此气隙中的场强要大于液体或固体中的场强。在标准大气压下，气体的击穿场强要低于液体和固体，故气隙先于周围固体介质发生局部放电。局部放电主要发生于绝缘内部的孔隙、裂纹、导电杂质以及绝缘层与导电屏蔽交界面的空隙处。局部放电将使绝缘逐渐受损，形成小孔和树枝状导电性孔隙并向纵深发展，最终发生绝缘的电老化击穿或热老化击穿。

2. 电树枝老化

电树枝是一种出现在聚合物电缆绝缘中的电致裂纹现象。电树枝老化是由于聚合物局部区域内含有杂质、微孔、半导电层突起、电压作用下空间电荷的积累等缺陷，造成局部电场集中而发生局部放电，进而形成树枝化放电痕迹通道而击穿的老化形态。大量试验表明，聚合物电缆绝缘的短时击穿必然以电树枝老化为先导。电树枝老化已严重影响了电缆绝缘的寿命。

电树枝的引发及生长是一种极其复杂的电腐蚀现象。介质种类和状态的不同、微观结构的差异都增大了电树枝引发和生长的随机性。影响电树枝生长的因素很多，主要包括外施电压、机械应力、电压频率和聚合物的结晶状态。

电树枝在引发后生长的早期阶段呈枝状结构，随着电压的提高，其形状由枝状向丛林状过渡发展，而生长速率随丛林状树枝的形成而降低。当电压较低或极板距离较长时，电树枝并不是持续生长到平板电极，而是存在一个滞长期。当滞长一段时间后，随外施电压的升高，电树枝又会出现快速生长现象，形成丛林加枝状的混合型电树枝。

3. 水树枝老化

水树枝是由于水分渗入到 XLPE 绝缘，在电场的作用下形成的树枝状物。其特点是引发树枝的空隙含有水分，且在较低的场强下即可发生。

水树枝具有下列性质：①永久性；②在极少的潮气和极小的电场下也可以生长；③与原始材料相比较，潮湿时有极小的电应力，但水树枝不是短路也不是击穿；④降解结构有较强的亲水性。依据这些性质可知，如果水树枝中的水蒸发了，水树枝并不消失，而仅仅是变干了。在高温热水中将之煮沸使之重新充满水的方法可以使水树枝重现。

水树枝会造成局部应力增大，而可能成为电树枝的发源地。在高温下，水树枝可发生显著氧化，导致吸水性增高，导电性增大，最终热击穿。在低温下，水树枝经长时间氧化或转化，也会迅速转变为电树枝并形成放电，致使水树枝、电树枝同时作用，加速绝缘的劣化，缩短电缆使用寿命。

XLPE 电缆绝缘中的水分存在两种引入方式：①绝缘中固有的；②在电缆运行中由外界环境侵入的。其中，外界环境的水分侵入占主导作用，是一个扩散过程或者由电场加速的扩散过程，后者在电场作用下，发生电泳现象，导致水分聚集，随后形成水树枝。

水树枝形成会受到电场、残存机械应力和热作用等综合因素的影响。XLPE 电缆的残存机械应力分为三种：制造过程中的残存应力，安装过程中的残存应力和运行过程中的残存应力，水树枝从残存应力最大的地方开始生长。XLPE 绝缘层中存在不规则的充满水的微孔，在介质热或焦耳热的作用下，微孔内的水分膨胀使微孔改变为球面状，在不规则微孔的短半径方向会产生压缩力，在长半径方向产生拉伸力，在受到拉伸力的区域会产生细小微孔，一系列的细小微孔聚合在一起形成一个微孔，该过程的重复进行就会形成同电力线方向平行的一系列微孔和微裂纹组成的水树枝。

4. 非电老化

在高温、日光（紫外线）、氧气等外力作用以及金属 Cu 导体的催化作用下，会加快聚合物的氧化作用，使其机械性能和电气性能（介质损耗、耐电强度）下降，此为聚合物的非电老化。因此要在聚合物材料中加入热稳定剂、光稳定剂、抗氧剂等，并采用镀锡（银）的铜导体，或用塑料薄膜隔开或加入金属钝化剂等防老化措施。

六、电缆绝缘层厚度设计

设计电缆绝缘厚度应从满足工艺能挤出的最小厚度、机械力的破坏情况和电气绝缘击穿强度三个方面综合考虑。

1. 低压小截面电缆

对于低压小截面电缆，应首先考虑满足工艺加工允许的最小厚度。低压小截面电缆的机械作用力和击穿场强一般都很小，较薄的绝缘厚度就能满足其电性能和机械性能，但在工艺上难以挤出，或能挤出但是不连续。

对于低压小截面电线电缆，其绝缘厚度应由工艺加工的最小厚度来确定，该厚度同时能满足击穿强度和机械应力的要求。

2. 低压大截面电缆

低压大截面电缆应首先考虑满足承受机械外力破坏的要求。大部分低压大截面电缆在制造、敷设和使用过程中会受到弯曲、扭转等各种机械外力的破坏作用，导致绝缘承受的应力或应变加大。同时绝缘的不均匀性以及对绝缘的可靠性要求也随着导体截面的增大而增大。因此对低压大截面电缆只满足工艺厚度是不够的，更要满足机械外力破坏的可靠性要求。

3. 中高压电缆

中高压电缆应首先考虑满足绝缘的击穿强度。当电缆的电压等级不小于 3.6/6kV 时，其绝缘的击穿强度逐渐成为绝缘厚度的主要决定因素。随着电压等级的提高，绝缘厚度增大，只要能满足电性能的要求，机械性能和工艺性能都能满足要求。

七、金属护套感应电压

电缆金属护套的感应电压与其接地方式有关，三芯电缆具有良好的磁屏蔽，可在线路两个终端处将金属护套直接接地，而单芯电缆在三相交流电网中运行时，电缆导体中有电流通过，导体电流产生的一部分磁通与金属护套相连，导体平行的金属护套中必然产生纵向感应电压。这部分磁通使金属护套产生感应电压数值与电缆排列中心距离和金属护套平均半径之比的对数成正比，并且与导体负荷电流，频率以及电缆的长度成正比。在等边三角形排列的线路中，三相感应电压相等；在水平排列线路中，边相的感应电压较中相感应电压高。因此，单芯电缆的护层对地有绝缘要求，目前主要采用聚氯乙烯或聚乙烯护套料。

1. 金属护套感应电压对单芯电缆的危害

单芯电缆金属护套如采用两端接地后，金属护套感应电压在金属护套中产生循环电流，此电流大小与电缆间距等因素有关，基本上与导体电流处于同一数量级，在金属护套内造成损耗发热，将降低电缆 30%～40% 的输送容量。

2. 改善单芯电缆金属护套感应电压的措施

根据 GB 50217—2007《电力工程电缆设计规范》的要求，单芯电缆线路的金属护套只有一点接地时，金属护套任一点的感应电压不应超过 50～100V（未采取不能任意接触金属护套的安全措施时不大于 50V；采取了有效措施时，不得大于 100V），并应对地绝缘，如果大于此规定值时，应采取金属护套分段绝缘或绝缘后连接成交叉互联接线，同时也减小了单芯电缆线路对邻近辅助电缆及通信电缆的感应电压。

对于电缆线路不长的情况，可采用单点接地的方式，同时为保护电缆护层绝缘，在不接地的一端应加装护层保护器。

对于较长的电缆线路，应用绝缘接头将金属护套分隔成多段，使每段的感应电压限制在小于 50V 的安全范围以内。通常将三段长度相等或基本相等的电缆组成一个换位段，其中有两套绝缘接头，每套绝缘接头的绝缘隔板两侧不同相的金属护套用交叉跨越法相互连接。

3. 旁路柔性单芯电缆改善金属护套环流的措施

旁路作业时使用的是单芯柔性电缆，在两侧终端直接接地的情况下，金属护套会因感应电压的作用而产生环流。经计算，在旁路系统超过 500m 的情况下，环流会产生较明显损耗而使电缆发热，可通过将旁路柔性单芯电缆中间接头接地的方式分流从而改善发热现象。

八、电缆的储存方法和环境要求

电缆仓储工作要做到保管妥当，调用方便，要避免电缆受到机械损伤。

（1）存放电缆的仓库，应地面平整、干燥、通风。仓库中应划分成若干标有编号的间隔，并备有必要的消防设备。

（2）电缆应集中分类存放。电缆盘之间应有通道。基地应坚实，当受条件限制时，盘下应加垫，存放处不得积水。电缆盘上应有盘号、制造厂名称、电缆型号、额定电压、芯数及标称截面积（mm²）、装盘长度（m）、毛重（kg）、电缆盘正确旋转方向的箭头、标注标记和生产日期。在保管期间应每 3 个月进行一次检查。

（3）充油电缆盘上保压压力箱阀门必须在开启状态，应注意气温升降引起的油压变化，保压压力箱的油压不能低于 0.05MPa。

（4）保管人员应定期巡视，发现盘上有渗漏等异常情况应及时处理。

（5）电缆盘不得平卧放置。

（6）电缆应尽量避免露天存放。如果是临时露天存放，在电缆盘上应设遮棚，也可避免电缆老化。

（7）电缆在保管期间有可能出现电缆盘变形、盘上标志模糊、电缆封端渗漏、钢铠锈蚀等，此时应视其发生缺陷的部位和程度及时处理并做好记载，以保证电缆质量的完好性。对充油电缆，由于其充油的特殊性，在检查时，应记录油压、环境温度和封端情况，有条件时可加装油压报警装置，以便及时发现漏油。当油压将至零时，电缆内部易进气，应及时进行处理。但进行处理时应注意，若在处理前对其滚动，会使空气和水分在电缆内部窜动，给处理带来麻烦，故在未处理前严禁滚动。

九、附件的结构与参数

电缆附件是除电缆本体以外所有电缆安装用的材料，如终端头、中间接头、电缆安装用的金具、电缆卡子、绝缘材料等。本处仅指电缆终端头和中间接头。

终端头和中间接头：电缆线路两端与其他电气设备相连接的电缆附件称为终端头。用于户外的称户外终端头，用于户内的称户内终端头，两根电缆相连接的电缆附件称中间接头。

电缆附件的技术条件如下。

（1）导体连接好。

1）接触电阻要小且稳定。应能承受故障电流的冲击。接触电阻应不大于同长度、同截面、同材料导体电阻的 1.2 倍。

2）有足够的机械强度。应能承受一定的拉力。

3）耐腐蚀，满足使用环境的要求。

4）价格低廉，便于现场安装。

（2）绝缘性能好。

1）耐压强度高、介质损耗低、化学性能稳定。用于户外时还应能耐受紫外线照射和大气污染。

2）有合理的改善电场分布的措施和与电缆绝缘相匹配的绝缘余度。应力锥或应力控制管等被用来改善该处的电场分布。

（3）密封性能可靠（进水是电缆附件发生故障的主要原因之一）。

（4）适应使用环境，如恶劣气候条件、耐受紫外线照射及各种污染、水下长期浸泡、机械拉力或压力等。

（5）结构简单，便于现场安装。

（6）使用条件：正常使用条件的环境温度应为 $-30\sim40℃$；海拔不超过 1000m；电力系统额定频率为 $45\sim55Hz$；电力电缆附件长期工作温度、过载温度和短路温度应满足与其配套电缆的要求。

在不符合上述条件即非正常使用条件下，其相应的性能试验项目及指标需另行考虑。

1. 电缆终端与中间接头

电缆终端是安装在电缆末端，用以保证电缆线路与电力系统其他部分的电气连接，并保持绝缘至连接点的装置。电缆接头是安装在电缆与电缆之间，使之形成连续电路的装置。电缆终端和接头统称为电缆附件，其绝缘应不低于电缆本体的绝缘水平。

电缆终端和接头由电缆端部制作而成，它们和电缆本体结合为一个整体。不能由制造厂提供完整的电缆附件产品，必须在现场将工厂制作的各种组件、部件和材料按照相关的设计工艺要求安装到电缆之后才构成终端和接头。

电缆终端和接头必须由工厂制作和现场安装两个阶段完成，影响其整体质量的因素有以下四方面：

（1）结构设计合理，所有组件、部件和材料的性能符合相应标准。

（2）现场安装工艺正确、严谨。

（3）安装时现场环境条件符合要求。

（4）包含在终端和接头内的一段电缆质量良好。

电缆终端和接头应使用高分子材料经现场制作或工厂预制、现场装配的终端和接头。这类终端和接头广泛应用于交联聚乙烯电缆，常见的有绕包型、热收缩型、预制型和冷收缩型四种。

1）绕包型。手工与机械绕制各种绝缘包带、屏蔽包带、护层包带等。

2）热收缩型。应用高分子聚合物的基料加工成绝缘管、应力管、分支套和伞裙等部件，在现场经装配、加热，紧缩在电缆绝缘线芯上。特点：简单、安装方便、价格低廉、适应性强，广泛用于中、低压等级。

3）预制型。应用乙丙橡胶、三元乙丙橡胶或硅橡胶材料，在工厂经过挤塑、模塑或成型后，再经过硫化工艺制成预制件，在现场进行装配。应用特点是集终端头的内外绝缘、密封和改善电场分布的应力锥于一体，安装工艺简单，绝缘性能好，安装质量易于控制但价格为热缩型附件的3～6倍。

4）冷收缩型。应用乙丙橡胶、三元乙丙橡胶或硅橡胶加工成型，经扩张后用螺旋形尼龙条支撑，安装时将绝缘管套在电缆绝缘线芯上，抽去支撑尼龙条，绝缘管靠橡胶收紧在电缆线芯上（也称常温收缩型，与预制型电缆附件完全相同，原料也有三元乙丙橡胶和硅橡胶两种）。

2. 电缆终端与中间接头的一般制作方法

（1）制作前期准备工作。

1）电缆附件的制作、安装与检修所用的一切材料和制作工艺，没经有关技术人员批准，不得随意更改。如有更改。应在电缆头制作、检修记录中标明。

2）电缆附件在制作前，施工人员应将所需工具和材料准备齐全，整理好现场，使现场保持干净、整洁。

3）所用的工具、材料和零件必须保持清洁和干燥。工具和材料分别放在清洁、干净的盘内或塑料布上。

（2）安装过程中的注意事项。

1）电缆校直。特别是在中间接头安装中，电缆校直工作尤其重要。否则会给后期对接工作带来很大的麻烦，往往在强行对接后电缆发生扭曲变形和电缆内应力造成安装尺寸偏差，电缆屏蔽或绝缘损伤成为事故隐患。

2）安装尺寸。剖切前，仔细阅读安装说明书，由于现在附件品种各样，安装存在差异，需要了解安装尺寸，做到心中有数。一般电缆的剖切尺寸跟电缆附件的绝缘结构相符合，所以在电缆剖切处理过程中必须重视，一旦出现错误，将后悔莫及。当然安装现场情况复杂，也要根据实际情况调整安装方法。

（3）关键部位的处理。

1）铜屏蔽层的剖切。关于剖切铜屏蔽最大的问题是容易划伤半导电屏蔽和绝缘层，在伤口处造成电场畸变，将电缆击穿。

2）剥切半导电层。一般交联电缆半导电层分为可剥离和不可剥离两种。遇到不可剥离的半导电层就非常麻烦，除了采用特殊的剥切刀外只有用玻璃片慢慢的刮除。碰到可剥离的半导电层可以使用刀具将其划开，慢慢剥掉。

注意：划开半导电层时不能划伤绝缘层，这是有一定难度的，需要平时多加练习才行。

3）半导电层切断处处理。半导电层切断处是电力线最集中的地方，所以保证这个地方的圆滑平整非常关键。要求：①尺寸严格按照安装说明书；②不能在半导电层断口留有毛刺和尖端，也不能在绝缘层上形成刀伤，否则会引起局部电场畸变，从而引发电树枝；③在屏蔽层断口导30°斜坡，用砂纸仔细打磨光滑，直到无棱角和凹坑，否则此处会存在局部放电，留下事故隐患。

4）屏蔽层切断处其他处理方法。对于屏蔽切断处根据电缆和电缆附件结构的差异，也有使用应力疏散胶或应力自粘带，应力疏散胶或应力自粘带的材质构成都是由多种高分子材料共混或共聚而成，一般基材是极性高分子，再加入高介电常数的填料等。将其使用在屏蔽切断处可以保证将屏蔽切断处的台阶填平，消除了气隙同时也可以起到平滑过渡的作用。

5）绝缘层的剖切。相对于半导电层的剥切，绝缘层的剖切就相应简单些，一般剖切尺寸为接线端子的管深或连接管长度的一半再加5mm。加5mm是因为连接金具在压接时会发生延展，所以必须留有余地。剖切的要求：①严格按照剖切尺寸；②剖切断口要平齐，在断口处导1×45°的倒角，必要时还要倒出反应力锥的形式；③剖切绝缘层时，不能划伤线芯，否则会影响导体的通流容量；④用钳子剥下绝缘层时，要顺着线芯方向，防止线芯散开。

6）绝缘层的打磨。由于交联聚乙烯绝缘电缆是利用化学（过氧化物交联和硅烷交联）或物理方法（辐照交联）多层共挤生产的，所以尽管有些半导电屏蔽层是可剥离的，但剥离后的绝缘层上难免会有半导电残留物，如果不清除，在附件与绝缘层之间就会出现放电现象及接地故障。同时在剥半导电层时难免会对绝缘层造成损伤，降低电缆切向绝缘强度，造成径向击穿事故。所以对剖切后的电缆主绝缘层要进行细致地打磨，打磨方向必须垂直主绝缘，然后作圆周运动。严禁平行主绝缘方向打磨，那样不但会损伤主绝缘层，还会留下大量的进潮通道，缩短附件的使用寿命。

7）绝缘层的清洗。要对打磨完毕后的绝缘层进行清洗。一般厂家使用的是溶剂型清洗剂，具有溶解性好、挥发快等特点，因此清洗时要注意清洗的方向一定是从电缆主绝缘层向半导电层清洗。如果反向清洗会将半导电层溶解，从而污染绝缘层表面，若不处理干净，运行后会很快出现滑闪现象破坏电缆附件。

8）金具压接的要求。

① 压接前最好将被压接导体和连接金具内表面的氧化层打磨破坏掉，使压接时接触更良好。

② 选择与导体截面积相对应的压模，如果使用点压法，则压坑深度约为管外径的1/2。使用围压法，压接钳吨位要高，否则会影响接管的机械强度。

③ 选择压坑数量时，点压法保证两个压坑，围压法保证3～5个即可。

④ 压接顺序采用先端部后中间。

⑤ 为了确保压接质量，提高工具使用寿命，必须正确使用和维护好压接钳和其他压接工具。在压接中，应特别注意上下压模吻合，防止负荷超载，使压接钳受损。

⑥ 连接管部位处理：将压坑、毛刺锉平、打光，并将残余金属粉末清理干净。用半导电带将主绝缘和连接管之间间隙填平并在连接管表面缠绕一层，保证外形平整。

9）接地线的连接。

① 对钢铠和铜屏蔽接地处进行打磨，去除氧化层和漆料，然后用两个恒力弹簧将两根地线分别固定在铜屏蔽和钢铠上。在安装时要讲究技巧，避免因三相分得太开而损伤铜屏蔽。

② 铜屏蔽和钢铠的接地线要分开。绕包时将两根地线之间绝缘分开。安装两根地线是为了方便以后检查内护层是否破损进潮。那么两根地线一定要用填充胶绝缘分开。绕包时一定要将弹簧和地线前端毛刺绕包进去，防止刺伤分支手套。

（4）硅脂要求。

1）硅脂要均匀地抹在主绝缘表面。硅脂作用可以填平绝缘层表面的划痕、刀伤，以及半导电层断口处与主绝缘层之间的间隙。同时可以起到润滑和散热的作用。

2）硅脂黏度比较大，所以在涂抹过程中一定要注意，避免沾染灰尘和异物。

（5）密封要求。对于一套安装成功的电缆附件，密封质量的好坏是关键因素。特别是对户外终端和中间接头，长期在户外各种条件下运行，一旦因为密封不良很容易进水进潮。随着科技的进步，防水密封的方法越来越多，如直接使用保护盒，内部灌树脂；用热缩管加热溶胶；直接使用防水带材绕包等，有些厂家在安装时还用特殊胶粘剂或密封填充胶将进潮通道堵死。在附件安装过程中要注意正确使用这些材料和方法才能达到真正密封的效果。

首先要确定潮气入侵的路径，确定密封点。如终端主要是两端容易进潮，那么一般在终端上端使用防水端子，同时用密封胶或密封带进行密封，而在下端与直管护套搭接的地方用密封胶或密封带进行密封。电缆三叉处用密封填充胶绕包密封，外面用分支套管密封。如果是热缩护套管，直管与分支搭接处、直管与终端搭接处还要用热熔胶密封。

对于中间接头就要在轴向和径向都要考虑密封，特别是轴向防水。最好采用多层密封方式，即绝缘层、内护套、外护套层层密封。目前，密封效果最好、安装效率最快的一种方法是在中间接头芯间两端用防水填充胶密封，内护套层及外护套层使用双层热护套管或缠绕双层防水密封带，同时在各界面搭接端口用密封带或密封胶密封。

密封除了对材料有要求外，对密封接触界面的处理也有要求。所以在缠绕密封带或涂抹密封胶前要对接触界面进行打磨，增大接触面积。然后仔细清洁，除去接触界面的灰尘、异物及油脂等。密封后对接触界面施加一定的压力，并尽量保持一段时间的静止状态，特别是中间接头用防水带，如果安装结束后不进行停放，防水带自身的内应力会导致粘接界面产生滑移和破坏。

（6）中间接头机械强度的恢复。一般采用热缩护套、保护盒或绕包铠装带恢复电缆的机械强度。

铠装带：缠铠装时将水倒入铠装带包装内，揉搓 1min，半重叠绕包铠装带至另一端。绕包后电缆保持 30min 不移动。

（7）安装时相间及对地最小距离的选择见表 2-14。

表 2-14　　　　　　　　　　相间及对地最小距离的选择

电压（kV）	1～3	6	10	20	35	66	110
户内（mm）	75	100	125	180	300	600	1000
户外（mm）	200	200	200	300	400	800	1200

十、电缆性能试验

电缆试验是电力电缆安全运行的根本保障。电缆试验按试验方式可分为在线试验和离线试验两类，按试验性质可分为耐压试验（破坏性试验）和检查性试验（非破坏性试验）两类。对于在线试验，以 XLPE 电缆为例，目前得到认可的方法包括介质损耗法、交流叠加法、低频叠加法、谐波分量法、场致发光法、局部放电监测和光纤测温等。检查性试验是指在较低电压下，通过测定电缆绝缘某些方面的特性，以间接判断绝缘状况，主要包括绝缘电阻试验、介质损耗角正切值试验等。耐压试验是指现场模拟在运行中可能出现的各种电压，对绝缘施加与之等价的或者更为严峻的电压，考验绝缘的耐受能力，主要包括直流耐压试验、交流耐压试验、局部放电试验等。电缆试验技术的飞速发展为电缆安全运行提供了有力地保障。但是，为每一段敷设的电缆都安装在线监测设备是不经济的，更是不现实的，故现场中更依赖于交接试验和预防性试验。

1. 绝缘电阻测量

绝缘电阻试验是电缆的基本试验项目之一，是反应电缆绝缘性能最基本最重要的指标，通过测量绝缘电阻可发现电缆的下列缺陷：

（1）绝缘介质的受潮情况。

（2）是否由某种原因形成导电通道。

（3）绝缘的变化情况。

绝缘电阻的测量方法主要包括直流比较法和高阻计法。通过测量绝缘电阻无法发现以下缺陷：

（1）未贯穿的集中性缺陷。

（2）绝缘整体老化。

2. 直流耐压试验

GB 50510—2009《泵站更新改造技术规范》及 DL/T 596—1996《电力设备预防性试验规程》中规定了电力电缆交接试验和预防性试验的规定和标准。直流耐压试验是一种破坏性实验，试验前应对电力电缆进行绝缘电阻、泄漏电流等非破坏性实验。若试验结果正常，方能进行直流耐压试验；若发现电缆的绝缘状况有问题，通常应先进行处理再做直流耐压试验。直流耐压试验设备与其他类型的耐压试验设备相比，具有体积小、质量轻、便于携带、可靠性高和操作简单等优点。

3. 交流耐压试验

由于电力电缆是在工频交流下运行的，所以交流耐压试验才是鉴定电气设备绝缘强度最直接的方法。它是判断电气设备能否出厂、能否运行，以避免发生绝缘事故最有效的手段。在现场，由于电缆一般比较长，等效电容量比较大，要求交流耐压试验设备的容量较大，试验起来很不方便，因此，在中高压系统使用油浸纸电缆的年代，现场几乎都是进行直流耐压试验，与交流耐压试验具有同等效果。目前，橡塑电缆已基本取代了油浸纸介质电缆，直流耐压试验已不再是橡塑电力电缆现场耐压试验的首选。

由于交流耐压试验也是破坏性试验，因此在试验前必须先对电力电缆进行非破坏性试验。若试验结果正常，方能进行交流耐压试验；若试验前发现电缆的绝缘状况有问题，通常应先进行处理再做交流耐压试验。

电力电缆交流耐压试验方法包括直接法、电感补偿法、工频串联谐振方法、变频串联谐振试验方法、超低频试验方法和振荡波试验方法等。近年来，国际大电网会议（CIGRE）推荐采用串联谐振、0.1Hz超低频和振荡波试验方法代替传统的工频耐压试验方法。

4. 介质损耗角正切值试验

任何绝缘介质在电压作用下都有能量损耗，电力电缆中的绝缘介质也不例外。如果介质损耗很大，会使介质温度升得很高，促使电介质受热老化，以致发生绝缘热击穿，因此介质的损耗大小是衡量绝缘介质电性能的一个重要指标。

通常，在直流电压下可用泄漏电流的大小来反映电介质的损耗，而在交流电压下，介质损耗不能只用泄漏电流来表示，通常用介质损耗角的正切值来表示。由于橡塑电力电缆不推广直流耐压试验，因此介质损耗测量尤为重要。

在交流电压下，电力电缆的等效电路可由 RC 串联或 RC 并联电路来表示。介质损耗角正切值 $\tan\delta$ 是反映电力电缆绝缘介质性能的一个重要指标，它直接反映了绝缘介质损耗的大小，$\tan\delta$ 值越小越好。

测量电缆介质损耗角正切值的方法主要有西林电桥法、电流比较型电桥、全数字化测量仪等。

5. 局部放电试验

通过局部放电试验可对电缆中的各种缺陷（如绝缘中的微孔、杂质、屏蔽突起、机械损伤等）进行较准确的认识。研究表明，局部放电波形特征与各种缺陷类型有着较好的相关性，为电力电缆潜在绝缘缺陷类型的识别奠定了理论基础。此外，广泛采用的基于行波反射原理的局部放电定位方法，使现场的电缆潜在缺陷（或薄弱点）定位成为可能。正由于局部放电试验存在上述优点，国际大电网会议（CIGRE）推荐采用工频交流耐压试验和局部放电试验结合的方法综合判断电缆绝缘状态。目前，对于电缆局部放电的测量方法有 0.1Hz 振荡波、高频、超高频以及超声波测量等。

在我国，现场实施电缆局部放电测量及定位试验的单位较少，缺乏运行经验。因此，在对电缆进行局部放电试验之前，必须对电缆局部放电的起因、发展过程、测量方法和定位规则有一个深入的、审慎的了解；对目前国际上广泛采用的试验方法、局部放电测量设备的性能和特点有一个全面的掌握；对国内外已实施局部放电试验的现场经验有一个全面地认识，这样才能保证现场实施的有效性和可运行性。

第二节　环　网　柜

环网单元也称环网柜或开闭器，用于中压电缆线路分段、联络及分接负荷。

在 10kV 配电网中，合理设置环网柜，可加强对配电网的联络控制，提高配电网运行方式的灵活性。特别是遇到线路、设备检修或发生故障时，环网柜运行方式和操作的灵活性就能体现出来，可通过一定的倒闸操作使停电范围缩到最小，甚至不停电。环网柜典型接线如图 2-5 所示。

电缆不停电检修作业中每个环网柜须留有一个备用间隔用于柔性电缆接入，若没有备用间隔可通过短时停电接入旁路电缆。

一、环网柜的类型及组成

1. 环网柜的类型

环网柜的种类繁多，按不同的分类法，可将环网柜分成若干类：

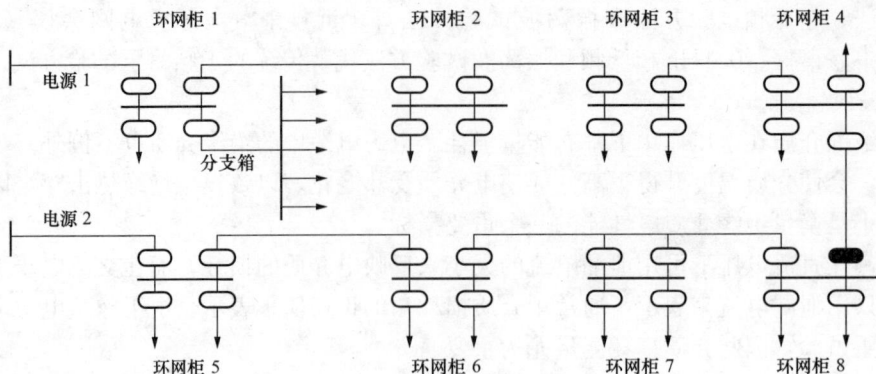

图 2-5　环网柜典型接线

▭ 动断开关；　◼ 动合开关

（1）按绝缘介质分类。可分为空气绝缘型、固体绝缘型和 SF_6 绝缘型。固体绝缘型采用环氧树脂作为主绝缘，尺寸小，但制造工艺复杂，价格高，应用较少。SF_6 绝缘型与空气绝缘型相比，其外形尺寸小，性能不受环境影响，维护的工作量少。

（2）按负荷开关类型分类。可分为带三位置开关型和传统型两种。带三位置开关的环网柜通常具有减少外形尺寸、一次接线简洁、回路接头少、不易发生误操作等优点，目前已在配网中广泛使用。

（3）按环网柜扩展性分类。可分为可扩展型和不可扩展型两种。对可扩展型，通常制造厂能提供很多一次方案供选择，以组合成能满足用户特殊需要的各种接线，同时还能为将来的进一步扩展留有余地。对不可扩展型，通常制造厂提供若干个一次接线方案组合，供用户选择。一般而言，回路数较少、接线较为简单的配电站较适宜采用不可扩展型环网柜；而回路数较多、接线复杂，而且将来还有进一步扩展可能性的配电站（开关站）较适宜采用可扩展型环网柜。

（4）按负荷开关的灭弧方式分类。有内消弧和外消弧两大类；也可以分成压气式、灭弧栅式、自产气式等类型。

（5）按负荷开关气室的情况分类。可分为多个负荷开关共箱式、每个负荷开关分箱式。

（6）按结构可分为欧式环网柜和美式环网柜。欧式环网柜多为单元拼接式，美式环网柜采用共箱式、双壳体结构、操作机构在气箱内，如图 2-6 所示。

2. 环网柜的组成

环网柜大致由以下五部分组成，如图 2-7 所示。

（1）母线室。室内安装有母线。

（2）开关室。主要安装三位置开关或负荷开关、母线隔离开关、线路隔离开关等。

（3）机构室。主要安装负荷开关操作机构等。

（4）电缆室。主要安装电缆终端和电流互感器等。

（5）低压室。通常安装保护、控制、测量和通信等单元。

二、三位置开关的工作原理及特点

为了减少空间，不少制造厂将原来的负荷开关、母线隔离开关、线路隔离开关、线路接

(a)

(b)

图 2-6 环网柜

（a）欧式环网柜；（b）美式环网柜

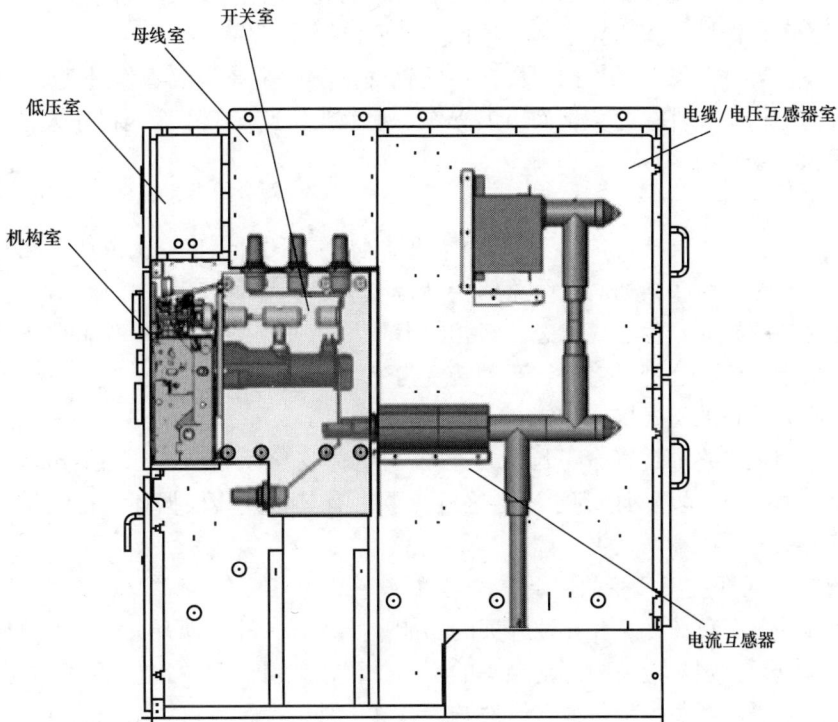

图 2-7 环网柜的结构

地开关的功能合并设计成一个三位置开关，兼有原来所具有的导通、隔离、接地三个主要功能。常见的三位置开关有旋转式三位置开关和往复式三位置开关两种。

1. 旋转式三位置开关

旋转式三位置开关位于一个充满 SF_6 气体的密闭容器内，采用多室旋转结构，带动触头的轴在装有固定触头的小室内转动，随轴一起旋转的压缩叶片把每一个小室分隔成随其旋转而变化的两个小室，在动触头转动时，两个小室之间产生压力差，SF_6 气体通过喷嘴吹到拉开的电弧上，并在很短的时间内使电弧冷却、熄灭（见图 2-8）。三位置开关的电气设计裕度很大，至少可以关合于额定短路电流 10 次而不会损坏。当开断负荷电流时，其允许操作次数通常可达上万次。

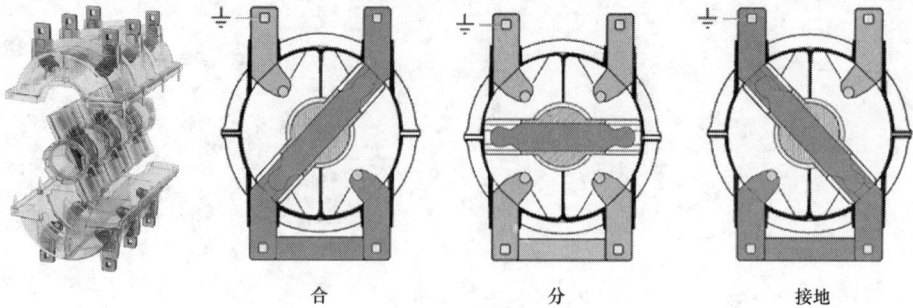

合　　　　　　　　分　　　　　　　　接地

图 2-8　旋转式三位置开关位置图

旋转式三位置开关绕轴旋转的动触头在导通、隔离、接地三个位置间移动。因此，旋转式三位置开关不可能同时置于导通和接地位置，所以操作可靠、安全。

旋转式三位置开关操动机构由焊接在不锈钢气室上的金属波纹管作过渡，经肘节机构、弹簧推动机构等传动元件在开关柜面板上操作，动触头快速切换不会因操作人员的不同而使开关的动作速度受到影响。

2. 往复式三位置开关

往复式三位置开关同样也位于一个充满 SF_6 气体的密闭容器内，上静触头与接地母线连接。当动触头与上静触头接通时，线路侧接地；当动触头与下静触头接通时，为运行状态；当动触头在悬空位置时，为隔离状态。三相的上下动触头均安装在同一个高强度的绝缘连杆上，操动机构带动绝缘连杆，将旋转运动转变为上下运动。

三、环网开关柜的防误操作闭锁

防误操作闭锁最终都要符合《国家电网公司电力安全工作规程（线路部分）》提出的"电气五防"要求，只是环网柜为了满足这五点要求有其特点。根据环网柜结构的不同，防误操作闭锁大致分为以下两大类。

1. 带有三位置开关环网柜的防误操作闭锁

三位置开关兼有负荷开关和接地开关的功能。负荷开关和接地开关状态的改变，对三位置开关而言，只是分别对应其内部动触头的不同位置；就负荷开关状态而言，带负荷拉隔离开关、带接地合隔离开关、带负荷合接地开关，这三种情况是不可能出现的。

尽管这里的负荷开关和接地开关实质上是同属一个三位置开关的不同状态，但通常将负荷开关和接地开关的操作孔分开，并在操作孔上设置了挡板，只有在满足防误操作闭锁要求的情况下，操作孔上的挡板才能够移开。这样做的好处除了安全方面的原因之外，还可以避免因操作不当而损害操动机构。

为了保证更换熔断器和进行电缆工作时的安全，通常要求负荷开关合上位置或接地开关拉开位置时熔断器室、电缆室的柜门必须闭锁。

说明：采用三位置开关的负荷开关基本没有线路有电的强制性闭锁装置，即在线路有电的情况下，三位置开关仍然可以由隔离开关状态到接地开关状态，没有另外的闭锁设施。所以操作环网柜时，必须确认线路有没有电，防止带地线合闸。

2. 不带有三位置开关环网柜的防误操作闭锁

这一类环网柜大多数是早期开发设计的，在结构上与一般的开关柜较接近，在防误操作闭锁方面的特点也较相似，主要有：

（1）隔离开关在负荷开关分闸后才能操作。

（2）隔离开关分闸后，同时线路侧无电压才能操作线路接地开关。

（3）接地开关合闸后，隔离开关、负荷开关不能操作。

（4）接地开关合闸后才能打开柜门。

第三节　电缆分支箱

电缆分支箱也称电缆分接箱，完成配电系统中电缆线路的汇集和分接功能，但一般不配置开关，不具备控制测量等二次辅助配置的专用电气连接设备。其外观如图 2-9 所示。

一、电缆分支箱的作用

随着配电网电缆化进程的发展，当容量不大的独立负荷分布较集中时，可使用电缆分支箱进行电缆多分支的连接。因为分支箱不能直接对每路进行操作，仅作为电缆分支使用，电缆分支箱的主要作用是将电缆分接或转接。

1. 电缆分接作用

在一条距离比较长的线路上有多根小截面电缆往往会造成电缆使用浪费，于是从出线到用电负荷，往往使用主干大电缆出线，在接近负荷时，使用电缆分

图 2-9　电缆分支箱

支箱将主干电缆分成若干小面积电缆，由小面积电缆接入负荷。这样的接线方式广泛用于城市电网中的路灯等供电、小用户供电。

2. 电缆转接作用

在一条比较长的配电线路上，如果电缆的长度无法满足线路的要求，那就必须使用电缆

图 2-10　带 SF$_6$ 负荷开关的电缆分支箱

接头或者电缆转接箱。通常短距离时采用电缆中间接头，但线路比较长时，根据经验在 1000m 以上的电缆线路上，如果电缆中间有多个中间接头，为了确保安全，会考虑使用电缆分支箱进行转接。

随着技术的进步，出现了带 SF$_6$ 负荷开关分断的电缆分支箱，如图 2-10 所示，可实现环网柜的功能，而且价格又低于环网柜，在户外起到代替开关站的重要作用，有便于维护试验和检修分支线路，减少停电的特点，特别是在线路走廊和建配电房较困难的情况下，更显其优越性。

二、电缆分支箱的型号、技术参数和功能

1. 电缆分支箱的型号

电缆分支箱的型号不统一，一般可按下列方式编排。

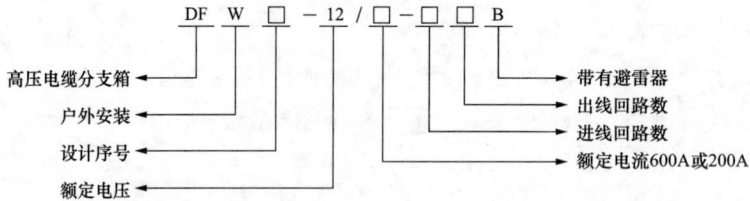

```
DF W □ － 12 / □ － □ □ B
```

高压电缆分支箱
户外安装
设计序号
额定电压

带有避雷器
出线回路数
进线回路数
额定电流600A或200A

2. 电缆分支箱的技术参数

主要技术参数有：①额定电压为10kV；②最高工作电压为12kV；③额定电流；④工频耐压；⑤雷电冲击耐压；⑥额定热稳定电流；⑦额定动稳定电流；⑧回路电阻；⑨防护等级。

3. 电缆分支箱的特点和功能

常用电缆分支箱分为美式电缆分支箱和欧式电缆分支箱。

（1）美式电缆分支箱。美式电缆分支箱（见图2-11）是一种广泛应用于北美地区电力配网系统中的电缆化工程设备，它以单向开门、横向多通母排为主要特点，具有宽度小、组合灵活、全绝缘、全密封等显著优点。按照额定电流，一般可以分为600A主回路和200A分支回路两种。600A主回路采用旋入式螺栓固定连接；200A分支回路采用插拔式连接，且可以带负荷插拔。美式电缆分支箱所采用的电缆接头符合IEEE 386标准。

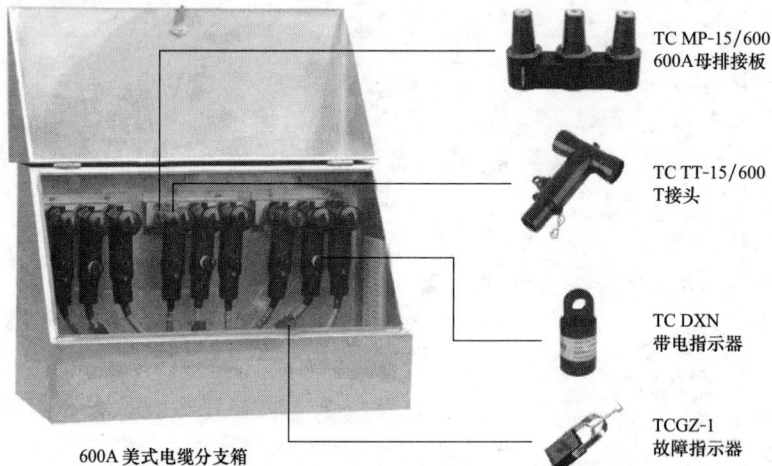

TC MP-15/600
600A母排接板

TC TT-15/600
T接头

TC DXN
带电指示器

TCGZ-1
故障指示器

600A美式电缆分支箱

图 2-11　600A美式电缆分支箱

功能和特点：

1）全绝缘、全密封结构，无需绝缘距离，可靠保证人身安全。

2）防尘、抗洪水、耐腐蚀、免维护，既可用于户外，也可浸在水中，适用任何恶劣环境。

3）组合极为灵活，进出线分支可达 8 路，满足多种接线要求。

4）体积小、结构紧凑、安装简单、操作方便。

5）200A 分支电缆接头可作为负荷开关，带负荷插拔，并具有隔离开关的特点。

6）可接短路故障指示器，便于迅速查找电缆故障。

（2）欧式电缆分支箱。欧式电缆分支箱（见图2-12）是近年来广泛用于配电系统中的电缆化工程设备，其主要特点是双向开门、利用穿墙套管作为连接母排，具有长度小、电缆排列清楚、三芯电缆不需大跨度交叉等显著优点。其所采用的电缆接头（见图 2-12）符合 DIN 47636 标准。一般采用额定电流 630A 螺栓固定连接式电缆终端接头。

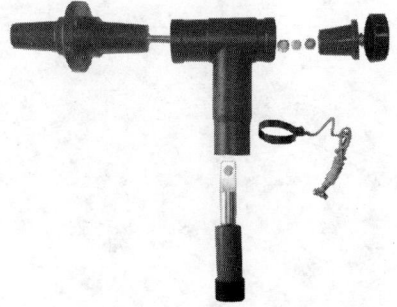

图 2-12　欧式螺栓固定连接电缆终端

功能和特点：

1）全绝缘、全密封、全防护、全工况。

2）进出线灵活，实际应用最多有 8 分支进出线。

3）抗洪水、抗污秽、抗凝露、抗凝霜、耐腐蚀。

4）体积小、结构紧凑、安装简单、操作方便。

5）可安装带电指示器，提示操作人员线路带电。

6）可安装电缆型故障指示器，便于迅速查找电缆故障。

三、可带电插拔电缆分支箱

1. 可带电插拔电缆终端介绍

200A 的美式终端为插拔式结构，其导电杆上和配套套管内带有灭弧装置（见图 2-13），可进行带电断接操作。美国配电网采用的为单芯电缆，系统采用中性点有效接地方式，广泛采用带负荷断接操作，如图 2-14 所示。

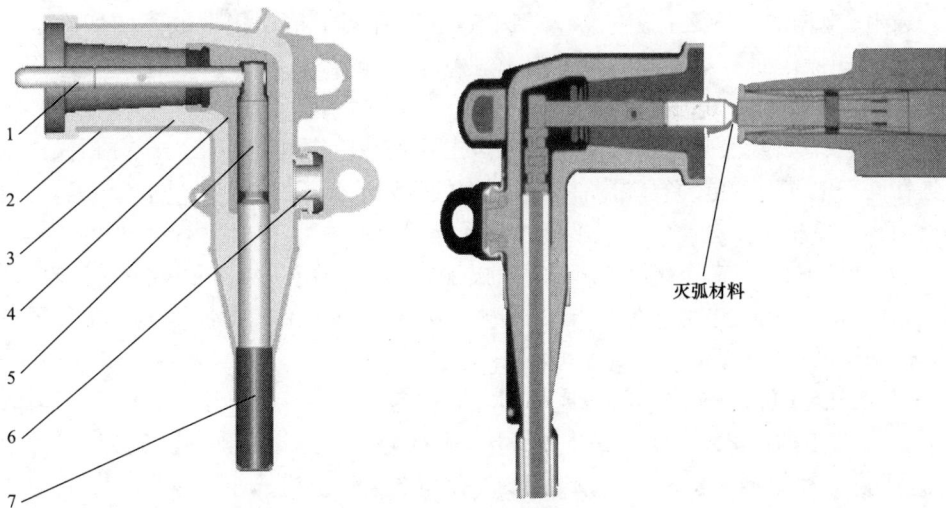

灭弧材料

图 2-13　可带电断接电缆终端

1—灭弧导电杆；2—外屏蔽层；3—绝缘层；4—内均压层；5—压接端子；6—验电测试点；7—电力电缆

图 2-14　带电断接美式电缆终端

插拔头灭弧原理：在电缆接头和单通套管内部均具有灭弧功能的产气式材料。在电缆接头被拔出时，高压端产生弧光。弧光下温度快速升高，产气材料迅速分解后产生大量灭弧气体，将弧光熄灭。额定电流为 200A 的可带电插拔电缆终端可以满负荷插拔 10 次。

2. 带电插拔 50m 空载旁路柔性电缆分析

带电断、接可带电插拔电缆终端（即带电插拔电缆头）是电缆线路不停电作业项目的一种。在美国等国家已经比较成熟，可以用美式可带电插拔电缆终端代替负荷开关，直接在美式电缆分支箱上断、接 200A 的负荷电流。但由于我国 10kV 电缆结构和系统运行方式与美国有较大的区别，根据试验分析，现阶段还不具备安全开展带负荷插拔电缆的条件；但利用可带电插拔电缆终端开展带电插拔空载单芯柔性电缆（即带电断接可带电插拔电缆终端）作业是安全可行的，属于临时取电作业中的一种。详细情况如下。

（1）我国目前不具备安全开展带负荷插拔电缆终端作业的条件，这是因为：

1）美国开展 10kV 带负荷插拔电缆终端，有两个与我国不同的作业条件：①其配电系统主要采用中性点直接接地或经小电阻（抗）接地的方式；②运行电缆为三相单芯电缆，分相插拔作业。我国 10kV 配网主要采用中性点不接地或经消弧线圈接地，运行电缆为三芯电缆。

2）由于带负荷插拔产生的电弧及过电压与系统运行方式和作业人员的操作速度有较大的关系，如果操作不当，分相插拔时，电缆终端处产生的电弧及过电压可能引起电缆终端沿面闪络，引发单相接地故障；同时较大的电弧也可能对作业人员造成灼伤。

3）美国配电网的系统运行方式及三相单芯电缆有利于单相接地故障的切除，也有利于现场作业分相操作而互不影响，同时在作业人员的电弧防护方面也有较为完备的防护用具。

4）如果在我国开展带负荷插拔电缆终端，主要存在以下问题：①由于分相操作三芯电缆时，连在同一电缆上的电缆终端附件在机械力的作用下会相互影响，操作一相容易导致另外两相松动；②单相操作会使中性点不接地的系统三相不平衡，从而影响另外两相操作时的系统电压和过电压；③三芯电缆相与相之间的电磁感应，会使前两相插拔后仍然带电。

（2）利用可带电插拔电缆终端，开展带电插拔 50m 空载单芯柔性电缆，在我国是安全可行的，这是因为：

1）单芯柔性电缆相与相之间机械连接和电磁感应影响较小，有利于单相插拔操作。

2）利用可带电插拔电缆终端、旁路负荷开关及旁路电缆连接器，可以实现在旁路负荷开关断开的情况下，带电插拔短距离（50m 以内）的空载柔性电缆，通过旁路负荷开关的关合，给更长距离的负荷供电。利用可带电插拔电缆终端进行临时取电作业原理如图 2-15 所示。

3）通过试验验证，利用可带电插拔电缆终端带电插拔短距离（小于 50m）的空载单芯柔性电缆，不会产生较大的过电压和较强的电弧，具有较强的安全可靠性。

32

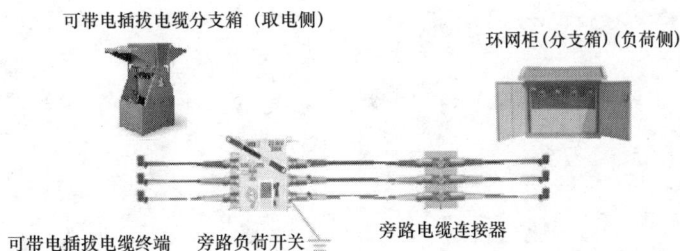

可带电插拔电缆分支箱（取电侧）　　　　　环网柜(分支箱)(负荷侧)

可带电插拔电缆终端　旁路负荷开关　　　旁路电缆连接器

图 2-15　利用可带电插拔电缆终端进行临时取电作业原理图

试验接线示意图如图 2-16 所示。试验电压为 8.7kV，带电插拔终端为可带电插拔旁路电缆终端，连接电缆为 10kV 单芯柔性电缆，截面积为 50mm²，长度为 50m，并通过分压器和示波器采集带电插拔操作时高压端的暂态过电压。空载电缆带电插拔操作如图 2-17 所示。

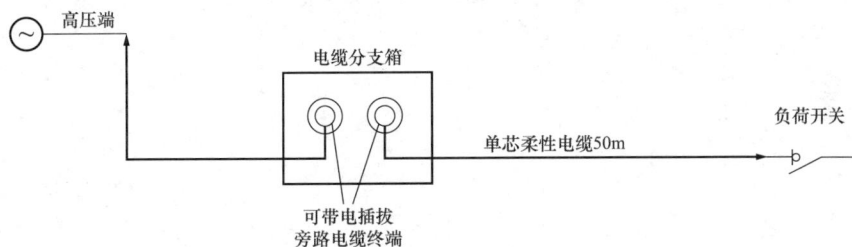

高压端

电缆分支箱

负荷开关

单芯柔性电缆50m

可带电插拔
旁路电缆终端

图 2-16　试验接线示意图

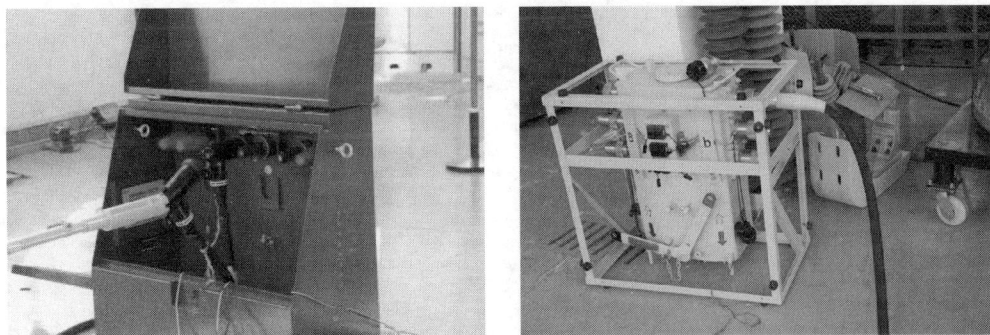

图 2-17　空载电缆带电插拔操作

试验结果：带电插拔 50m 空载电缆各 10 次，可带电插拔旁路电缆终端样品无明显变化，无可见电弧产生，带电拔操作时暂态过电压为电压峰值的 1.5 倍以内，带电插操作时无暂态过电压，波形图如图 2-18 所示。

综上所述，利用可带电插拔电缆终端，可以在可带电插拔电缆分支箱上进行 50m 以内空载单芯柔性电缆的带电插拔。作业人员应穿戴电弧防护服及绝缘手套，使用绝缘操作杆进行操作。人体与高压带电部位的安全距离不得小于 0.4m，绝缘操作杆的最小有效绝缘长度不得小于 0.7m。不得对可带电插拔的肘型电缆终端进行带负荷插拔，不得对其他类型的电缆终端进行带电插拔。

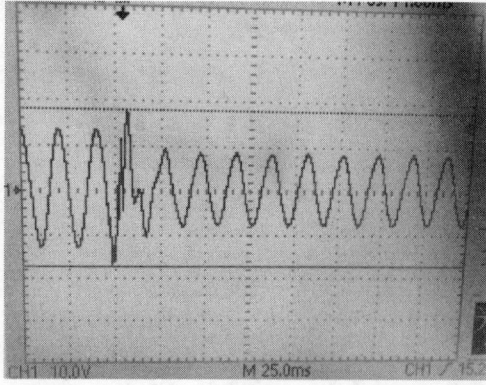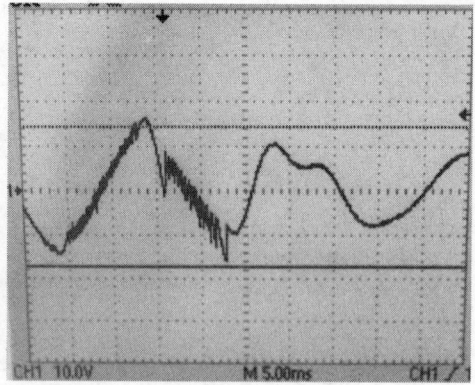

（a）　　　　　　　　　　　　　　　　（b）

图 2-18　带电插拔空载电缆操作时的暂态过电压波形

（a）操作"拔"；（b）操作"插"

第三章

不停电作业装备

第一节 带电作业工具

配电带电作业绝缘工器具有带电作业绝缘工具、绝缘遮蔽用具和绝缘防护用具等。带电作业绝缘工具在配电带电作业中起主绝缘保护作用，而绝缘遮蔽用具和绝缘防护用具在作业中起到辅助绝缘保护的作用。

一、绝缘工具

带电作业绝缘工具分为硬质绝缘工具和软质绝缘工具。

1. 硬质绝缘工具

硬质绝缘工具主要指以环氧树脂玻璃纤维增强型绝缘管、板、棒为主绝缘材料制成的工具，如图3-1所示。

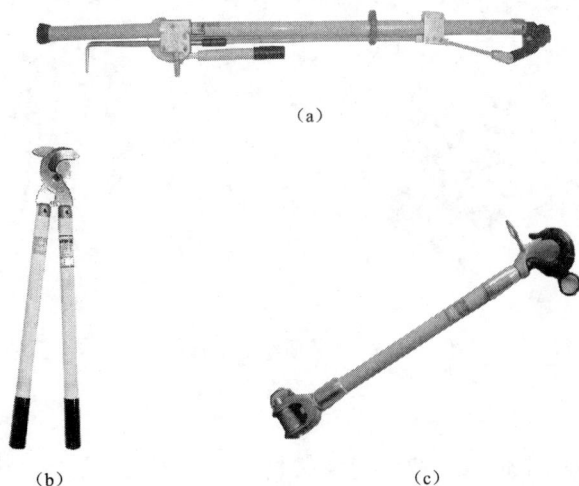

(a)

(b)   (c)

图 3-1 硬质绝缘工具

(a) 绝缘尖嘴钳；(b) 绝缘剪线器；(c) 绝缘拉杆

硬质绝缘工具绝缘部分（绝缘杆）的主要成分包括玻璃纤维、环氧树脂和偶联剂。制造绝缘杆的主要工艺有湿卷法、干卷法、缠绕法和引拔法等。绝缘杆的老化有整体老化和部分老化两方面。整体老化主要是指人为划伤绝缘工具表面绝缘层、受潮、长时间的整体材质老化；部分老化主要是指绝缘杆顶端长期在强电场作用下，因局部滑闪、漏电、放电而引起的材质老化。操作杆表面的污秽状态对操作杆的闪络性能影响很大，表面污秽后，特别是沉积物受潮并导电时，耐闪络强度会严重降低。

10kV 带电作业用绝缘操作工具的最小有效绝缘长度为 0.7m。在使用绝缘操作工具进行作业时，虽然有其作为主绝缘保护，还需戴绝缘手套作为辅助绝缘保护。10kV 带电作业用绝缘承力工具的最小有效绝缘长度为 0.4m。

带电作业硬质绝缘工具的材料的性能应满足 GB 13398—2008《带电作业用空心绝缘管、泡沫填充绝缘管和实心绝缘棒》的要求，10kV 硬质绝缘工具的整体电气性能应满足表 3-1 的要求。

表 3-1　　　　　　　　　　10kV 硬质绝缘工具的整体电气性能要求

电压等级 U_n （kV）		10
试验长度 L（m）		0.4
1min 工频耐压 U_1（kV）	类型、出厂试验	100
	预防性试验	45

2. 软质绝缘工具

软质绝缘工具主要指以绝缘绳为主绝缘材料制成的工具，包括吊运工具、承力工具等。常见的有人身绝缘保险绳、导线绝缘保险绳、消弧绳、绝缘测距绳、绝缘绳套、绝缘软梯等，如图 3-2 所示。

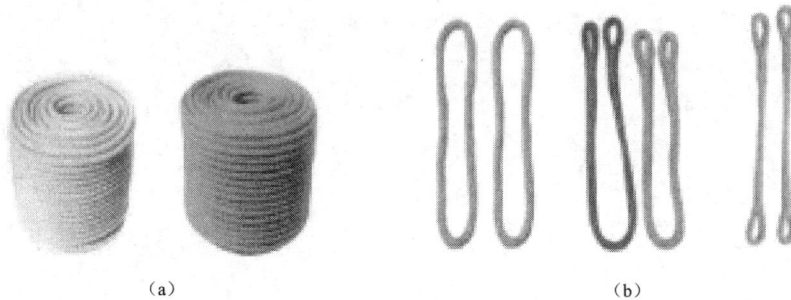

图 3-2　软质绝缘工具
（a）绝缘绳；（b）绝缘绳套

绝缘绳索是广泛应用于带电作业的绝缘材料之一，可用作运载工具、攀登工具、吊拉绳、连接套及保安绳等。软质绝缘工具具有灵活、简便，便于携带，适合于现场作业等特点。目前带电作业常用的绝缘绳主要有蚕丝绳、锦纶绳等，其中以蚕丝绳应用得最为普遍。在使用常规绝缘绳时，应特别注意避免受潮。除了普通的绝缘绳索，还有防潮型绝缘绳索，在环境湿度较大的情况下进行带电作业时，必须使用防潮型绝缘绳。

带电作业用绝缘绳索的材料性能应满足 GB/T 13035—2008《带电作业用绝缘绳索》的要求，10kV 软质绝缘工具的整体电气性能应满足表 3-1 的要求。

二、绝缘遮蔽及防护用具

1. 绝缘遮蔽用具

绝缘遮蔽用具包括各类硬质和软质绝缘遮蔽罩,如图 3-3 所示。在配电线路带电作业安全距离不足时,可以由一组同一电压等级的不同类型遮蔽罩联结组合在一起,对带电导线或地电位的杆塔构件进行绝缘遮蔽隔离带,形成一个连续扩展的保护区域。绝缘遮蔽用具不起主绝缘保护的作用,只适用于在带电作业人员发生意外短暂碰触时起辅助绝缘保护作用。硬质绝缘遮蔽罩一般采用环氧树脂、塑料、橡胶及聚合物等绝缘材料制成。为便于使用合适的

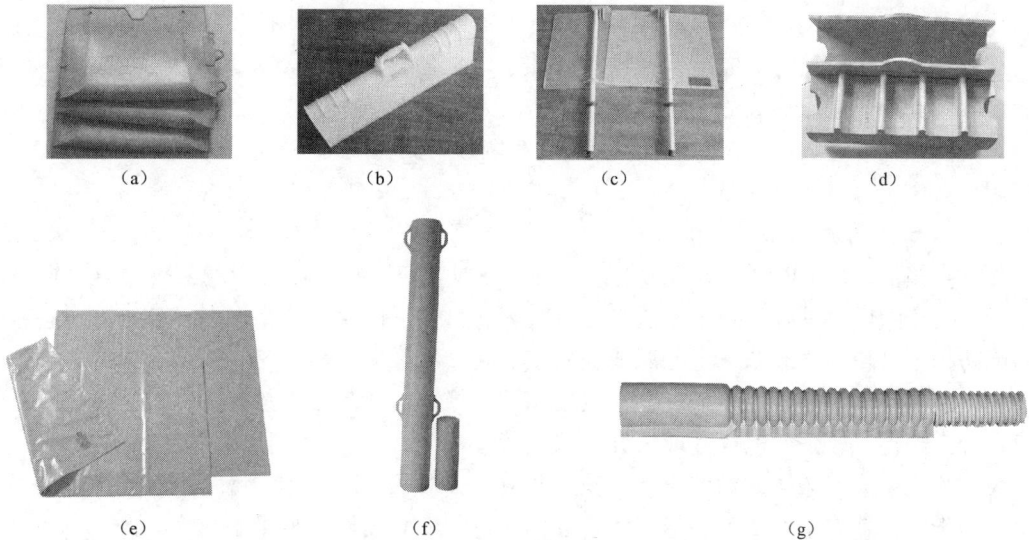

图 3-3 常见遮蔽罩

(a) 跌落式熔断器绝缘遮蔽罩;(b) 导线绝缘遮蔽罩;(c) 绝缘挡板;(d) 横担绝缘遮蔽罩;
(e) 绝缘毯;(f) 电杆杆顶绝缘遮蔽罩;(g) 导线绝缘遮蔽罩

工具来安装和拆卸,硬质遮蔽罩上都安装有操作定位装置,并且为保证遮蔽罩不会由于风吹、导线移动等原因从其遮蔽对象上脱落下来,硬质遮蔽罩上安装有一个或几个锁定装置。在同一遮蔽组合绝缘系统中,各个硬质绝缘遮蔽罩相互连接的端部具有通用性。软质遮蔽罩一般采用橡胶类和软质塑料类绝缘材料制成。根据遮蔽对象的不同,在结构上可以做成硬壳型、软型或变形型,也可以为定型的或平展型的。根据遮蔽罩的不同用途,可以分为不同的类型,主要有:

(1) 导线遮蔽罩:用于对裸导体进行绝缘遮蔽的套管式护罩,带接头或不带接头。有直管式、下边缘延裙式、自锁式等类型。

(2) 耐张装置遮蔽罩:用于对耐张绝缘子、线夹、拉板金具等进行绝缘遮蔽的护罩。

(3) 针式绝缘子遮蔽罩:用于对针式绝缘子进行绝缘遮蔽的护罩,该遮蔽罩同样适用于棒式支持绝缘子。

(4) 棒形绝缘子遮蔽罩:用于对绝缘横担进行绝缘遮蔽的护罩。

(5) 横担绝缘遮蔽罩:用于对铁、木横担进行绝缘遮蔽的护罩。

(6) 电杆杆顶绝缘遮蔽罩:用于对电杆或其头部进行绝缘遮蔽的护罩。

（7）套管遮蔽罩：用于对开关设备的套管进行绝缘遮蔽的护罩。

（8）跌落式熔断器绝缘遮蔽罩：用于对跌落式熔断器（包括其接线端子）进行绝缘遮蔽的护罩。

（9）隔板（又称挡板）：用于隔离带电部件、限制带电作业人员活动范围的硬质绝缘平板护罩。

（10）绝缘布（又称绝缘毯）：用于包缠各类带电或不带电导体部件的软形绝缘护罩。

（11）特殊遮蔽罩：用于某些特殊绝缘遮蔽用途而设计制作的护罩。

在配电线路上进行带电作业时，安全距离即空气间隙小是主要的制约因素，在人体和带电体或带电体与地电位物体间安装一层绝缘遮蔽罩或挡板，可以弥补空气间隙的不足。因为遮蔽罩或挡板与空气组合形成组合绝缘，延伸了气体的放电路径，因此可提高放电电压值。作业前应选择相应电压等级的遮蔽罩，并应与个人绝缘防护用具并用。IEC 标准按电压等级划分，目前常见的遮蔽用具可分为 0、1、2、3 四级，我国 10kV 电压等级对应于 2 级绝缘遮蔽用具。

2. 绝缘防护用具

进行直接接触 10kV 电压等级带电设备的作业时，应穿戴合格的绝缘防护用具；使用的安全带、安全帽应有良好的绝缘性能，必要时戴护目镜。作业中禁止摘下绝缘防护用具。个人绝缘防护用具包括绝缘帽、绝缘服或披肩或袖套、绝缘裤、绝缘靴、绝缘手套等。

（1）绝缘安全帽。采用高强度塑料或玻璃钢等绝缘材料制作，具有较轻的质量、较好的抗机械冲击特性、较强的电气性能，并有阻燃特性。

（2）绝缘手套。用合成橡胶或天然橡胶制成，其形状为分指式。绝缘手套被认为是保证配电线路带电作业安全的最后一道保障，在作业过程中必须使用绝缘手套。

（3）绝缘靴。用合成橡胶或天然橡胶制成。目前，有关标准规定的最高使用电压为 15kV，一般作业人员在地面操作电气开关或在配电开关柜内进行带电作业时必须穿着绝缘靴，且应站在绝缘垫上。

（4）绝缘服、披肩。一般采用多层材料制作。其外表层为憎水性强、防潮性能好、沿面闪络电压高、泄漏电流小的材料；内衬为憎水性强、柔软性好、层向击穿电压高、服用性能好的材料制作。

（5）袖套。采用橡胶或其他绝缘柔性材料制成，分为直筒式和曲肘式两种式样。

（6）防机械刺穿手套。防机械刺穿手套有连指式和分指式两种式样，其表面应能防止机械磨损、化学腐蚀，抗机械刺穿并具有一定的抗氧化能力和阻燃特性。采用加衬的合成橡胶材料制成。

常见的个人绝缘防护用具如图 3-4 所示。

IEC 标准按电压等级划分，个人绝缘防护用具按电气性能分为 0、1、2、3 四级，我国 10kV 电压等级对应于 2 级绝缘遮蔽用具。

3. 绝缘防护和遮蔽用具的使用要求

（1）使用安全注意事项。

配电线路带电作业中，不论是采用通过绝缘手套直接作业还是采用绝缘工具间接作业，只要在作业人员的活动范围内有不同电位的设备，作业人员都应该穿戴绝缘防护用具，并对可触及范围内的所有设备（包括带电体和接地体）进行绝缘遮蔽。当采用绝缘手套直接作业

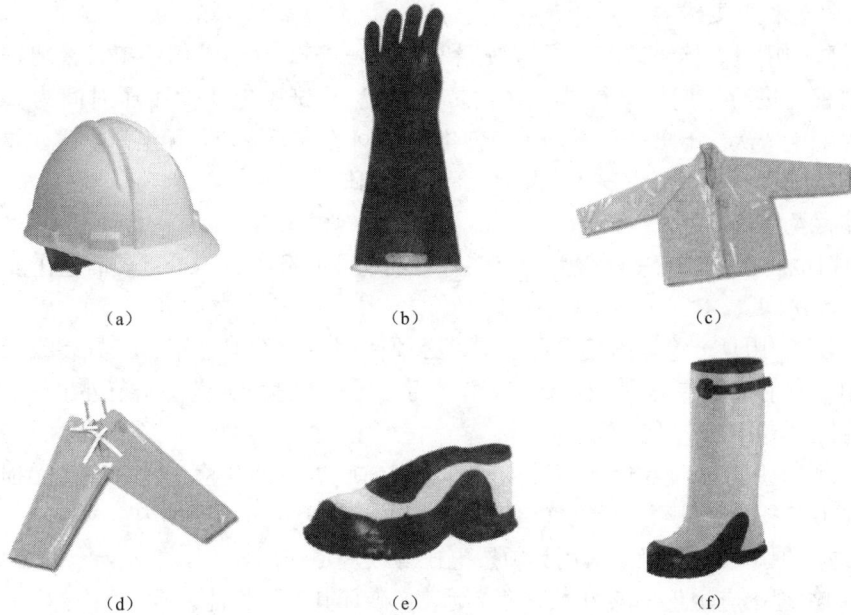

图 3-4　绝缘防护用具

（a）绝缘安全帽；（b）绝缘手套；（c）绝缘服；（d）绝缘裤；（e）绝缘鞋套；（f）绝缘靴

时，橡胶绝缘手套外应套上防磨或刺穿的防护手套。

使用绝缘遮蔽用具时，应注意：①只用于配电线路带电作业；②设备遮蔽用具应与人体安全防护用具并用；③遮蔽用具的设置及拆除遮蔽的顺序应正确。

遮蔽用具作为人体与设备间的绝缘防护，可以解决配电线路净空距离较小的问题，提高作业的安全性。对带电部件设置绝缘遮蔽用具时，应从离身体最近的带电体依次设置，即按照从近到远的原则，如对多层分布的带电导线设置遮蔽用具时，应从下层导线开始依次向上层设置。绝缘子遮蔽罩和导线遮蔽罩的设置次序是先放导线遮蔽罩，再放绝缘子遮蔽罩，绝缘子遮蔽罩与导线遮蔽罩的接合处应有大于 15cm 的重合部分。如果导线遮蔽罩有脱落的可能时，应采用绝缘夹或绝缘绳绑扎以防脱落。作业位置周围如有接地拉线和低压线等设施，也应使用绝缘挡板、高压绝缘毯、绝缘遮蔽罩等对周边物体进行绝缘隔离。

拆除遮蔽用具时，与设置遮蔽的顺序相反，应从带电体下方（绝缘杆作业法）或者侧方（绝缘手套作业法）拆除绝缘遮蔽用具。拆除的顺序是：从离作业人员最远的开始依次向近处拆除，若是拆除上下多回路的绝缘遮蔽用具，应从上层开始依次向下顺序拆除；对于导线和绝缘子遮蔽罩，应先拆绝缘子遮蔽罩再拆导线遮蔽罩。在拆除绝缘遮蔽用具时应注意不使被遮蔽体受到显著振动，要尽可能轻地拆除。配电线路无论是裸导线还是绝缘导线，在带电作业中均应进行绝缘遮蔽。

配电线路带电作业中，绝缘工具和作业间隙作为主绝缘，绝缘遮蔽用具为辅助绝缘，绝缘防护用具为后备绝缘，形成主绝缘＋辅助绝缘＋后备绝缘的多重防护，无论是直接作业法还是间接作业法，在开展作业之前均应采用绝缘遮蔽罩和隔离用具进行遮蔽或隔离，同时作业人员应穿戴绝缘防护用具。通过多层后备防护在作业人员的工作区域形成一个安全岛，防止事故的发生。

（2）预防性试验要求。

对绝缘防护用具、绝缘遮蔽用具应按照 DL 976—2005《带电作业工具、装置和设备预防性试验规程》进行周期性例行试验（预防性试验），试验电压及耐压时间为 20kV/min。试验周期为半年一次。电极设计及加工应使电极之间的电场均匀且无电晕发生。试验电极爬电距离为 150mm，一侧电极应采用潮湿海绵或导电毡。

（3）储存及保养。

1）绝缘防护用具、绝缘遮蔽用具应储存在符合 DL/T 974—2005《带电作业用工具库房》要求的库房内。

2）绝缘防护用具、绝缘遮蔽用具运输时必须使用专用的保管箱、工具袋或专用的工具车，避免阳光直射、雨雪浸淋、碰撞、踩踏、污损；潮湿地区或潮湿季节外出超过 24h 须使用带电作业工具专用车。

3）绝缘防护用具、绝缘遮蔽用具在现场使用前应进行外观检查，并确认无损伤、表面清洁，绝缘手套、绝缘靴须进行充气检查，并检查其是否在试验周期内。

4）绝缘防护用具、绝缘遮蔽用具须按电压等级规定使用。

5）使用过程中应防止尖锐物体刺穿或刮破，破坏其绝缘性能。

6）使用绝缘防护用具和绝缘遮蔽用具时，相互间的搭接部分长度不得小于 150mm。

7）绝缘防护用具和绝缘遮蔽用具应避免在高温、阳光下存放，避免和机油、油脂、变压器油、工业乙醇以及强酸接触。

8）当绝缘防护用具和绝缘遮蔽用具脏污时，可在 20～40℃水温下用肥皂等中性洗涤剂进行清洗，干燥后在表面涂上滑石粉。

9）对于潮湿的绝缘防护用具和绝缘遮蔽用具应进行干燥处理，但干燥处理的温度不能超过 65℃。

三、绝缘承载工具

（一）绝缘斗臂车

1. 斗臂车配置及分类

采用绝缘斗臂车进行带电作业，具有升空便利，机动性强，作业范围大，机械强度高，电气绝缘性能高等优点。带电作业绝缘斗臂车自 20 世纪 30 年代在欧美国家开始研制，到 50 年代以后在送、配电线路带电作业中得到广泛地应用。绝缘斗臂车的绝缘臂采用玻璃纤维增强型环氧树脂材料制成，绕制成圆柱形或矩形截面结构，具有质量轻、机械强度高、电气绝缘性能好、憎水性强等优点，在带电作业时为人体提供相对地之间绝缘防护。绝缘斗有的为单层斗，有的为双层斗，外层斗一般采用环氧玻璃钢制作，内层斗采用聚四氟乙烯材料制作。绝缘斗具有高电气绝缘强度，与绝缘臂一起组成相对地之间的主绝缘。绝缘斗臂车外观如图 3-5 所示。

图 3-5　绝缘斗臂车

绝缘斗臂车按配置进行分类，有基本型和扩展型，功能配置见表 3-2。基本型为斗臂车需要具备的最基本功能；扩展型为斗臂车满足基本功能后，为提高整车性能而增加的功能配置，扩展型车辆应具备尽可能多的功能配置。

表 3-2 绝缘斗臂车功能配置

序 号	配 置 要 求	基本型	扩展型
1	最大作业高度双人斗大于或等于 15m，单人斗大于或等于 10m	●	●
2	最大作业高度时作业幅度大于或等于 3m	●	●
3	绝缘工作斗额定载荷双人斗大于或等于 270kg，单人斗大于或等于 120kg	●	●
4	回转角度 360°左右连续回转	●	●
5	斗运动速度小于或等于 0.5m/s	●	●
6	支腿着地检测装置	●	●
7	臂架材质增强型玻璃纤维（FRP）绝缘材料	●	●
8	支腿型式 H 型或 A 型支腿	●	●
9	液压调平或机械调平	●	●
10	单独可调支腿操控装置	●	●
11	车体接地装置	●	●
12	单人斗摆臂摆动角大于或等于 180°（左右 90°） 双人斗摆臂摆动角度大于或等于 90°（左右 45°）	●	●
13	支腿水平伸出检测装置	○	●
14	进行单边支腿水平伸出作业或任意支腿跨距作业	○	●
15	作业机构速度智能调节	○	●
16	发动机油门自动调节	●	●
17	工作臂自动收回操作	○	●
18	工作臂防干涉装置	○	●
19	防倾翻控制	●	●
20	绝缘斗垂直升降	○	●
21	绝缘斗部超负荷报警	○	●
22	电动力低噪声作业方式	○	●
23	显示车辆实际工况状态（如作业高度、作业幅度、斗负荷等）	○	●
24	斗部最大起吊质量大于或等于 450kg	○	●
25	斗部具备液压工具接口	●	●
26	导航装置	○	●
27	倒车辅助系统	○	●

注 ●表示应具备的功能。
○表示可具备的功能。

绝缘斗臂车按伸展结构的类型可分为伸缩臂式、折叠臂式、混合式 3 种，见表 3-3，示意图如图 3-6 所示。

表 3-3 绝缘斗臂车的类型

类 型	伸缩臂式	折叠臂式	混合式
代 号	S	Z	H

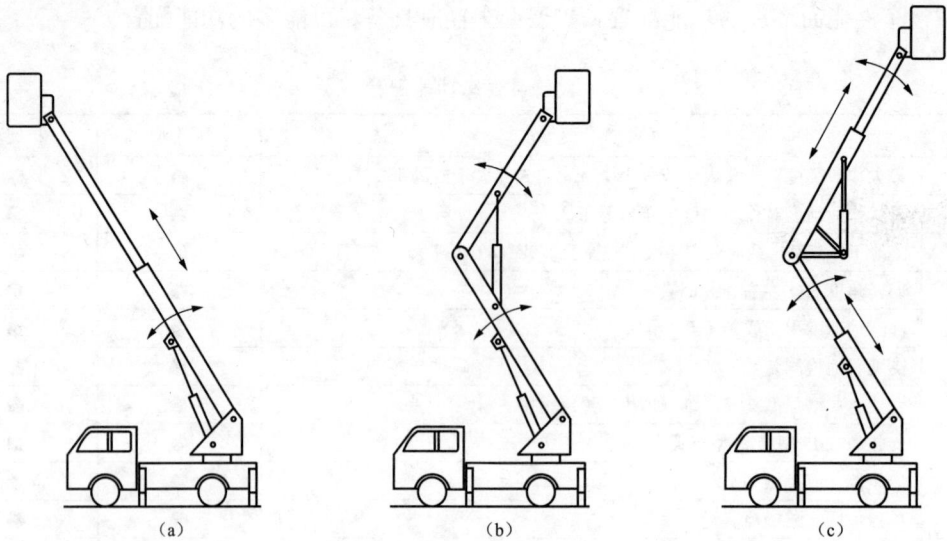

图 3-6　伸展结构类型示意图
(a) 伸缩臂式；(b) 折叠臂式；(c) 混合式

2. 斗臂车技术要求

（1）工作条件。

1）环境温度为-25~40℃。

2）风速不超过 10.8m/s。

3）相对湿度不超过 90％（25℃）。

4）海拔不超过 1000m。

5）对海拔 1000m 及以上地区的要求：斗臂车所选用的底盘动力应适应高原行驶和作业要求；绝缘体的绝缘水平应进行相应海拔修正。

（2）功能要求。

1）斗臂车的各机构应保证绝缘工作斗起升、下降时动作平稳、准确，无爬行、振颤、冲击及驱动功率异常增大等现象。

2）绝缘工作斗的起升、下降速度应不大于 0.5m/s。

3）带有回转机构的斗臂车，回转时绝缘工作斗外缘的线速度不大于 0.5m/s，启动、回转、制动应平稳、准确，无抖动、晃动现象；在行驶状态时，回转部分不应产生相对运动。

4）斗臂车在行驶状态下，支腿收放机构应确保各支腿可靠地固定在斗臂车上，支腿最大位移量应不大于 5mm。

5）斗臂车的伸展机构及驱动控制系统应安全可靠，绝缘工作斗在额定载荷下起升时应能在任意位置可靠制动，制动后 2h，绝缘工作斗下沉量应不超过该工况绝缘工作斗高度的 0.3％。

6）斗臂车空载时最大绝缘工作斗高度误差应不大于公称值的 0.4％。

7）支腿纵、横向跨距误差应不大于公称值的 1％。

8）斗臂车前、后桥的负荷应符合 GB 1589—2004《道路车辆外廓尺寸、轴荷及质量限值》的要求。

42

9）斗臂车的调平机构应保证绝缘工作斗在任一工作位置均处于水平状态，绝缘工作斗底面与水平面的夹角应不大于3°，调平过程必须平稳、可靠，不得出现振颤、冲击、打滑等现象。

10）在山区使用时，应确保车辆手制动不会存在溜坡现象。

（3）功能分区示意图。斗臂车功能分区示意如图3-7所示。

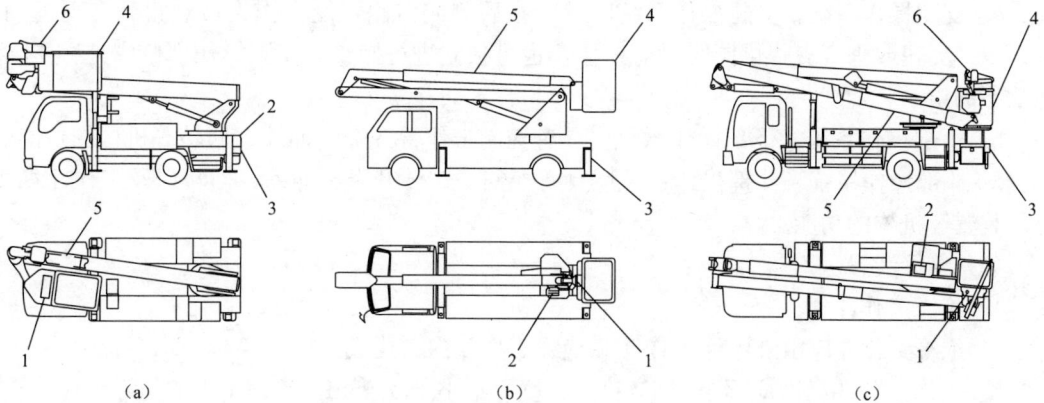

图3-7　斗臂车功能分区示意图

（a）伸缩臂式；（b）折叠臂式；（c）混合式

1—绝缘斗部操控系统；2—下部操控系统；3—支腿操控系统；4—绝缘斗；5—绝缘臂；6—吊臂装置

（4）操控系统。操控系统包括液压、电气和操作等系统。操控系统的各气、油、电的管线应布置合理、固定可靠，不得有松动、渗漏、脱落等现象，行驶中不能发生磨损。

1）通用要求。

a）在绝缘工作斗和下部各装备一套或以上的操控系统，下部操控系统具有比绝缘斗部操控系统更高的优先级。

b）操控系统应具有明显的操作标识和警示标识。

c）操作动作不应相互干扰和引起误操作，操作应轻便灵活、准确可靠。

d）操控系统的控制手柄松开时应能自动复位，并且操作方向与控制的功能运动方向一致。

e）每个操作部位应配备发动机启动、停止系统。

f）斗臂车应配备应急动力启动、停止系统。

g）每个操作部位应配备紧急停止开关，可以立即可靠地切断所有机构动作。

h）绝缘工作斗部应具有工作臂无级调速功能，能准确实现机构的调速。

2）液压系统。

a）液压系统的设计、制造、安装等应符合GB/T 3766—2001《液压系统通用技术条件》的有关规定。

b）液压系统元件应符合GB/T 7935《液压元件通用技术条件》的有关规定。

c）液压系统液压油工作1.5h后，清洁度应符合JG/T 5035—1993《建筑机械与设备用油液固体污染清洁度分级》中19/16的等级规定。

3）电气系统。

a）电气设备满足 GB 25849—2010《移动式升降工作平台　设计计算、安全要求和测试方法》中的规定。

b）电气系统的电缆导线应绝缘良好。

c）电路系统的开关、按钮、指示灯等的标志应清晰明了，便于操作识别。

4）操作系统。操作系统包括支腿操作系统、下部操作系统、斗部操作系统。

a）支腿操作系统。支腿操作系统应设置在后侧或右侧，使操作人员观察到支腿运动状态；水平支腿或垂直支腿可同时进行操作，也可独立进行操作；支腿操作部位应具有支腿着地状态的指示装置。

b）下部操作系统。下部操作系统应具有控制工作臂升降、伸缩、回转等机构的功能。

c）斗部操作系统。斗部操作系统应具有控制工作臂升降、伸缩、回转以及工作斗摆动、小吊装置等机构的功能。

（5）绝缘装置。

1）绝缘工作斗。

a）绝缘工作斗应由外绝缘工作斗和绝缘工作斗内衬构成。

b）绝缘工作斗高度应不小于 1.1m，宽度应不小于 0.45m，承载 1 人的绝缘工作斗长度应不小于 0.5m；承载 2 人的绝缘工作斗长度应不小于 1m。

c）绝缘工作斗的表面应平整、光洁及无凹坑、麻面现象，憎水性强。

d）绝缘工作斗应具备自动调整水平功能。

e）绝缘工作斗应具备积水倾倒功能。

f）绝缘工作斗应具有良好的固定，防止行驶时振动引起的损坏。

g）绝缘工作斗部应有系安全带或绳索的结点。

h）绝缘工作斗上应醒目地注明斗臂车额定载荷或承载人数。

2）绝缘臂。

a）斗臂车主绝缘臂应安装在最接近绝缘工作斗的臂上，绝缘臂的表面应平整、光洁，无凹坑、麻面现象，憎水性强。

b）绝缘臂应具有 360°连续回转作业能力。

c）伸缩式斗臂车应具有绝缘臂防磨损装置。

d）折叠式斗臂车应设置臂收放托架、臂绑带，防止车辆行驶时震动应起的损坏。

e）绝缘臂外层表面应涂有不影响绝缘性能的防潮漆；绝缘臂内层表面应有憎水性措施。

f）用于 10kV 等级的斗臂车绝缘臂最大有效绝缘长度不小于 2.5m；用于 35kV 等级的斗臂车绝缘臂最大有效绝缘长度不小于 3.0m。

g）曲臂式斗臂车应加装基臂绝缘段。

（6）安全系统。

1）斗臂车伸展机构由单独的钢丝绳或链条实现传动时，系统应有断绳安全保护装置。

2）斗臂车采用液压式伸展机构时，应设置防止液压管路发生故障造成回缩的安全保护装置。

3）斗臂车应具有防倾翻系统，装备倾斜角度指示装置，以指明底盘倾斜是否在制造商的许可范围内，如倾斜开关或水平仪。倾斜角度指示装置应受保护，以免损坏和意外的设置更改。对于无支腿可行走作业的斗臂车当达到倾斜极限时，绝缘工作斗上应有声光报警信号。对于用支腿来调平的斗臂车，底盘倾斜角度指示装置在支腿的操控部位应能清楚可见。

4）斗臂车应装有急停开关，可在紧急时有效地停止所有动作，并置于操作者易于操作的部位。

5）发动机故障时，应具有第二套动力系统确保作业装置能够可靠收回。

6）支腿与其他操控系统应有互锁功能。

7）伸展机构超出安全作业范围时具有限制相应动作的功能。

8）应有支腿可靠着地的检测装置。

9）支腿跨距自动监测装置：扩展型斗臂车具有支腿水平伸出指示装置，并根据水平支腿伸出距离自动控制安全的作业范围。

10）工作臂自动收回装置：扩展型斗臂车上部一键式复位开关应自动完成工作臂的收缩、旋转、下降等动作，使工作臂自动完全复位。动作应连续、平稳、准确。

11）工作臂防干涉装置：扩展型斗臂车工作臂靠近驾驶室及工具箱时，应能自动停止工作臂动作，防止因操作失误引起与驾驶室、工具箱碰撞事故。

12）接地装置：斗臂车需配有专用的车体接地装置，接地装置标有规定的符号或图形；接地装置包括长度不小于10m、截面积不小于25mm² 的带透明护套的多股软铜接地线。车身应能可靠接地。

（7）绝缘性能要求。

绝缘工作斗绝缘性能要求见表3-4，绝缘臂绝缘性能要求见表3-5，整车绝缘性能要求见表3-6。

表 3-4　　　　　　　　　　　　　　　　　　绝缘工作斗绝缘性能要求

试验部件	试 验 项 目					
	定型/型式/出厂试验			预防性试验		
	层向耐压	沿面闪络	泄漏电流	层向耐压	沿面闪络	泄漏电流
绝缘内斗	50kV 1min	0.4m 50kV 1min	0.4m 20kV ≤200μA	45kV 1min	0.4m 45kV 1min	0.4m 20kV ≤200μA
绝缘外斗	20kV 5min	0.4m 50kV 1min	0.4m 20kV ≤200μA	—	0.4m 45kV 1min	0.4m 20kV ≤200μA

注　1. 层向耐压、沿面闪络试验过程中应无击穿、无闪络、无严重发热（温升容限10℃）。
　　2. "—"表示不必检测项目。

表 3-5　　　　　　　　　　　　　　　　　　绝缘臂绝缘性能要求

试验部件	试 验 项 目					
	定型/型式试验		出厂试验		预防性试验	
	工频耐压	泄漏电流	工频耐压	泄漏电流	工频耐压	泄漏电流
绝缘臂	0.4m 100kV 1min	0.4m 20kV ≤200μA	0.4m 50kV 1min	0.4m 20kV ≤200μA	0.4m 45kV 1min	0.4m 20kV ≤200μA

注　工频耐压试验过程中应无击穿、无闪络、无严重发热（温升容限10℃）。

表 3-6　　　　　　　　　　　　　整车绝缘性能要求

试验部件	试 验 项 目					
	定型/型式试验		出厂试验		预防性试验	
	工频耐压	泄漏电流	工频耐压	泄漏电流	工频耐压	泄漏电流
整车	1m 100kV 1min	1m 20kV ≤500μA	1m 50kV 1min	1m 20kV ≤500μA	1m 45kV 1min	1m 20kV ≤500μA

注　工频耐压试验过程中应无击穿、无闪络、无严重发热（温升容限10℃）。

（8）贮存。

1）斗臂车如长期存放，应停放在防盗、防潮、通风和具有消防设施的专用场地，并将所有门窗、抽屉等活动部件处于稳固关闭状态。

2）斗臂车的停放场地宜提供外接电源。

3）斗臂车的存放环境条件，应满足所有车载设备的贮存要求。重要的非集控设备不宜长期存放在斗臂车上。

4）具有辅助支撑的中大型斗臂车如长期存放，应使用随车辅助支撑，减轻车辆轮胎压力。

5）斗臂车应按照机动车辆产品使用说明书进行定期维护与保养。

（二）绝缘平台

1. 绝缘平台分类

绝缘平台主要由硬质绝缘材料制成，安装和拆卸方便快捷，具有良好的绝缘性能和高机械强度，一般直接安装在电杆上，作业人员通过脚扣沿电杆攀登至绝缘平台上，接近线路设备进行作业，绝缘平台作为相对地之间的主绝缘。在线路下方空间狭小不便停放绝缘斗臂车的作业位置，可采用绝缘平台进行作业。在一些未配置绝缘斗臂车的地区，也可采用绝缘平台代替绝缘斗臂车进行作业。

绝缘平台按结构功能划分，可分为固定式（A类）、旋转式（B类）、旋转带升降式（C类）三种类型。

按荷载能力分为850、1050、1350N三个级别，可根据作业人员的体重选用。额定荷载还考虑了除工作人员外，平台上同时还需承载工器具的重力，工器具与作用人员的总重力不应超过绝缘平台的额定荷载。

2. 主要技术要求

（1）功能要求。

1）绝缘平台为单人作业平台，平台上作业人员及工具设备的总重力不得超过其额定荷载。绝缘平台应设有限制作业人员活动范围的绝缘隔离措施，使作业人员与接地部分保持0.4m以上安全距离。

2）绝缘平台应设有供作业人员系安全带的挂点，并能承受作业人员体重及冲击负荷。

3）B类绝缘平台的旋转角度应不小于90°。

4）C类绝缘平台的升降高度应不小于80cm，旋转角度应不小于90°。

5）B类和C类绝缘平台的活动部位均应设有锁止装置，其旋转、升降过程中的各点均能有效锁止。

（2）整体性能要求。绝缘平台加工制作完成后，其整体的电气性能和机械性能应满足表3-7、表3-8的要求。

表3-7   绝缘平台的电气性能要求

序　号	项　目	试验电压（kV）	试验时间（min）	泄漏电流（A）
1	工频耐受电压	100	1	—
2	泄漏电流	20	1	≤200
3	淋雨状态下的泄漏电流	8	15	≤500

各类绝缘平台加工制作完成后，其整体的机械性能应不低于表3-8的要求。

表3-8   绝缘平台的机械性能要求

荷载级别	作业人员体重（kg）	额定荷载（N）	破坏荷载（N）	静荷载（N）	动荷载（N）	冲击荷载（N）
Ⅰ	≤70	850	2550	2125	1275	850
Ⅱ	70～85	1050	3015	2625	1575	1050
Ⅲ	85～105	1350	4050	3375	2025	1350

注　冲击荷载为安全带挂点的试验项目。

第二节　旁路负荷开关

旁路负荷开关（见图3-8）是可用于户外，可移动并快速安装在电杆上的小型三相开关，具有分闸、合闸两种状态，用于旁路作业中的电流切换。

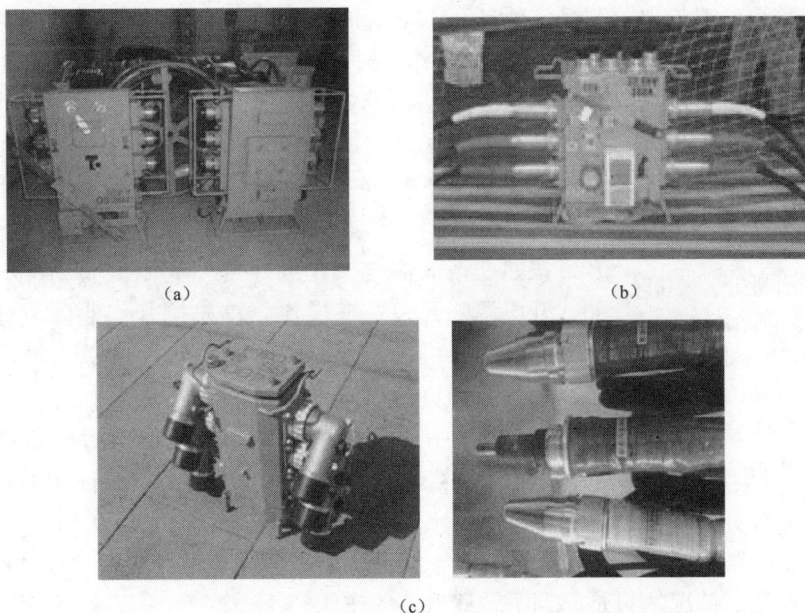

(a)   (b)

(c)

图3-8　旁路负荷开关
(a) 国产旁路负荷开关；(b) 韩国产旁路负荷开关；(c) 日本产旁路负荷开关及旁路电缆快速接头

由于旁路电缆及连接器的额定电流为200A，因此旁路负荷开关的额定电流不小于200A

即可。按照 200A 的额定电流，结合 10kV 三相负荷开关的技术要求，其性能参数见表 3-9。

表 3-9　　　　　　　　　　　　旁路负荷开关的性能参数

序号	参数		标准	序号	参数		标准
1	额定电压（kV）		12			对地	75
2	额定电流（A）		200	11	冲击耐受电压（kV）	相间	75
3	额定频率（Hz）		50			断口间	85
4	额定开断负荷电流（A）		200	12	3s 热稳定电流（kA）		16
5	额定开断负荷电流的次数（次）		20	13	动稳定电流（kA）		40
6	额定断开充电电流（A）		20	14	开关导通的接触电阻（μΩ）		<200
7	额定断开充电电流的次数（次）		20	15	三相分断的不同期性（ms）		<5
8	开断时间（ms）		20	16	机械寿命（次）		3000
9	关合短路电流能力（峰值 kA）		40	17	年漏气率		<0.5%
10	工频耐受电压（kV）	对地	42	18	防护等级		IP68
		相间	42				
		断口间	48				

为使旁路负荷开关与旁路柔性电缆方便连接，其外接接口采用插拔式接口，连接方便、可靠。开关的分合指示标志清楚、明显，无论采用何种方式合闸，合闸以后必须闭锁，严禁出现在不经操作和不加任何措施情况下出现分闸的可能。具有压力显示和失压闭锁装置。

旁路负荷开关具备核相功能，在分闸位置时可对开关两侧电压进行核相，避免旁路回路组装时相序错误合闸造成相间短路。否则，应具备验电核相功能的端子，端子电压不大于 800V。核相装置或核相仪必须具有明显的同相或异相的指示信号、音响警报信号等。

额定断开负荷电流的次数和额定断开充电电流的次数均只有 20 次，那么是否旁路负荷开关只能使用 20 次？下面简单分析一下旁路作业时负荷开关断开旁路回路时的电流。

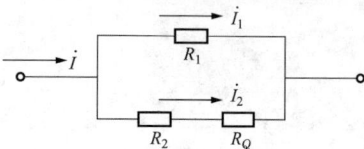

图 3-9　旁路作业开关操作时
等值电路图

I—负荷电流；I_1—架空线路分流电流；I_2—旁路回路分流电流；R_1—架空线路导线电阻；R_2—旁路回路电阻；R_Q—旁路负荷开关接触电阻

在旁路回路退出运行前，架空线路已经投入运行，且与旁路回路构成并联电路共同承担所有的负荷电流 I。理想情况下各为 $I/2$，实际流过的电流与各自的阻抗成反比，其等值电路如图 3-9 所示。当旁路回路退出运行时，按照严格的停电操作顺序即"先断开负荷侧开关，再断开电源侧开关"来操作，首先拉开作业区段分支杆的旁路开关，再拉开终端杆的旁路负荷开关，最后拉开起始杆的旁路负荷开关。

在拉开第一台旁路负荷开关时，旁路负荷开关的电阻值 R_Q 随着开关触头间的压力和接触面积的减小逐渐增大，动静触头完全分断时，阻值可看做无穷大。旁路回路的分流电流 I_2 从约 $I/2$ 变为零值，全部转移到架空线路。电流的转移速度接近于光速，所以旁路负荷开关在拉开过程中其实不存在断开负荷电流的情况，只是起到了转移电流的作用。

当拉开电源侧旁路负荷开关时，旁路负荷开关断开的是空载旁路电缆的电容电流即充电电流。空载电缆的充电电流与电缆的长度、线径、电压等有关。按照中国电科院高压研究所的试验分析，当电缆线路单芯（相）截面积不大于 $300mm^2$、长度不大于 3km 时，断接的最大单相稳态电容电流为 5A。一般情况下架空线路旁路作业线路长度都比较短，旁路柔性电缆的截面积也较小，一般为 $35\sim50\mathrm{mm}^2$，在这种情况下，拉开电源侧旁路负荷开关时断开的充电电流远小于 20A。因此旁路开关的寿命不能简单地用断开负荷电流或充电电流次数衡量，当然也不等同于机械寿命，还与使用、保养和维护有关。

旁路负荷开关应定期进行断开状态下断口间的工频耐压试验，以及闭合状态下的相地、相间工频耐压试验；使用前应采用绝缘电阻检测仪检查开关相地、相间、断口间的绝缘电阻，确保其值均大于 $700\mathrm{M}\Omega$。

第三节 旁路柔性电缆

旁路柔性电缆主要用于旁路作业检修架空导线作业，该电缆为单芯电缆，且比一般常规的电力电缆具有更好的柔软性、可以重复多次敷设、回收使用。在弯曲半径为 5~8 倍的电缆外径时可重复进行弯曲试验 1000 次以上，其电气性能和机械性能均保持完好无损。柔性电缆包括导体芯、绝缘层、屏蔽层、外护套等，以上不同层的材质及结构形式决定了柔性电缆的通流能力、结构尺寸、机械弯曲特性等。

目前有中国、日本、韩国等国家制作了旁路电缆作业装备，其中柔性电缆所采用的材料有所不同。从操作的方便性考虑，目前旁路电缆的截面积均在 $50\mathrm{mm}^2$ 及以下，其适用范围主要用于负荷电流在 200A 及以下的配电系统。

一、国产旁路柔性电缆

国内生产的柔性电缆导体芯为镀锡退火软铜导体，分为 $35\mathrm{mm}^2$ 和 $50\mathrm{mm}^2$ 两种，其额定电压为 8.7/15kV，$50\mathrm{mm}^2$ 的柔性电缆额定电流为 200A，$35\mathrm{mm}^2$ 的柔性电缆额定电流为 135A。

$50\mathrm{mm}^2$ 柔性电缆导体结构为 708 根/$\phi0.30\mathrm{mm}$，导体外绕包半导电带。绝缘层采用乙丙橡胶绝缘，绝缘标称厚度 5.0mm，乙丙橡胶绝缘可以保证旁路电缆柔软性。绝缘挤包时同时挤包半导电内屏蔽和可剥离外屏蔽。屏蔽层由镀锡铜丝和纤维混合编织组成，铜丝截面积为 $10\mathrm{mm}^2$，采用铜丝及纤维也保证了电缆的柔软性。外护套采用耐候性好的氯丁橡胶，护套标称厚度 2.0mm。其实物及结构示意图如图 3-10 所示。

图 3-10 国产旁路柔性电缆

(a) 结构示意图；(b) 实物图

1—镀锡铜导体；2—导体屏蔽；3—乙丙橡胶绝缘；4—绝缘屏蔽；5—镀锡铜丝/纤维屏蔽层；6—氯丁橡胶护套

国产旁路柔性电缆电气性能：

(1) 电缆导体直流电阻在 20℃时，$50\mathrm{mm}^2$ 旁路柔性电缆不大于 $0.393\Omega/\mathrm{km}$，$35\mathrm{mm}^2$ 旁路柔性电缆不大于 $0.565\Omega/\mathrm{km}$。

（2）电缆应经受交流 45kV，5min 耐压试验不击穿；雷电冲击耐压＋/－95kV 各 10 次不击穿；工频 $1.70U_0$（13kV）下局部放电量不大于 10pC。

（3）20℃时绝缘电阻 $50mm^2$ 旁路柔性电缆不低于 500MΩ/km，$35mm^2$ 旁路柔性电缆不低于 650MΩ/km。

（4）电缆的热稳定电流水平应满足表 3-10 的要求。

表 3-10　　　　　　　　旁路柔性电缆及接头热稳定电流水平

时间（s）	0.5	1.0	2.0	3.0
允许断路电流有效值（A）	10030	7090	5010	4090

（5）电缆电动力稳定考核水平应达到峰值短路电流 40kA/200ms。

二、日本产旁路柔性电缆

日本生产的旁路电缆导体芯为铜绞丝，截面积为 $35mm^2$ 时，导体结构为 12/9.22，绝缘层为耐热交联聚乙烯绝缘体，标称厚度为 4.5mm，质量约为 970kg/km。目前，我国已经掌握了相关技术，具备国产化能力。其尺寸及参数见表 3-11 和表 3-12。

表 3-11　　　　　　　　$35mm^2$ 旁路柔性电缆尺寸

品　名	参　数	
导体	截面积（mm^2）	35
	股数	12
	绞线外径（mm）	9.22
绝缘体	内半导电层	标称厚度 0.8mm
	厚度（mm）	标称厚度 4.5mm
	外径（mm）	20.2
	外半导电层（mm）	标称厚度 0.8mm
中性导体	外径（mm）	22.9
	截面积（mm^2）	≥16
被覆厚度（mm）		标称厚度 1.7mm
完成外径（mm）		27.0

表 3-12　　　　　　　　$35mm^2$ 旁路柔性电缆参数

旁路柔性电缆电气特性参数	额定电压（kV）	8.7/15
	额定频率（Hz）	50
	电缆导体截面积（mm^2）	35
	工频耐压（kV）	30.5
	直流耐压（kV）	—
	雷电冲击耐压（kV）	105
	局部放电量（$1.73U_0$）	无可视放电
旁路柔性电缆机械特性参数	在弯曲半径为 8 倍电缆外径时重复进行弯曲试验 1000 次以上，其电气性能和机械性能均保持完好无损	1500 次以上
电缆材质	主绝缘层	弹性体 XLPE

三、韩国产旁路柔性电缆

韩国生产的柔性电缆导体芯为镀锡铜线，截面积为 $38mm^2$，绝缘层为热可塑性合成橡胶，屏蔽层为镀锡编织铜带，其额定电压为 22kV。其结构及实物如图 3-11 所示，电缆参数见表 3-13。

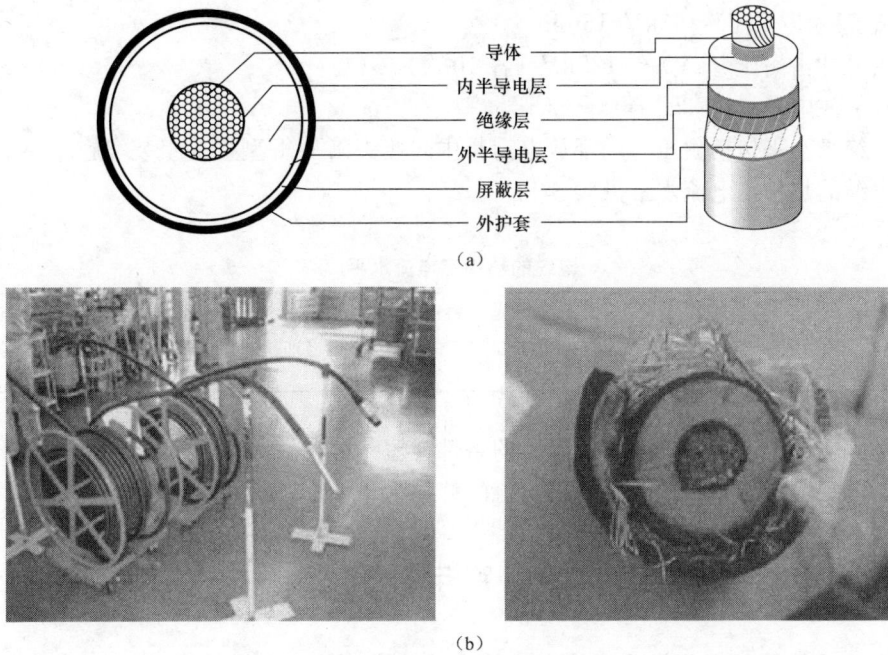

图 3-11　韩国产旁路柔性电缆

（a）结构示意图；（b）实物图

表 3-13　　　　　　　　　　　　$38mm^2$ 旁路柔性电缆尺寸

品　　名		25kV（22.8kV-Y）200A $38mm^2$ EPR 电缆	备　　注
导体	截面积（mm^2）	38	易弯曲镀锡铜线
	股数	238 根/ϕ0.45mm	
	绞线外径（mm）	9.1	
内半导电层		0.6	
绝缘体	厚度（mm）	6.0	热可塑性合成橡胶
	外径（mm）	22.5±0.76	
外半导电层（mm）		0.7	
中性导体	外径（mm）	0.26	镀锡软编织铜带
	截面积（mm^2）	23	
被覆厚度（mm）		3.0	
完成外径（mm）		31±2	
质量（kg/km）（大约）		1400	
备注		三相电缆区分三种颜色（红、绿、白）	

电缆电气性能指标如下：

(1) 额度电压（kV）：22。

(2) 额定频率（Hz）：50 或 60。

(3) 电缆导体截面积（mm²）：38。

(4) 工频耐压（kV）：45kV/5min。

(5) 直流耐压（kV）：65kV/15min。

(6) 雷电冲击耐压（kV）±125kV（各 10 次）。

(7) 局部放电量（$1.73U_0$）：≤5pC。

注意：绝缘水平包括耐压与局部放电需与中间接头以及 T 型接头组装实施。

(8) 电缆的热稳定电流水平见表 3-14。

表 3-14 电缆的热稳定电流水平

时间（s）	0.5	1.0	2.0	3.0
允许断路电流有效值（A）	10 030	7090	5010	4090

(9) 电缆电动力水平：按照组装以后的条件在短路电流的作用下不使机械部分的构件损坏与变形，电动力的考核水平达到短路电流的峰值为 40kA、时间 200ms。

第四节　旁路电缆连接器

旁路电缆连接器是旁路作业中用于连接和接续旁路柔性电缆的设备，包括可分离旁路电缆终端和自锁定快速插拔接头。其中可分离旁路电缆终端分为螺栓式和插入式，插入式可分离旁路电缆终端包含可带电插拔旁路电缆终端和自锁定快速插拔终端。如图 3-12 所示。

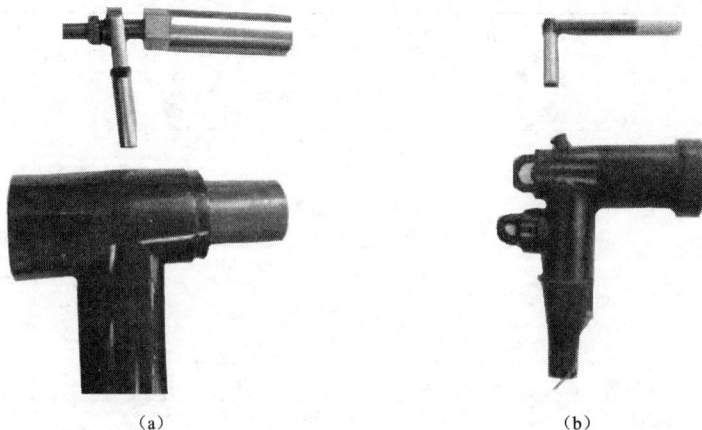

(a)　　　　　　　　　　　　(b)

图 3-12　可分离电缆终端（一）

（a）螺栓式可分离电缆终端；（b）插入式可分离电缆终端（可带电插拔电缆终端）

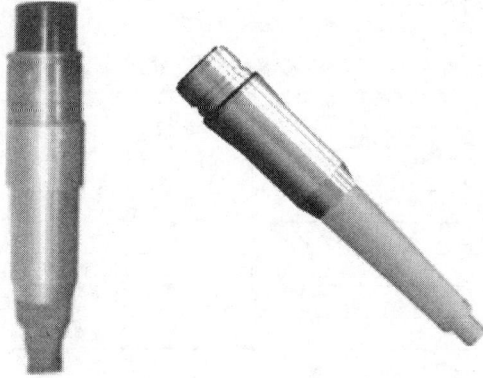

（c）

图 3-12　可分离电缆终端（二）

（c）插入式可分离电缆终端（自锁定快速插拔电缆终端）

自锁定快速插拔接头包括直通接头和 T 型接头，如图 3-13 所示。

（a）

（b）

图 3-13　快速接头

（a）自锁定快速插拔直通接头；（b）自锁定快速插拔 T 型接头

自锁定快速插拔终端、自锁定快速插拔接头之间的连接如图 3-14 所示。

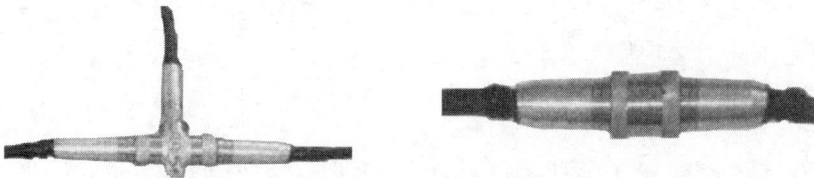

图 3-14　自锁定快速插拔终端、自锁定快速插拔接头之间的连接

旁路连接器的性能参数见表 3-15。

表 3-15　　　　　　　旁路连接器的性能参数

序号	参数	标准	序号	参数		标准
1	额定电压（kV）	8.7/15			0.5s	10030
2	额定电流（A）	200	8	热稳定电流（A）	1.0s	7090
3	1min 工频耐压（kV）	45			2.0s	5010
4	15min 直流耐压（kV）	55			3.0s	4090
5	雷电冲击耐压（kV）	±95（各 10 次）	9	正常允许温度（℃）		≥100
6	局部放电量（$1.73U_0$）	≤10pC	10	短路允许温度（℃）		≥250
7	动稳定电流（kA）	40	11	机械寿命（循环次数）		1000

注　1min 工频耐压前连接器侵入水中 0.5m，2h。

旁路连接器机械寿命的循环次数中的"循环"指的是对接与分离为一个循环。

第五节　带电作业用消弧开关

一、带电作业用消弧开关及绝缘引流线介绍

带电作业用消弧开关是用于带电作业的，具有开合空载架空或电缆线路电容电流功能和一定灭弧能力的开关；是 10kV 电缆线路带电作业中断接空载电缆线路连接引线项目使用的主要工具，可以有效保证带电作业人员不受到空载电缆充放电过程产生电容电流的影响，如图 3-15 所示。

消弧开关包括触头、灭弧室、操动机构等机构。其操作机构采用人（手）力储能操动机构，以实现开关快速的开断或关合。用于带电断空载电缆连接引线作业的消弧开关，操动机构应采用快速开断式。用于带电接空载电缆连接引线作业的消弧开关，操动机构应采用快速关合式。

带电进行消弧开关的开断或关合操作时，作业人员应与灭弧室等部件保持一定的安全距离。因此消弧开关一般带有绝缘操作杆，或带有方便绝缘杆操作的挂杆、挂环等部件。为避免消弧开关在开断或关合不到位的情况下进行断、接空载电缆引线的工作，而导致电缆电容电流拉弧，消弧开关应采用透明的灭弧室，应可直接观察到开关触头的开合状态。消弧开关使用的气象条件为

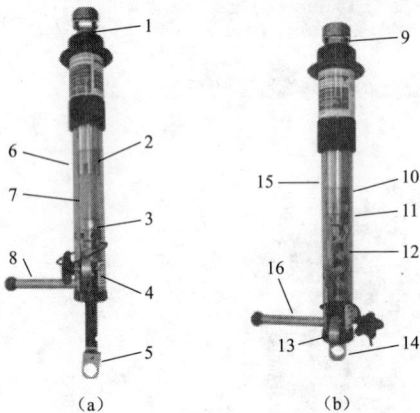

图 3-15　消弧开关
(a) 带电作业用消弧开关（分闸位置）；
(b) 带电作业用消弧开关（合闸位置）

1—线夹；2、10—静触头；3、11—动触头；4—合闸拉环；5—分闸拉环；6—灭弧室；7—动触头导向杆；8—导电杆（接绝缘分流线用）；9—线夹；12—导电索；13—合闸拉环；14—分闸拉环；15—灭弧室；16—导电杆（接绝缘分流线用）

（1）温度：$-25\sim+40$℃。

（2）湿度：不大于 80%。

（3）海拔：不大于 1000m。

（4）当断、接的空载电缆电容电流不小于 0.1A 时，应使用 10kV 带电作业用消弧开关进行操作。

带电作业用消弧开关电气性能见表 3-16。

表 3-16 带电作业用消弧开关电气性能

序 号	参 数	要 求
1	额定电压 U_N（kV）	10
2	额定频率（Hz）	50
3	电容电流关合及开断能力	不小于 5A，操作次数不小于 1000 次
4	开断状态下灭弧室及触头的工频耐压水平	42kV/min
5	操作杆耐压水平	45kV/min，试验长度 0.4m

消弧开关依靠操动机构完成整个操作程序，操动机构装置应确保分、合闸操作的准确性和可靠性。接通、断开各一次为一个操作循环，操作寿命应不小于 1000 次操作循环。

在使用消弧开关断、接空载电缆连接引线时，还需配套使用绝缘引流线作为跨接线，绝缘引流线如图 3-16 所示。使用时可先将消弧开关挂接在架空线路上，绝缘引流线一端线夹挂接在消弧开关的导电杆上，另一端线夹固定在空载电缆引线上。

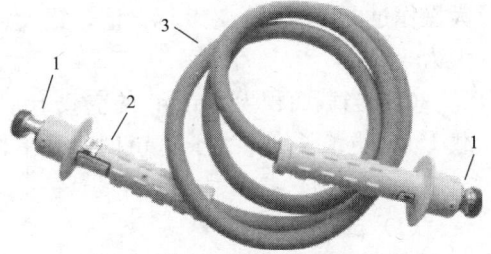

图 3-16 带电作业用绝缘引流线
1—线夹；2—螺旋式紧固手柄；3—绝缘层

用于断、接空载电缆引线的绝缘分流线的额定承载电流一般不予考虑。绝缘分流线本体的外部绝缘可视作辅助绝缘，在带电作业过程中，允许作业人员瞬时性地"擦过"接触。绝缘分流线的预防性试验标准为 20kV/min。

带电作业用消弧开关应定期进行断开状态下断口间的工频耐压试验，使用前应采用绝缘电阻检测仪检查开关断口间绝缘电阻，确保其值大于 700MΩ。

二、带电断、接空载电缆过程分析

1. 带电断、接空载电缆引线仿真计算

带电断、接空载电缆线路可以等效于 10kV 容性负荷的分闸、合闸操作。在开断空载电缆引线操作时，空载电缆长度、截面积，以及开断速度及电弧重燃次数，决定着断开过程产生的过电压及电弧电流情况；在搭接空载电缆引线操作时，空载电缆的长度、截面积，接入速度及接入时的相位角，决定着接入过程产生的过电压及电弧电流情况。

通过建立仿真模型，针对不同截面积、不同长度的空载电缆，以及人工直接断接、消弧开关断接方式的情况，对断接过程产生的暂态过电压、过电流、电弧能量等情况进行了计算分析研究。仿真计算的波形如图 3-17 所示。

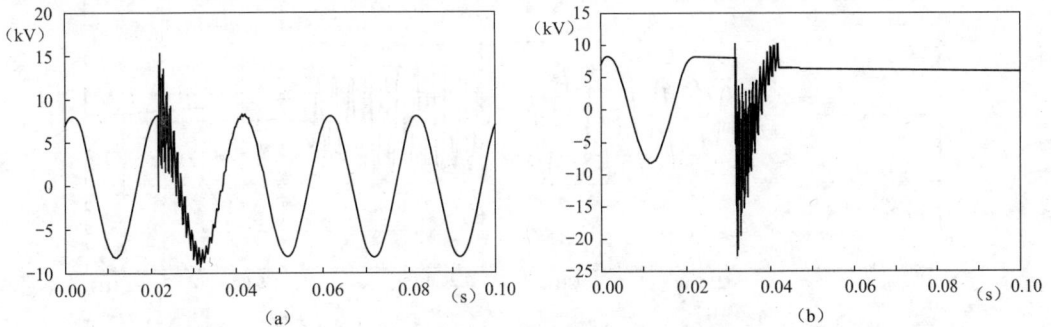

图 3-17 计算波形
(a) 1km 电缆接入过程电压波形；(b) 1km 电缆开断过程的电缆引线处电压波形

仿真结果如下：

（1）在进行作业时，电缆长度越长，电缆截面积越大，等效对地电容也越大；进行断接操作时，过电压和过电流的振荡周期越长，流过断接点电弧的能量越高。

（2）由于采用快速分断及关合的消弧开关进行作业，不易产生电弧重燃，作业过程产生的过电压要小于人工直接断接方式。

（3）当电缆线路单芯（相）截面积不大于 $300mm^2$ 时，长度不大于 3km，作业过程中最大操作过电压不大于 2.8 标幺值，最大暂态电流的能量不超过 98J，单相的稳态电容电流最大为 5A。

（4）当截面积为 $50mm^2$ 的空载 10kV 电缆长度不大于 150m，或截面积为 $300mm^2$ 的空载 10kV 电缆长度不大于 50m 时，其单相稳态电容电流小于 0.1A。

2. 带电断、接空载电缆引线试验

（1）试验情况。

1）试验电源采用 200kV/30kVA 调压器升至 U_0＝8.7kV，电源引至模拟架空导线上。

2）空载电缆采用 $50mm^2$ 柔性电缆 50m，一端采用快速插拔旁路电缆终端与旁路负荷开关连接，一端采用电缆户外终端及引线。

3）试验人员采用绝缘操作杆将 10kV 空载电缆的引线进行开断及接入模拟架空导线试验，试验过程记录电缆终端及引线处电压波形。现场试验照片如图 3-18 所示。

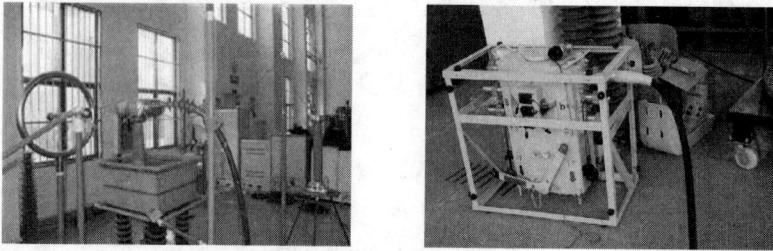

图 3-18　现场试验照片

（2）试验结果。断、接试验过程可以听到断接处电缆与架空线之间充放电产生的电弧电流（火花放电）声音，且肉眼可观察到火花放电。测量到的空载电缆稳态电容电流小于0.1A，测量得到的电缆引线处电压波形如图 3-19 所示。

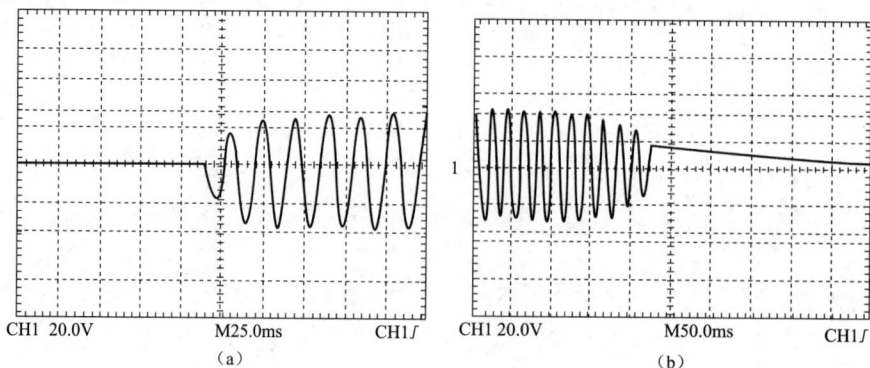

图 3-19　试验电压波形

（a）带电接入空载电缆引线处电压波形；（b）带电断开空载电缆引线处电压波形

由试验结果可知，断、接电容电流较小的空载电缆过程，不会产生过电压，断、接处产生的电弧电流（火花放电）能量较小，在采取安全措施情况下，可以不采用消弧开关进行断、接操作。

第六节　旁　路　作　业　车

采用旁路作业设备实施配网不停电作业的方法在国内外配电线路中得到广泛应用并在提高供电可靠性方面取得了良好的效果。由于一套旁路作业设备拥有数量众多的旁路电缆（24盘）、开关（3台）、滑轮、连接金具（300余个/件）等，以往实施旁路作业时需要调用至少一台 8t 载重车辆装载，且所有部件由于不能实现定制管理，运输途中容易磕碰导致部分设备损坏，另外因受道路交通限制，需要深夜提前运输到作业场所等，极大限制了旁路作业设备在应急抢修和配电线路不停电作业工作的应用。旁路作业车的研制成功和推广应用，良好地解决了旁路作业设备现场应用时出现的旁路设备运输难、难以实现规范存放和保管，旁路电缆敷设、回收困难，拆卸复杂，作业费时、费力等生产实际问题，大大缩短了旁路作业设备应用过程中的准备工作时间，为电力系统大力开展配电线路不停电作业提供了有利条件。

一、旁路作业车基本组成

旁路作业车主要由车辆平台、电缆收放装置、部件收纳箱等组成。车辆平台包括车辆底盘、厢体（车厢）结构等，是旁路作业车的运输载体。电缆收放装置主要由环形轨道、三联电缆卷盘、卷盘驱动机构、起吊装置等组成。部件收纳箱用于定置存放（除旁路柔性电缆之外的）旁路负荷开关、转接电缆、电缆连接器等旁路作业设备部件。旁路作业车应采用分舱设计，有独立的驾驶室、部件收纳箱、电缆收放装置、工具箱等，分区示意图如图 3-20 所示。

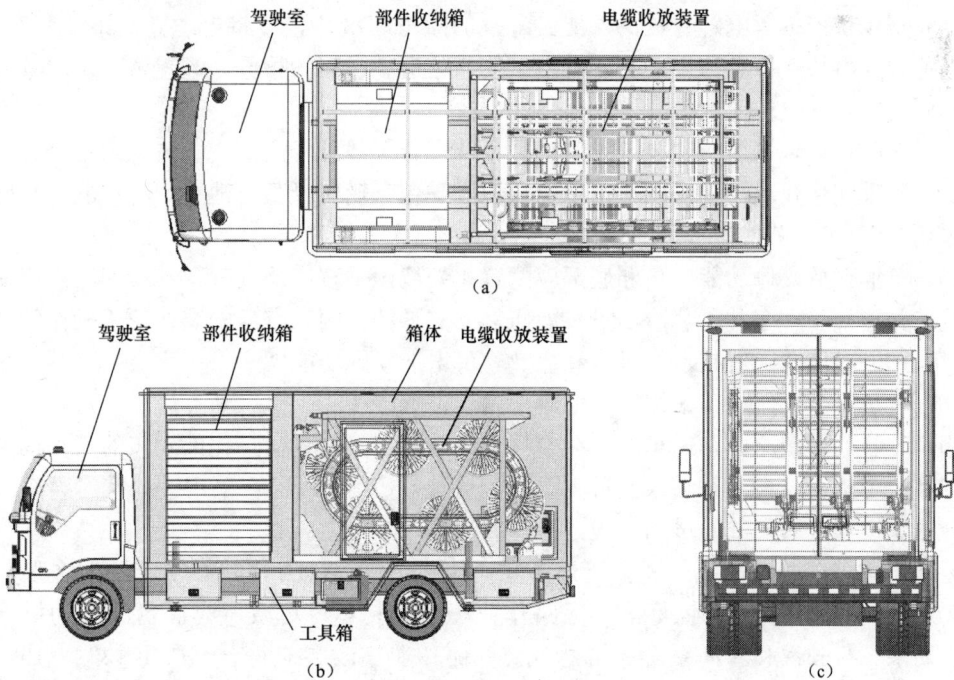

(a)

图 3-20　旁路作业车
（a）俯视图；（b）左视图；（c）后视图

二、主要技术要求

1. 工作条件

旁路作业车在下列环境条件下应能正常工作：

(1) 海拔：不超过 1000m。

(2) 环境温度：−40～40℃。

(3) 相对湿度：不大于 95%（25℃时）。

特殊使用条件时，应按照使用要求进行设计。

2. 功能要求

(1) 定置装载旁路柔性电缆。整车为厢式工程车，在车厢内配置电缆收放装置，电缆收放装置主要由环形轨道、三联电缆卷盘、卷盘驱动机构、起吊装置等组成。电缆收放装置应定置装载不少于 18 盘（截面积不大于 50mm²、单条长度不大于 50m）旁路柔性电缆。

(2) 部件收纳箱。用于定置存放（除旁路柔性电缆之外的）旁路负荷开关、转接电缆、电缆连接器等全部旁路作业设备部件。分类置放各种旁路作业部件并设计专用工装卡具可靠固定，存放小型部件的压型模应有数量标识，实现各部件的定置管理，防止工具在运输中互相磕碰和颠簸。

(3) 手动收、放旁路柔性电缆的功能。三联电缆卷盘横向并列安装在环形轨道内，通过电动或液压机构驱动每组卷盘，可按顺序逐个移动到车厢尾部指定收放旁路柔性电缆位置，每组卷盘在行驶状态应自动锁紧防止其窜动。一组卷盘装置在收放旁路柔性电缆位置应根据工作需要具有分别进行连续、点动、三相同时及单相收放功能。电缆卷盘应有定位锁紧功能，防止车辆在行驶过程中电缆卷盘移动和自转。电缆收放操作应通过配置的有线遥控操作装置实现，控制线缆长度不小于 3m。机构设计时应有足够的检修空间，便于维护。

(4) 现场快速拆解电缆卷盘的功能。配置的随车起吊装置可将电缆卷盘吊放到车厢外，一组电缆卷盘可快速拆分为 3 个单体卷盘以便于运送和卷盘的检修，起重臂额定起重量不得小于 500kg。

(5) 夜间作业现场照明功能。驾驶室外顶部安装车载升降式照明装置，配备全方位转向云台，用于夜间作业现场提供照明。照明电源宜采用车辆底盘蓄电池 DC 24V 电源，照明灯具宜采用 LED 灯等节能灯具，照度满足现场工作要求。

(6) 车辆存放支撑功能。车厢底部应配置 4 处液压垂直伸缩支腿，支腿伸出后应使轮胎不承载，并能承受整车和货载总质量，液压伸缩支腿的控制系统应安装在便于操作的位置。

(7) 扩展功能。随着技术的进步和成熟，可增加新的功能。

(8) 改装。旁路作业车采用已定型汽车整车进行改装。

用于改装的国产原始车辆车型应在中华人民共和国工业和信息化部发布的《车辆生产企业和产品》中进行公告，并必须通过中国强制认证（CCC 认证）；采用进口汽车整车时，应具有合法手续和资质，并通过国家规定的强制检测。

旁路作业车车型应在《车辆生产企业和产品》中进行公告，并必须通过中国强制认证（CCC 认证）并标识强制认证标志。旁路作业车的改装不得更改汽车底盘的发动机、传动系、制动系、行驶系和转向系等关键总成。旁路作业车改装应符合 GB/T 1332—1991《载货汽车定型试验规程》、GB/T 13043—2006《客车定型试验规程》、QC/T 252—1998《专用汽车定型试验规程》等汽车改装技术标准的要求。

3. 辅助系统

（1）电气系统。电路系统应设电源总开关并布置在操作人员便于操作使用的位置。

（2）照明系统。旁路作业车的照明包括车辆本体照明、工作照明和应急照明。

照明设施的性能和参数应满足相应技术标准的要求。

1）本体照明。汽车本体照明应符合 GB 4785—2007《汽车及挂车外部照明和光信号装置的安装规定》的要求。

2）工作照明。旁路作业车的工作照明包括车内工作照明、车外场地照明等。车内工作照明应满足工作位照明要求。照度应不小于 300lx。车内有多个工作位时，应有相应的工作照明。

车顶的两侧、尾部等可安装场地照明灯，用于周围工作场地的照明，场地照明的照度应不小于 150lx。

3）应急照明。旁路作业车宜配备便携式可充电应急防爆照明灯，用于应急照明。

三、旁路作业车的使用及安全注意事项

1. 旁路作业车的行驶与检查

旁路作业车是装载旁路作业设备的专用运输车辆，由于旁路作业设备成本较高，运输和使用时应严格防止受到挤压和磕碰。因此车辆行驶前除应进行出车前的例行车辆检查外，还应检查确认车内旁路作业设备各零部件可靠固定，车门和工具箱可靠锁定；行驶过程中应保持车辆匀速行驶，尽可能避免急转弯和急刹车。

2. 旁路作业车的操作

（1）旁路作业车一般设有液压辅助支腿、电动或手动的电缆卷盘操作机构、随车起吊机构及操作按钮等，使用前应检查确认各项功能完好。

（2）操作旁路作业车应指定专人进行，操作人员应事前根据生产厂家提供的使用说明书进行专项操作培训，熟练掌握各项操作要领。未经培训、许可的人员不得操作旁路作业车。操作旁路作业车的人员操作期间不得参与电缆收放等其他工作。

（3）车辆停车保管或使用时，应及时支起液压辅助支腿，以免车轮长期承重导致变形损坏。

3. 旁路电缆及卷盘操作

（1）旁路作业设备中的接续电缆置于车厢内电缆舱中的电缆卷盘上存放、保管、备用。

（2）旁路电缆卷入电缆卷盘前，应使用专用绳索将旁路电缆一端系牢在电缆卷盘指定位置，然后操作卷盘机构，缓慢均匀地将电缆缠绕在电缆卷盘上，最后将电缆末端使用专用绳索系牢在电缆卷盘指定位置。

（3）操作电缆卷盘机构时，应缓慢进行，防止将作业人员手部或衣服卷入导致人身伤害。操作电缆卷盘机构卷入或施放旁路电缆时，可三相同时进行也可逐相进行。

（4）作业过程中如有异常应立即按下"急停"按钮，停止操作。

4. 旁路作业设备的存放与使用

（1）旁路作业设备运输或存放时，除接续电缆外的其余部件，均应根据设计要求对各部件进行定置存放管理。

（2）存放旁路负荷开关等较大部件时应使用专用绳索可靠固定。存放小型部件的柜门、抽屉，均应使用锁定装置可靠锁定。

（3）旁路作业设备使用后，应及时清点各部件，防止丢失，所有部件按照定置管理要求，不得随意乱放。

（4）旁路作业车如长期存放，应停放在防盗、防潮、通风和具有消防设施的专用场地，并将所有门窗、抽屉等活动部件处于稳固关闭状态。

（5）旁路作业车的存放环境条件，应满足所有车载设备的贮存要求。

（6）旁路作业车应按照机动车辆产品使用说明书进行定期维护与保养。

（7）旁路作业车在进行运输时，应将所有抽屉、门锁关好，所有设备处于牢固的固定或绑扎状态。

（8）旁路作业车如采用公路运输、铁路运输、水路运输，应符合 GB/T 16471—2008《运输包装件尺寸与质量界限》的规定。

5. 旁路作业车的日常维护及保养

旁路作业车应设专人负责车辆的驾驶和日常管理。严格按照车辆管理要求，及时进行车辆日常检查和定期审验。

第七节 移动箱变车

负荷转移车是装有一台箱式变电站（简称箱变）的移动电源，箱变的高低压侧分别安装一组高压负荷开关和低压空气开关。通过负荷转移实现对杆上配电变压器的不停电检修，也可以从高压线路临时取电给低压用户供电。

一、移动箱变车的分类及配置

1. 分类

（1）按汽车产品分类。移动箱变车按照 GB/T 3730.1—2001《汽车和挂车类型的术语和定义》进行分类，属于专用作业车。

按照 GB/T 17350—2009《专用汽车和专用挂车术语、代号和编制方法》进行分类，属于厢式汽车。

（2）按配置设备分类。

移动箱变车按车载配置设备，分为基本型和扩展型。

基本型：开展较简单的配电线路及电缆临时供电作业项目。

扩展型：开展较复杂的配电线路及电缆临时供电作业项目。

移动箱变车应具备输送、转换电能的不间断供电能力。移动箱变车应具备的主要功能见表 3-17。

表 3-17　　　　　　　　　　　移动箱变车主要功能

设备名称	序号	功能/项目	基本型	扩展型
旁路柔性电缆卷盘	1	手动卷缆	●	●
	2	机械或液压卷缆	○	○
低压电缆卷盘	1	手动卷缆	○	●
	2	机械或液压卷缆	○	●
相位检测	1	高压侧相位检测	●	●
	2	低压侧相位检测	●	●
	3	自动相位检测	○	○
低压翻相	1	手动翻相	●	●
	2	自动翻相	○	○

设备名称	序　号	功能/项目	基本型	扩展型
高低压侧出线	1	高压侧出线快速接口	○	●
	2	低压侧出线快速接口	○	○
旁路负荷开关及环网柜	1	旁路负荷开关应具备可靠的安全锁定机构	●	●
	2	配备至少一进二出的环网柜	○	○
高低压保护	1	高压保护	○	●
	2	低压保护开关额定值大于变压器容量的三分之二	○	●
辅助设备	1	液压垂直伸缩液压支撑	●	●
	2	应急照明	○	○

注　●表示应具备的功能。
　　○表示可具备的功能。

2. 基本组成

移动箱变车主要由车辆平台、车载设备、辅助系统等组成。车辆平台包括车辆底盘、厢体（车厢）结构等，是移动箱变车的运输载体。车载设备主要包括变压器、旁路负荷开关、旁路柔性电缆、低压配电屏等。移动箱变车的辅助系统主要包括电气、照明、接地、液压、安全保护等。移动箱变车的典型平面设计如图 3-21 所示。

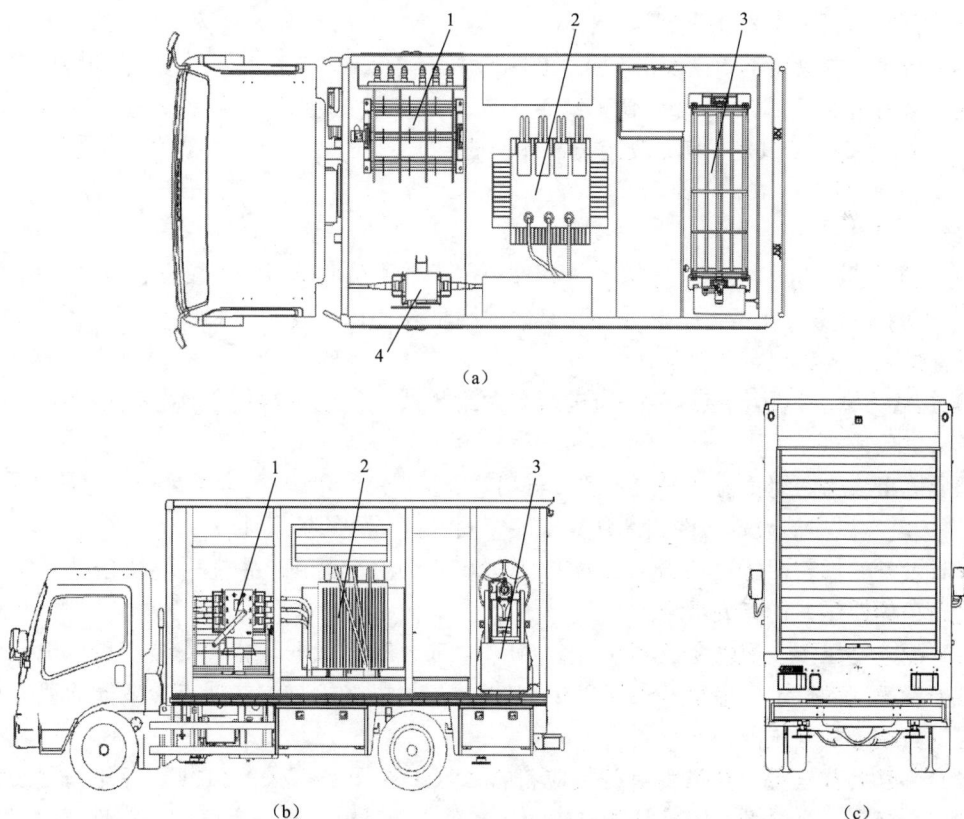

图 3-21　移动箱变车的典型平面设计
（a）俯视图；（b）侧视图；（c）后视图
1—低压输出装置；2—变压器；3—旁路电缆展放装置；4—旁路负荷开关

二、主要技术要求

（一）工作条件

移动箱变车在下列环境条件下应能正常工作：

（1）海拔：不超过 1000m。

（2）环境温度：−40～40℃。

（3）相对湿度：不大于 95%（25℃时）。

特殊使用条件时，应按照使用要求进行设计。

（二）功能要求

1. 整体要求

（1）运输。移动箱变车应具有良好的机动性、抗震动、抗冲击、防尘等性能，满足可靠运输车载设备要求。

（2）改装。移动箱变车采用已定型汽车整车进行改装。用于改装的国产原始车辆车型应在国家发展改革委员会和国家质检总局联合发布的《道路机动车辆企业和产品公告》中进行公告，并必须通过中国强制认证（CCC 认证）；采用进口汽车整车时，应具有合法手续和资质，并通过国家规定的强制检测。

移动箱变车车型应在《道路机动车辆企业和产品公告》中进行公告，并必须通过中国强制认证（CCC 认证）并标识强制认证标志。

移动箱变车的改装不得更改汽车底盘的发动机、传动系、制动系、行驶系和转向系等关键总成。移动箱变车的改装应符合 GB/T 1332—1991《载货汽车定型试验规程》、GB/T 13043—2006、QC/T 252 等汽车改装技术标准的要求。

2. 车载设备

（1）一般要求。

1）维护检验。车载设备应按照相关管理规定或其说明书进行定期校准、维护或检验。

2）性能和参数。车载设备的性能和参数除满足表 3-18、表 3-19 的要求外，还应符合相关技术标准或规程的规定。

3）接线方式。高压侧接线为一组进线与两组出线，出线一组用于连接变压器，另一组可用于转供负荷。

低压侧出线为两组负荷（一主一备）输出。

4）抗震性。车载设备元件或部件应安装牢固，有良好的抗震性。

车载设备的抗震性能应符合 GB 4798.5—2007《电工电子产品应用环境条件　第 5 部分：地面车辆使用》的有关规定。

（2）配电变压器。配电变压器应符合 GB 50150—2006《电气装置安装工程　电气设备交接试验标准》的规定，容量可采用 250～630kVA 等规格的三相油浸直冷线圈无励磁调压配电变压器或干式变压器。

（3）旁路负荷开关。旁路负荷开关应符合 Q/GDW 249—2009《10kV 旁路作业设备技术条件》的规定，全绝缘全密封并能与环网柜、分支箱互连，具备良好的操作性能（机械寿命不小于 3000 次循环）和灭弧性，具备可靠的安全锁定机构。

（4）旁路柔性电缆。旁路柔性电缆应符合 Q/GDW 249 的规定，可弯曲，能重复使用。

（5）旁路连接器。旁路连接器包括进线接头装置、终端接头、中间接头、T 型接头应符合 Q/GDW 249 的规定。连接接头要求结构紧凑、对接方便，并有牢固、可靠的可防止自动脱落锁口，在对接状态下能方便改变分离状态。

（6）旁路电缆连接附件。旁路电缆连接附件包括可触摸式终端肘型电缆插头，可分离式电缆接头、辅助电缆、引下电缆等，应符合 Q/GDW 249 的规定。型号与柔性电缆、带电作业用消弧开关、箱式变、环网柜、分支箱和高、低压进线柜匹配。

（7）低压配电屏。

低压配电屏应符合 GB 7251.1—2005《低压成套开关设备和控制设备　第 1 部分：型式试验和部分型式试验成套设备》的规定，将低压电路所需的开关设备、测量仪表、保护装置和辅助设备等，按一定的接线方式布置安装在金属柜内。主要用于配电的控制、保护、分配和监视等，配电系统应满足供电可靠性和电能质量要求，层次不宜超过 2 级。

低压配电屏为固定面板安装式，结构紧凑、少维护或免维护，具备高分断能力灭弧熔断器且操作性能安全可靠的分路出线单元，出线负载电缆宜采用快速连接方式。

（8）低压柔性电缆。

低压柔性电缆应符合 GB 7594 的规定，可弯曲能重复使用。

（9）环网柜。

环网柜应符合 GB 11022—2011《高压开关设备和控制设备标准的共用技术条件》的规定，应分为负荷开关室（断路器）、母线室、电缆室和控制仪表室等金属封闭的独立隔室，其中负荷开关室（断路器）、母线室和电缆室均有独立的泄压通道。

（10）配置要求。

1）基本型移动箱变车的典型设备配置。基本型移动箱变车的典型设备配置见表 3-18。技术参数可根据需要进行适当调整。

表 3-18　　　　　　　　　基本型移动箱变车典型设备配置表

序号	设备名称	主要技术参数	备注
1	配电变压器	容量：250～630kVA 电压组合：10.75kV/0.4kV、10.5kV/0.4kV、10.25kV/0.4kV、9.75kV/0.4kV 联结组别：Yyn0 或 Dyn0 等 调压形式：无励磁 调压方式：恒磁通调压 变压器分接容量：满容量分接	油浸式或干式
2	旁路负荷开关	额定电压：12kV 额定电流：200A 额定频率：50Hz 额定开断负荷电流：200A 额定开断负荷电流的次数：20 次 额定断开充电电流：20A 额定断开充电电流的次数：20 次 开关器开断时间：20ms 关合短路电流能力（峰值）：40kA 工频耐受电压：对地 42kV，相间 42kV，同相断口之间 48kV 冲击耐受电压：对地 75kV，相间 75kV，同相断口之间 85kV 热稳定短路耐受程度：16kV/3s 电动力稳定水平：40kV（峰值）200ms 开关导通的接触电阻：小于 200μΩ 三相分断的差异（不同期性能）：小于 5ms 开关分合指示标志：清楚、明显	

序 号	设备名称	主要技术参数	备 注
3	旁路柔性电缆	额度电压：8.7/15kV 额定频率：50Hz 电缆导体截面积：35mm² 或 50mm² 工频耐压：45kV/min 直流耐压：55kV/15min 雷电冲击耐压：±95kV 各 10 次 局部放电量（1.73U_0）：≤10pC	绝缘水平包括范围：耐压与局部放电需与中间接头以及 T 型接头组装实施
4	旁路连接器	额定电压：8.7/15kV 额定电流：200A 额定频率：50Hz 耐工频电压：45kV/min 耐雷击电压：105kV/10min（1.2/50μs） 工频局放特性：13kV/10pC 以下	
5	插拔式肘型电缆接头	额定电压：8.7/15kV 耐冲击电压（1.2/50μs）：95kV 耐交流电压：34kV/min 耐直流电压：53kV/min 电晕水平：对地 11kV 消失 额定电流（持续）：200A（有效值） 开关负载（负载开路寿命）：200A，10 次；（负载断路寿命）：200A，10 次	活线拆装型机械支接末端 8.7/15kV，XLPE/PVC 电缆
6	插拔式肘型电缆接头底座	额定电压：15kV 工频耐压：39kV/5min 局部放电：15kV，<10PC 恒压负荷循环试验：23kV，30 周期 动稳定（导体）：21.2kV，10ms 热稳定（导体）：8.7kA，1.00s 高温下冲击电压试验：±95kV 各 10 次	8.7/15kV 美式屏蔽型可分离连接器

2）扩展型移动箱变车典型设备配置。

扩展型移动箱变车的典型设备配置除满足表 3-18 的要求外，还应满足表 3-19。技术参数可根据需要进行适当调整。

表 3-19   扩展型移动箱变车典型设备配置表

序 号	仪器名称	主要技术参数	备 注
1	插拔式可分离电缆接头	额定电压：15kV 额定电流：200A 最大相对相电压：14.4kV 最大相对地电压：8.3kV 1min 工频耐压：42kV 雷电冲击耐压：95kV	

序 号	仪器名称	主要技术参数	备 注
2	10kV 冷缩/预制型户外终端	额定电压：15kV 工频耐压：39kV/5min 局部放电：15kV，不大于 2pC 恒压负荷循环试验：23kV，60 周期 动稳定：108.5kA，10ms 热稳定：31.1kA，2s 100℃高温下冲击电压试验：±95kV 各 10 次 盐雾试验：11kV，1000h	
3	插拔式可分离电缆接头	额定电压：15kV 额定电流：200A 最大相对相电压：14.4kV 最大相对地电压：8.3kV 1min 工频耐压：42kV 雷电冲击耐压：95kV	
4	10kV 冷缩/预制型户外终端	额定电压：15kV 工频耐压：39kV/5min 局部放电：15kV，不大于 2pC 恒压负荷循环试验：23kV，60 周期 动稳定：108.5kA，10ms 热稳定：31.1kA，2s 100℃高温下冲击电压试验：±95kV 各 10 次 盐雾试验：11kV，1000h	
5	环网柜	对最小空气间隙的要求： 1）单纯以空气作为绝缘介质的环网柜，相间和相对地的最小空气间隙应满足下列要求。12kV：相间和相对地 125mm，带电体至门 155mm。 2）以空气和绝缘隔板组成的复合绝缘作为绝缘介质的环网柜，绝缘隔板应选用耐电弧、耐高温、阻燃、低毒、不吸潮且具有优良机械强度和电气绝缘性能的材料。带电体与绝缘板之间的最小空气间隙应满足下述要求：对 12kV 设备应不小于 30mm。 寿命的要求：环网柜内部导体采用的热缩绝缘材料老化寿命应大于 15 年，并提供试验报告	

（三）辅助系统

1. 电路及控制

电路系统应设电源总开关并布置在操作人员便于操作使用的位置。

2. 照明系统

移动箱变车的照明包括车辆本体照明、工作照明和应急照明。

（1）本体照明。汽车本体照明应符合 GB 4785—2007《汽车及挂车外部照明和光信号装置的安装规定》的要求。

（2）工作照明。移动箱变车的工作照明包括车内工作照明、车外场地照明等。

车内工作照明应满足工作位照明要求。照度应不小于 300lx。车内有多个工作位时，应有相应的工作照明。

变电运维车顶的两侧、尾部等可安装场地照明灯，用于变电运维车周围工作场地的照明，场地照明的照度应不小于150lx。

（3）应急照明。移动箱变车宜配备便携式可充电应急防爆照明灯，用于应急照明。

3. 接地系统

移动箱变车应有专用的集中接地点，并具有明显的接地标志。

移动箱变车上各电气设备及整车应具有可靠的保护和工作接地连接网络，整车配置充足可靠的接地线缆和接地钎等设备，并设置方便操作的接地连接点。接地电阻均应不大于4Ω，保护接地和工作接地要相距5m及以上。

接地线应有足够的截面积和长度，主接地回路接地线的截面应满足热容量和导线电压降的要求。

4. 液压系统

液压系统是为移动箱变车在车库停放时或是在机组工作时保护轮胎及车桥提供支撑，四只液压支腿带有锁定装置，每腿均能独立操作。

5. 安全保护、警示、防护

（1）安全保护。移动箱变车的液压、机械、电动等运动部件，对承重、传动等安全有明显影响时，应有限位闭锁保护装置。闭锁装置应动作灵活、可靠。

可人工移动的可动部件，对运输、固定等有明显安全影响时，应有限位锁紧装置。锁紧装置应方便人工操作，动作灵活，限位可靠。

（2）警示。移动箱变车应有声光报警装置，并可由车上操作人员进行控制。

设备区可根据带电检测需要安装烟雾、有毒气体等报警器。

（3）防护。移动箱变车宜配备常用的安全工器具、防护用具。

移动箱变车的驾驶室、设备区等不同功能区域应配备消防器材。

消防器材应安装牢固、取放方便。

第八节　旁路电缆及连接器

一、选型

（1）电缆不停电作业时应根据不同的作业项目和使用条件选择合适的旁路电缆连接器。

（2）旁路柔性电缆直通连接时应采用自锁定快速插拔直通接头，带有分支的旁路柔性电缆应采用自锁定快速插拔T型接头。

（3）旁路柔性电缆与环网柜（分支箱）连接时，根据环网柜（分支箱）上的套管选择螺栓式或插入式旁路电缆终端。

（4）旁路柔性电缆与旁路负荷开关和移动箱变车连接时应采用快速插拔终端。

（5）旁路柔性电缆与架空导线连接时应选用引流线夹。

二、配置要求

（1）旁路电缆终端的连接螺栓或连接杆应与环网柜（分支箱）套管相匹配，接线端子应与旁路柔性电缆截面相匹配。

（2）宜按本地区环网柜（分支箱）型式配置系列的不同型号旁路电缆终端，并与柔性电缆和快速插拔接头预先安装好，并做好型号和相序标识，便于现场直接使用。

（3）与旁路连接器连接的电缆应为单芯柔性电缆，与可带电插拔旁路电缆终端连接的柔性电缆长度应不超过 50m。

（4）带电断、接架空线路与带引流线夹的空载柔性电缆时，若电缆电容电流小于 0.1A，可直接断、接，不需使用消弧开关；若电缆电容电流不小于 0.1A 时，应使用 10kV 带电作业用消弧开关进行操作。

三、试验

1. 交接验收试验

（1）按照 GB/T 12706.4 额定电压 1kV（U_m＝1.2kV）到 35kV（U_m＝40.5kV）挤包绝缘电力电缆及附件 第 4 部分：额定电压 6kV（U_m＝7.2kV）到 35kV（U_m＝40.5kV）电力电缆附件试验要求和 Q/GDW 249 的相关规定进行旁路电缆连接器的交接验收试验。

（2）电气试验包括旁路电缆连接器工频耐压试验、局部放电试验和温升试验。

（3）机械试验包括旁路电缆连接器操作力试验。

（4）验收试验可采用以下任意一种方式进行：

1）在产品生产方进行，产品使用方到场监督。

2）委托双方指定的、有试验资质的第三方进行。

3）若使用方自身具备试验资质，在征得产品生产方同意后，可在产品使用方进行，产品生产方到场确认。

2. 现场试验

旁路电缆连接器安装以后，在与环网柜（分支箱）连接前，应使用 2500V 或 5000V 的绝缘电阻测试仪测量绝缘电阻，绝缘电阻值应不小于 500MΩ。

3. 预防性试验

（1）预防性试验前，应对旁路电缆连接器进行外观检查，确认绝缘部件光滑，无气泡、皱纹、开裂。

（2）每 6 个月应对旁路电缆和连接器进行一次交流耐压试验，试验电压为 $2U_0$（U_0＝8.7kV），耐压时间为 5min，应不闪络、不击穿。

四、安装要求

1. 一般要求

（1）气候条件。

1）温度：－25～40℃。

2）相对湿度：不大于 80％。

3）海拔：不大于 1000m。

（2）环境条件。

1）安装现场应无爆炸危险，无腐蚀性气体及导电尘埃，无剧烈振动冲击源。

2）雨雪天气严禁安装。

2. 现场安装要求

（1）快速插拔接头和终端安装。

1）快速插拔接头和终端安装使用前应进行外观检查，绝缘部件表面应清洁、干燥，无绝缘缺陷。

2）应用清洁纸（布）仔细清洁，并对绝缘配合界面均匀涂抹硅脂。

3）对接安装时接头和终端两边应同轴对齐，且用力要均匀适当。

4）锁定装置自动锁定后转动限位滑套，利用限位栓固定限位滑套，以防止接头或终端松脱。

（2）与环网柜（分支箱）连接的旁路电缆终端安装。

1）旁路电缆终端与环网柜（分支箱）连接前应先进行安全确认：确认环网柜（分支箱）柜体可靠接地；若选用螺栓式旁路电缆终端，应确认接入间隔的开关已断开并接地；若选用可带电插拔旁路电缆终端，应确认带电插拔次数符合规定，并确认电缆空载。

2）旁路电缆终端与环网柜（分支箱）连接前应进行外观检查，绝缘部件表面应清洁、干燥，无绝缘缺陷。

3）旁路电缆终端与环网柜（分支箱）连接时，应先用清洁纸（布）清洁电缆终端与设备（环网柜、分支箱等）套管接触部分的绝缘表面，并在连接处涂抹适量的硅脂进行润滑和消除界面间隙，方便安装并确保终端的绝缘强度。

4）旁路电缆终端与环网柜（分支箱）上的套管连接时，若选用螺栓式旁路电缆终端，应保持旁路电缆终端与套管在同一轴线上，将终端推入到位，使导体可靠连接并用螺栓紧固，再用绝缘堵头塞住；若选用可带电插拔旁路电缆终端，连接操作时应做好必要的防护措施，并使用有效绝缘长度不小于 0.7m 的专用绝缘操作杆，保持终端与套管在同一轴线上，沿轴线迅速将可带电插拔旁路电缆终端推入到位，并做好操作记录。

五、保养

（1）旁路电缆连接器在回收时，应保持清洁并做好防潮和防腐蚀处理，并采用专用的包装袋罩住，以免被其他物体磕碰或划伤，宜使用专用支架或工具箱保存。

（2）旁路电缆连接器应存放于通风良好、清洁干燥的专用工具库房内，室内的相对湿度和温度应满足带电作业用工具库房的规定和要求。

（3）运输时应采取防潮措施，使用专用工具袋、工具箱或工具车。

（4）绝缘部件应使用不起毛的布擦拭，或使用清洁纸进行清洁，不得使用带有毛刺或具有研磨作用的擦拭物擦拭。

第九节　旁路作业设备的敷设及防护

配电线路旁路电缆敷设有架空敷设和地面敷设两种方式。旁路电缆采用架空敷设方式，可将旁路电缆安装固定在电杆或临时支架上，突出的优点是安全性好，但也存在敷设工具众多、敷设工艺要求高、操作比较复杂、作业强度大、耗费时间长、非专业人员难以正确完成敷设工作的诸多缺点。旁路电缆采用地面铺设的方式，具有敷设设备简单、敷设速度快、操作简易、作业强度小、简单培训即可实施的突出优点。

旁路作业设备采用地面铺设方式时，10kV 高压电缆将在地面上运行，其中，所有可能与现场人员或车辆接触的高压设备，包括旁路电缆、电缆对接终端、T 型接头终端、旁路开关等均须做好绝缘防护、隔离措施，使现场人员与运行的 10kV 高压设备有效隔离，对于保障现场作业安全至关重要。

一、旁路作业设备杆上架空敷设

（一）旁路作业设备杆上架空敷设示意图

10kV 配电线路旁路作业设备接续示意如图 3-22 所示。

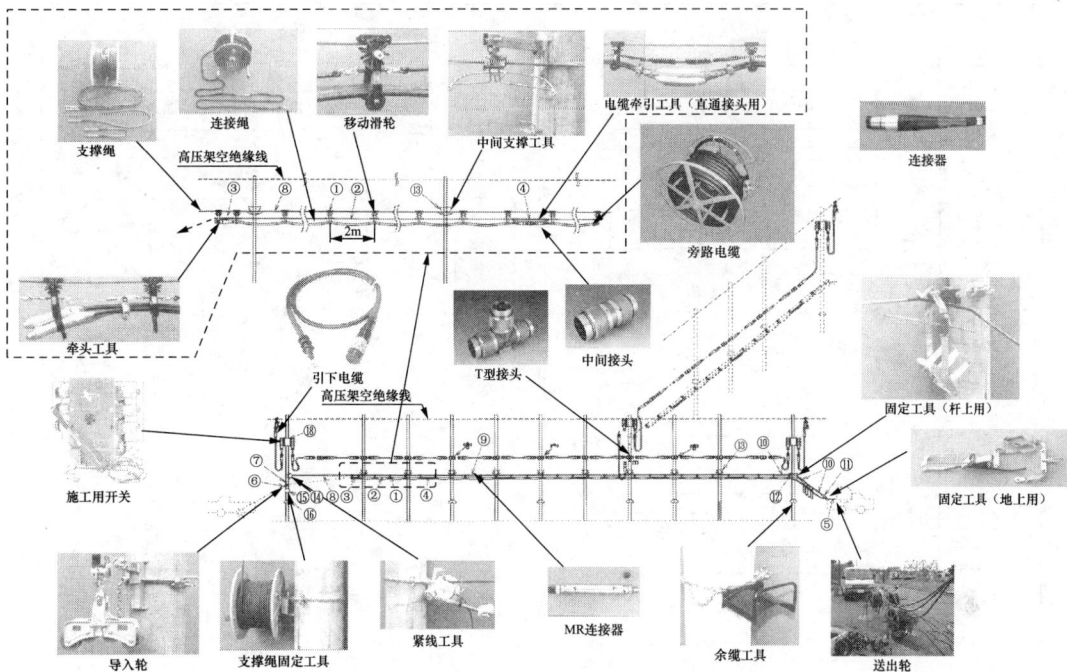

图 3-22　杆上架空敷设示意图

（二）旁路作业设备敷设步骤

旁路作业设备敷设工作流程如图 3-23 所示。

1. 安装高度

（1）旁路作业设备的安装高度应与杆上其他带电设备保持足够的安全距离。

（2）旁路开关：安装于杆上距地面 4.5m 且距离杆上带电设备 2m 以外的区间内。安装时可根据电杆高度、安全要求和现场条件确定。

（3）支撑绳：安装于杆上距地面 4m 以上且低于开关 0.5m 的区间内。

（4）横跨道路的安装高度：在电杆高度区间许可的条件下，旁路电缆的最低点应高于地面 5m。不能满足时，应采取其他措施或申请相应的交通管制，限制通行高度。

2. 牵引长度限制

旁路作业工作中牵引高压旁路电缆的长度不得超过 200m，否则应分段架设、牵引。

3. 安装敷设工具（见图 3-24）

（1）在 9 号杆上安装紧线工具、牵引绳导入轮、支撑绳固定工具、余缆支架，在地面安装电缆牵引工具。

1）安装紧线工具：

a）调整紧线工具的固定金具金属链条的长度，将链条绕在电杆上并扣牢。

b）拧紧固定螺栓，将紧线工具的固定金具固定在电杆上。

c）将紧线工具用销轴固定在固定金具上。

注意：固定紧线工具的销轴位置应正对电缆牵引方向。链条的松紧程度以金具不滑落不松动为宜。

主体步骤	分项操作步骤	主体步骤	分项操作步骤
开始	安装紧线工具	敷设旁路电缆	摆放放线架和三相电缆盘
	安装支撑绳固定工具		组合三相电缆头
	安装牵引绳导入轮		收紧牵引绳，牵引旁路电缆
安装敷设工具	安装余缆支架		使用中间接头连接电缆
	安装地面牵引工具		电缆头到达终端杆时固定在电杆上
	安装杆上固定工具		
	安装地面固定工具	安装旁路开关	同法牵引安装分支电缆
	安装电缆导入支架、放线架		确定旁路开关安装位置
	在中间杆上安装中间支撑工具		安装前检查旁路开关正常
安装支撑绳	将支撑绳自终端展开拖至起始端		安装旁路开关固定金具
	将支撑绳与杆上固定工具的导引杆连接		安装旁路开关
	用短支撑绳连接杆上固定工具和地面固定工具		安装旁路开关接地线
	将支撑绳缠绕在紧线工具上，收紧支撑绳	安装分支连接器	安装柱上固定金具
			安装T型接头和接头支架
施放牵引绳	起自牵引工具	连接旁路作业设备	将旁路电缆与旁路开关对接
	穿过导入轮		固定旁路开关引下线并连接旁路开关
	经杆上固定工具滑轮		
	拖至地面固定工具	结束	
敷设旁路电缆			

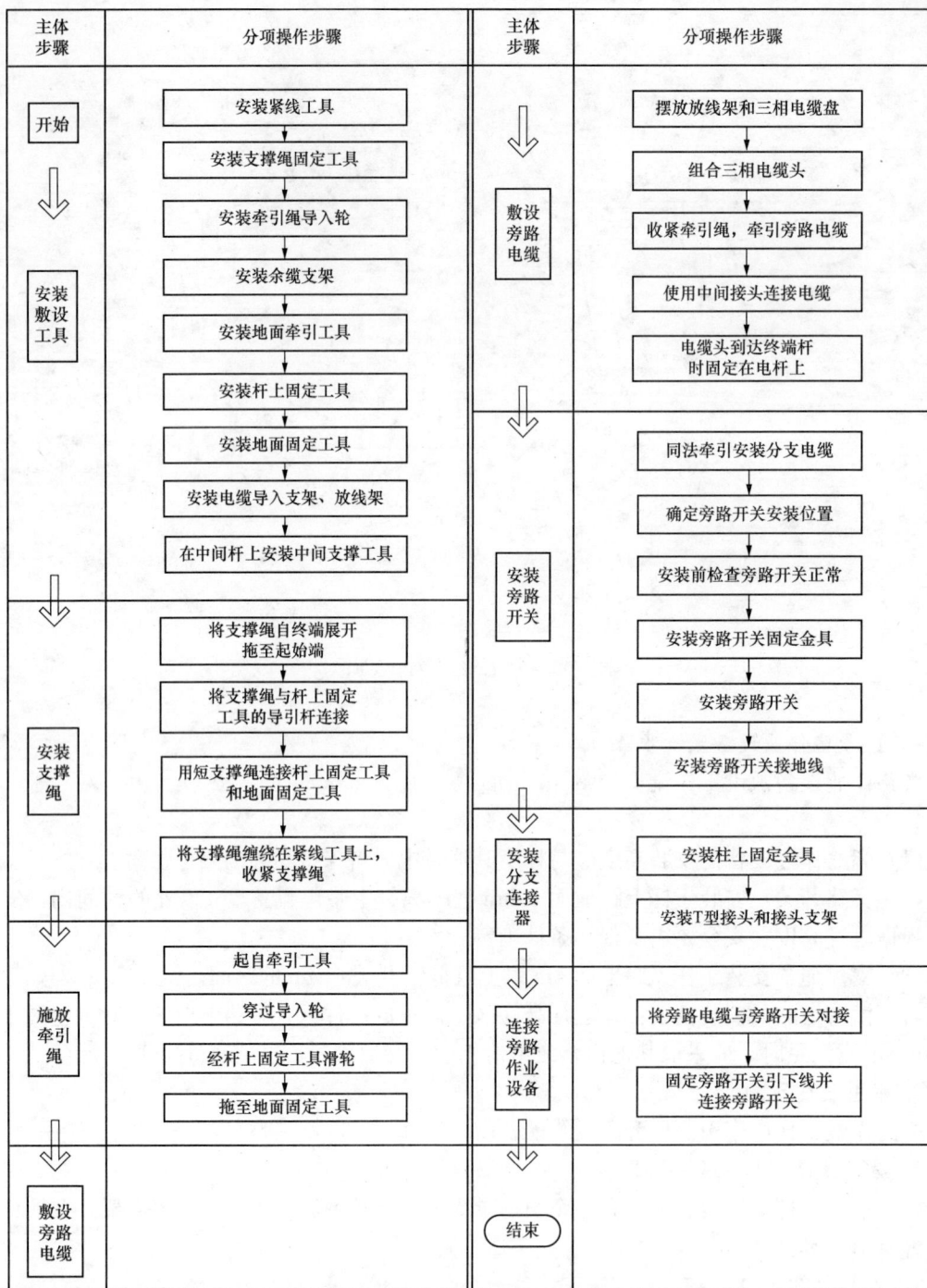

图 3-23　旁路作业设备敷设工作流程图

2）安装承重绳固定工具：

a）调整金属链条的长度；将链条绕在电杆上，扣牢。

b）拧紧固定螺栓，将支撑绳固定工具安装在电杆上。

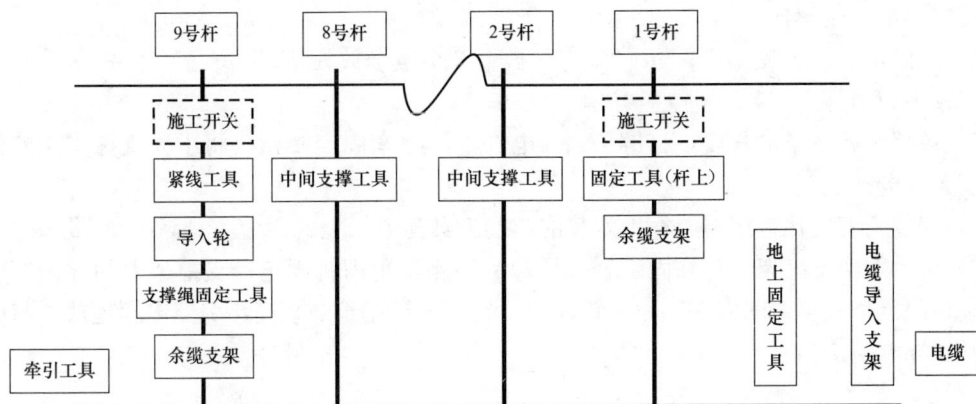

图 3-24　安装敷设工具示意图

3）安装牵引绳导入轮：

a）调整金属链条的长度；将链条绕在电杆上，扣牢。

b）拧紧固定螺栓，将导入轮的固定金具固定在电杆上。

c）将导入轮挂在支架的外侧，离开电杆，用销钉固定。

注意：固定支架的方向在电杆的侧面。链条的松紧程度以金具不滑落为宜。

4）安装余缆支架：

a）调整金属链条的长度；将链条绕在电杆上，扣牢；

b）拧紧固定螺栓，将余缆支架的固定金具固定在电杆上。

5）安装地面牵引工具：用地锚将地面牵引工具（卷扬机）固定。

安装高度：

a）紧线工具安装在旁路开关下面约 200mm。

b）牵引绳导入轮安装在紧线工具下约 300mm。

c）支撑绳固定工具安装于导入轮下的合适位置。

d）余缆支架安装在最下层合适的位置。

注意：合适位置指不影响其他设备操作的地方。

（2）在 1 号杆上安装杆上固定工具、余缆支架，在地面上安装地面固定工具、电缆导入支架、放线架。

1）安装杆上固定工具：

a）调整金属链条的长度；将链条绕在电杆上，扣牢。

b）拧紧固定螺栓，将杆上导入固定支架的固定金具固定在电杆上。

c）将电杆上导入固定支架挂在固定金具上。

注意：固定时，悬臂挂钩在线杆的侧面。链条的松紧程度以金具不滑落为宜。

安装高度：杆上固定工具与紧线工具高度基本一致。

2）安装地面固定工具。根据电缆安装高度和支撑绳引线段的长度（7、2、1m）在地面上作地锚，将地面固定工具的拉环与地锚连接，固定地面固定工具。

3）安装电缆导入支架、放线架。

a）在距地面固定导入工具 3～5m 的地方放置电缆导入支架，将三相电缆的导入轮分别安装在支架上，用螺栓顶牢。

b）在距电缆导入支架1~3m的地方，放置3个电缆放线架。

（3）在中间杆上安装中间支撑工具。

1）调整金属链条的长度，将链条绕在电杆上，拧紧固定螺栓，将中间支撑支架的固定金具固定在电杆上。

2）安装高度应比首末端电杆上安装的紧线工具和电杆上的固定工具高约200mm。

3）将承重绳支撑架安装在固定金具悬臂的外侧，用销钉固定；支撑架上的导向滚轮一般安装在固定金具悬臂的内侧，用销钉固定。导向滚轮用于防止高压旁路电缆施放时与电杆摩擦和引导电缆走向。

4. 安装支撑绳

（1）将支撑绳线盘安装在支撑绳固定工具上，并展开支撑绳，拖至1号杆。支撑绳的接续用MR-A连接头连接。

（2）打开中间支撑工具支撑槽一侧的销钉，把支撑绳放在支撑槽内，再把支撑槽恢复。

（3）用MR-B连接头将支撑绳与杆上固定工具的导引杆连接。

（4）将支撑绳（7、2、1m）用MR-B连接头与杆上固定工具和地面固定工具连接。

（5）拉紧支撑绳。先将地面固定工具的尼龙带收紧。再将支撑绳缠绕在紧线工具上，使用力矩扳手，收紧支撑绳。安装支撑绳示意图如图3-25所示。

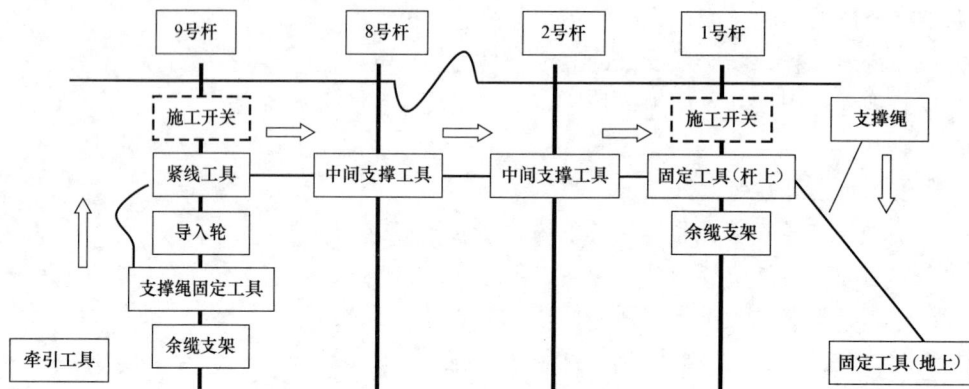

图3-25　安装支撑绳示意图

注意：支撑绳收紧力约800kg，支撑绳受力限度为1000kg。

5. 施放牵引绳

施放牵引绳示意如图3-26所示。

将牵引绳由牵引工具，穿过导入轮、杆上固定工具滑轮，拖至地面固定工具。

6. 高压旁路电缆的敷设

高压旁路电缆的敷设示意如图3-27所示。

（1）选择适当位置，将三盘标有黄、绿、红标志的电缆盘分别放在放线架上，使三相电缆分别通过地面电缆导入支架。

（2）使用电缆头牵引工具将三相电缆头组合在一起。

9号杆　8号杆　2号杆　1号杆

施工开关　施工开关　支撑绳

紧线工具　中间支撑工具　中间支撑工具　固定工具(杆上)

导入轮　余缆支架

支撑绳固定工具　牵引绳

牵引工具　余缆支架　固定工具(地上)

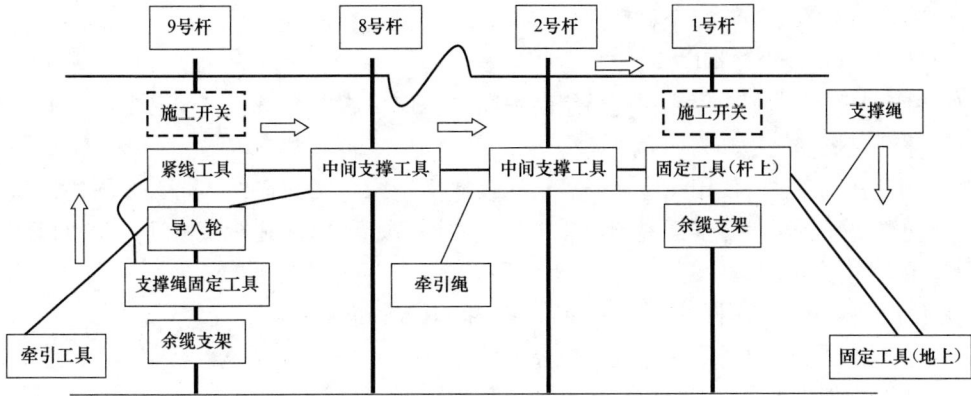

图 3-26　施放牵引绳示意图

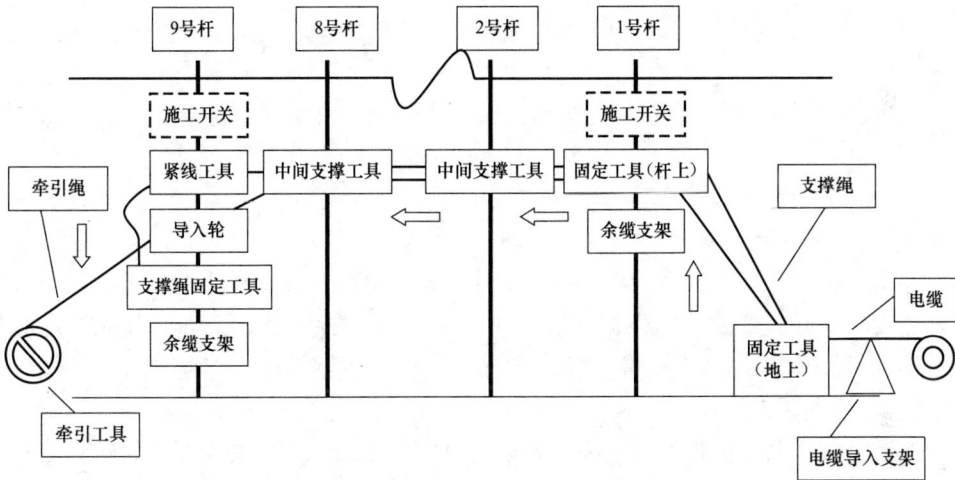

9号杆　8号杆　2号杆　1号杆

施工开关　施工开关

牵引绳　紧线工具　中间支撑工具　中间支撑工具　固定工具(杆上)　支撑绳

导入轮　余缆支架　电缆

支撑绳固定工具

余缆支架　固定工具(地上)

牵引工具　电缆导入支架

图 3-27　高压旁路电缆的敷设示意图

1) 为减少灰尘并防止电缆在地面擦伤，电缆导入区和接头组装区的地面应铺上苫布。

2) 先用电缆头束紧带将三相电缆头固定。

3) 用三相夹箍将三相电缆固定，间距以连接绳长为准。

4) 用收紧带束箍紧电缆，间距以连接绳长为准。

5) 将电缆头牵引工具的滑轮沿地面固定工具的导入杆导入地面固定工具，与牵引绳连接。

6) 扳过防滑舌头，防止电缆头牵引工具滑出。

(3) 收紧牵引绳，牵引高压旁路电缆。依次通过杆上固定工具和中间支撑工具。牵引过程中应不断导入移动滑轮，用以支撑电缆。牵引过程中应有专人看守电缆盘，至少应有 2 人作导入移动滑轮的工作；牵引速度应保持匀速，与导入滑轮的速度相适应。牵引过程中，不得使高压旁路电缆及接头承受牵引力，以防损伤电缆及接头。

导入移动滑轮按以下方法进行：

1) 打开滑轮一侧固定轴，将三相电缆放入滑轮槽内，将轮轴固定。

2) 将承重轮沿导引杆导入地面固定工具。

3）用连接绳的挂钩将每个移动滑轮连接在一起。

（4）使用中间接头连接电缆。

1）组装中间接头时应停止牵引，组装中间接头应 2 人配合进行。组装好的中间接头应在牵引过程中不受牵引力。

2）组装中间接头。使用前应检查确认连接插头绝缘表面无损伤。将锁紧环的缺口正对销钉（或正对标记），向后推锁紧环，插入连接件到位；退回并旋转锁紧环，使缺口错开销钉位置，使对接头锁牢。

3）使用中间接头牵引工具固定中间接头按以下方法进行：

a）用三相夹箍将中间接头两侧电缆分别固定。

b）用捆绑带绑扎加固中间接头。

c）用伸缩绳将两侧移动滑轮连接，并调整到适当长度，比电缆接头的长度稍长。

d）将中间接头两侧的滑轮依次导入地面固定支架。

（5）当电缆头到达终点杆时，应使用绳索将电缆头牵引工具固定在电杆上，防止电缆向后滑。

（6）采用同样的方法，牵引分支电缆，牵引电缆过程中，应采取防止电缆外皮受损的措施。

7. 安装旁路开关

（1）旁路开关安装位置。

1）旁路开关应分别安装在检修区段两端的首末端电杆及分支线路上。

2）分支旁路开关安装位置根据实际工作情况决定。如果分支线路不用高压旁路电缆，由分支接头通过短段高压旁路电缆、旁路开关、引下电缆直接接分支架空线路，则分支旁路开关挂在首端杆上。

3）如果分支线路用较长的分支高压旁路电缆，则分支旁路开关挂在末端杆上。

（2）安装旁路开关前应检查的项目。

1）核相器电源电池的电量，确认核相器功能正常。

2）旁路开关是否因为气压过低而被闭锁。

3）旁路开关分、合操作能否顺利进行，指示分、合的指针能否准确指示，并将开关合上。

4）检查确认旁路开关分、合的指针置于"合"的位置。

（3）旁路开关安装方法。

1）根据电杆直径，调整旁路开关固定金具的金属链条到合适的长度；将链条绕在电杆上，拧紧固定螺母；将旁路开关固定金具固定在电杆上。固定的松紧程度以安装后旁路开关不晃动、不下滑为宜，防止过大的扭紧力矩损伤固定螺栓。

2）用起重设备（或绝缘斗臂车小吊）吊起旁路开关，将旁路开关挂在固定金具上，并用锁扣锁好。起吊旁路开关时，吊具必须挂在旁路开关的起重金具上，不得将旁路开关的其他部位作为起吊点。

3）使用专用接地线将旁路开关外壳可靠接地。

（4）在分支杆上安装分支连接器。

1）分支连接器一般安装于旁路开关下部 0.4m 处。

2）将 T 型接头和接头支架以及柱上固定金具组装在一起。

3）扳动收紧器，收紧尼龙带，将分支连接器固定在电杆上，确保安装后不晃动、不下滑。

4）将分支接头的接地端子可靠接地。

8. 旁路设备各部位的连接

旁路设备各部位的连接示意图如图 3-28 所示。

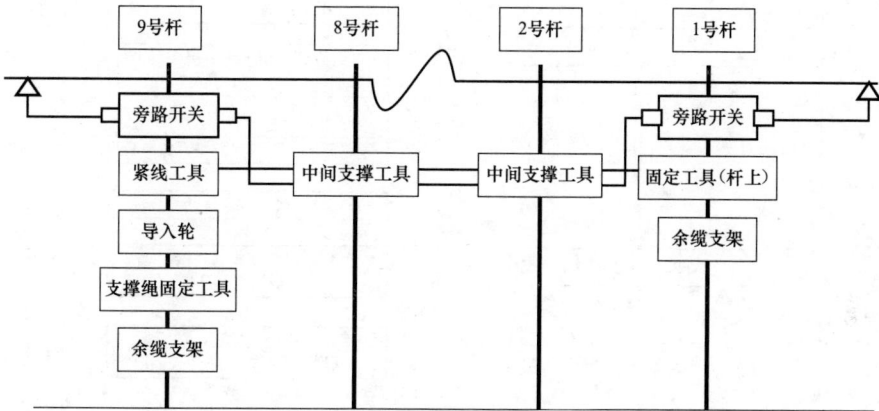

图 3-28　旁路设备各部位的连接示意图

（1）高压旁路电缆、旁路开关、电缆引下线快装插头的连接。

连接件的清洁与润滑：

1）打开快装插头封帽或保护盖，检查确认连接插头绝缘部分表面无损伤。

2）用不起毛的清洁纸或清洁布、无水乙醇或其他电缆清洁剂清洁，先清洁连接件的绝缘表面，再清洁其他部分。

3）确认绝缘表面无污物、灰尘、水分、损伤。

4）在插拔界面均匀涂润滑硅酯。

快装插头的连接：

1）将电缆插头锁紧环的缺口对正销钉，向后推锁紧环，插入到旁路开关或电缆对接头（T 型接头）的插座上并确保连接到位。

2）退回并旋转锁环，将缺口错开销钉位置，使对接头锁牢。

（2）高压旁路电缆与旁路开关的对接。

1）分别将高压旁路电缆与旁路开关对接，将电缆引下线下端与旁路开关连接。

2）在分支杆上，将高压旁路电缆与分支接头连接；将分支高压旁路电缆与分支接头连接。

3）将多余的电缆盘在余缆支架上，并用电缆带捆扎。

（3）电缆引下线的挂钩应使用绝缘绳索或其他方式进行临时固定，以防止电缆引下线因重力从旁路开关中脱出，并应防止挂钩与其他带电设备接触。

（三）旁路作业设备拆除

旁路作业设备拆除工作流程如图 3-29 所示。

主体步骤	分项操作步骤

```
                    ┌──────────────┐
                    │     开始      │
                    └──────────────┘
                           │
                    ┌──────────────┐
                    │ 顺序拉开旁路开关 │
                    └──────────────┘
                           │
                    ┌──────────────┐
                    │ 拆除旁路开关引下线的搭接 │
                    └──────────────┘
                           │
                    ┌──────────────┐          ┌──────────────┐
                    │ 高压旁路设备放电 │          │ 合上各旁路开关 │
                    └──────────────┘          └──────────────┘
                           │                  ┌──────────────┐
                           │                  │ 在旁路开关引下线搭接金具上 │
                           │                  │ 加挂一组地线，充分放电 │
                           │                  └──────────────┘
                           │                  ┌──────────────┐
                           │                  │ 旁路开关引下线与旁路开关分离 │
                           │                  └──────────────┘
                           │                  ┌──────────────┐
                           │                  │ 旁路电缆插头与旁路开关分离 │
                    ┌──────────────┐          └──────────────┘
                    │ 拆除高压旁路电缆 │          ┌──────────────┐
                    └──────────────┘          │ 旁路电缆插头与对接头 │
                           │                  │  （T型接头）分离  │
                           │                  └──────────────┘
                           │                  ┌──────────────┐
                           │                  │ 清洁旁路电缆插头、对接头 │
                           │                  │（T型接头）、旁路开关插座│
                           │                  └──────────────┘
                    ┌──────────────┐
                    │ 旁路开关引下线放入箱内 │
                    └──────────────┘
                           │                  ┌──────────────┐
                           │                  │ 牵引连接绳拉回旁路电缆 │
                           │                  └──────────────┘
                           │                  ┌──────────────┐
                           │                  │ 拆除移动滑轮并存放 │
                           │                  └──────────────┘
                    ┌──────────────┐          ┌──────────────┐
                    │ 旁路电缆回收   │          │ 连接绳缠绕在线盘上 │
                    └──────────────┘          └──────────────┘
                           │                  ┌──────────────┐
                           │                  │ 拆除中间接头并清洁 │
                           │                  └──────────────┘
                           │                  ┌──────────────┐
                           │                  │ 旁路电缆缠绕在电缆盘上 │
                           │                  └──────────────┘
                    ┌──────────────┐
                    │ 取下旁路开关   │
                    └──────────────┘
                           │                  ┌──────────────┐
                           │                  │ 松开紧线器 │
                           │                  └──────────────┘
                    ┌──────────────┐          ┌──────────────┐
                    │ 拆除支撑绳    │          │ 打开中间支撑工具的支撑槽 │
                    └──────────────┘          └──────────────┘
                           │                  ┌──────────────┐
                           │                  │ 将支撑绳收绕在线盘上 │
                           │                  └──────────────┘
                    ┌──────────────┐
                    │ 拆除其他工具并放入箱内 │
                    └──────────────┘
                           │
                    ┌──────────────┐
                    │ 整理清点所有工具 │
                    └──────────────┘
                           │
                    ┌──────────────┐
                    │   工作结束    │
                    └──────────────┘
```

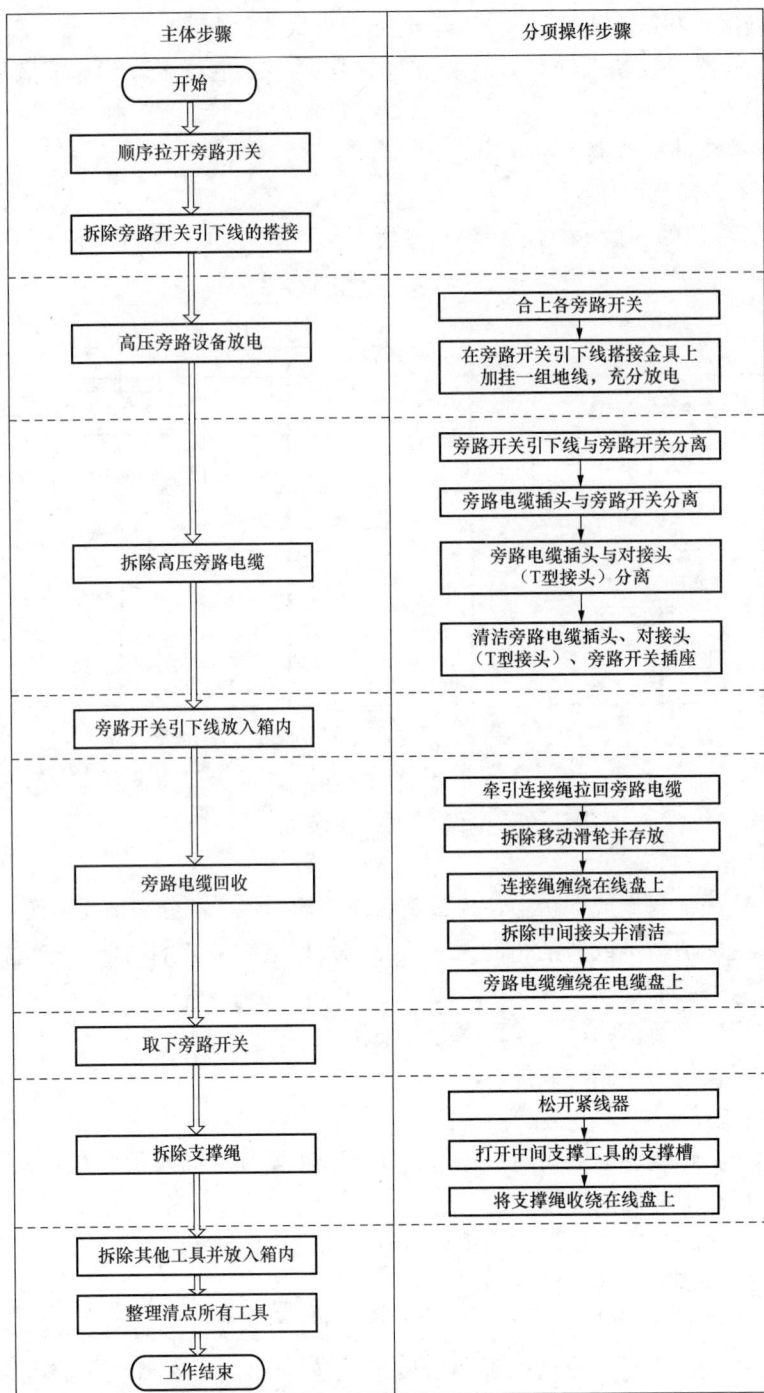

图 3-29　旁路作业设备拆除工作流程图

　　（1）确认所有电缆引下线的搭接金具已经脱离架空配电线路并与带电设备保持足够的安全距离。

　　（2）高压旁路设备放电。拆除高压旁路设备前，应采用以下方法对高压旁路设备的每一相进行整体逐相放电：

1) 拆除电缆引下线的搭接后，分别合上各旁路开关。

2) 在一台旁路开关的电缆引下线的搭接金具上加挂一组接地线，进行充分放电。

（3）将各旁路开关电缆引下线脱离各旁路开关，盘入贮存箱（架）中存放，整组存放时应注意按照电缆引下线的相别，将 A（黄）、B（绿）、C（红）分为一组存放。

（4）拆除高压旁路电缆。

1) 将旁路电缆脱离各旁路开关。

2) 牵引连接绳，将旁路电缆缓缓拉回地面。同时将高压旁路电缆盘整齐缠绕在电缆盘上；抬起防滑舌头将移动滑轮从地面固定工具处取下，整齐码放在存放箱中。拆除移动滑轮过程中，应及时将连接绳摘下，整齐盘绕在连接绳线盘内。

3) 拆解高压旁路电缆中间接头。①解开中间接头的捆扎带，松开中间接头两端的夹箍，将中间接头牵引工具从电缆上移开。②将锁紧环的缺口对正销钉，后推锁紧环，将插头拔出。③用不起毛的清洁纸或清洁布、无水乙醇或其他电缆清洁剂清洁；先清洁连接件的绝缘表面，再清洁其他部分。确认绝缘表面无污物、灰尘、水分、损伤。④盖上高压旁路电缆插头及对接头（T 型接头）的封帽或保护盖。⑤将高压旁路电缆头捆扎在电缆盘上并将高压旁路电缆整齐缠绕在电缆盘上。

（5）拆除旁路开关。使用起重设备或绝缘斗臂车小吊将各旁路开关从电杆上取下。

（6）松开紧线器，打开中间支撑工具的支撑槽，将支撑绳收绕在线盘上。

（7）将旁路设备的其他工具从电杆上拆下，整齐码放在存放箱中。

（8）整理清点所有工具。所有敷设工具应分类装箱存放。所有绳索应分类收在线轴上存放。

二、旁路电缆地面敷设

旁路电缆地面敷设绝缘防护设施包括：电缆绝缘护管、护管接头护罩、电缆对接头保护箱、T 型接头保护箱、电缆进出线保护箱、旁路电缆过路绝缘支架等。上述附件均需使用绝缘材料制作并满足规定的耐压水平。旁路电缆地面敷设绝缘防护方案示意如图 3-30 所示。

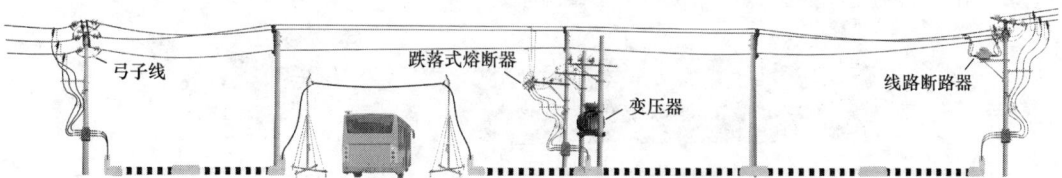

图 3-30　旁路电缆地面敷设绝缘防护方案示意

（一）敷设步骤

1. 沿旁路作业现场设定的路径敷设电缆绝缘护管线槽或盖板

电缆绝缘护管用于放置、保护旁路电缆，分为线槽和上盖两部分，线槽采用 U 型平底设计，以保证电缆护管在地面上放置平稳牢靠。上盖采用圆弧形设计，可有效提高承压强度。电缆绝缘护管可根据需要随时进行安装和拆解。为便于敷设和运输，电缆绝缘护管长度一般为 3m，并根据需要配置部分长度为 2、1m 的短管。

旁路电缆敷设前需沿旁路作业现场设定的路径敷设电缆绝缘护管线槽，按照使用的旁路电缆的长度（50、30、10m）计算好需用绝缘弧线管的根数，逐一敷设电缆线槽并做好线槽之间的搭接。

旁路柔性电缆防护管线槽如图 3-31 所示。旁路柔性电缆防护盖板如图 3-32 所示。

图 3-31　旁路柔性电缆防护管线槽

图 3-32　旁路柔性电缆防护盖板

2. 设置电缆对接头（T 型接头）保护箱

在两条旁路电缆对接的部位，应安装电缆对接头保护箱，将每相旁路柔性电缆的 2 个终端使用柔性电缆直线连接器进行连接紧固，并将连接器固定于电缆对接头保护箱的卡槽内。对接头保护箱如图 3-33 所示。

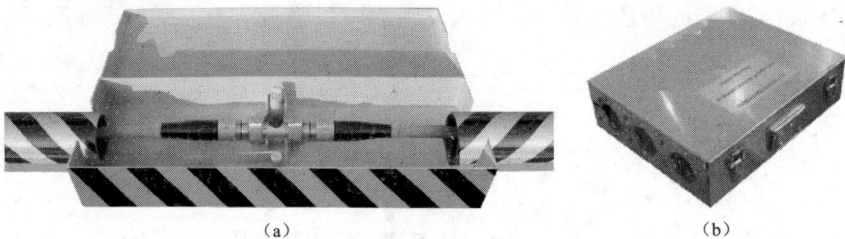

（a）　　　　　　　　　　　（b）

图 3-33　对接头保护箱
（a）国产；（b）进口

遇有电缆 T 型接头时，需在该处安装电缆 T 型接头保护箱，电缆 T 型接头连接器应可靠固定在保护箱内，防止接头滑脱。电缆 T 型接头保护箱如图 3-34 所示。

3. 敷设旁路柔性电缆

根据旁路电缆的长度，安排数量充足的现场作业人员（1 人/5m）沿着敷设路径将旁路电缆展开置于敷设好的绝缘护管线槽内，敷设过程中严格防止柔性电缆与地面接触摩擦。敷设过程中应安排专责人员按照规定的程序，负责旁路电缆的接续工作。接续时应按照旁路电缆事先标示的相位色正确连接。

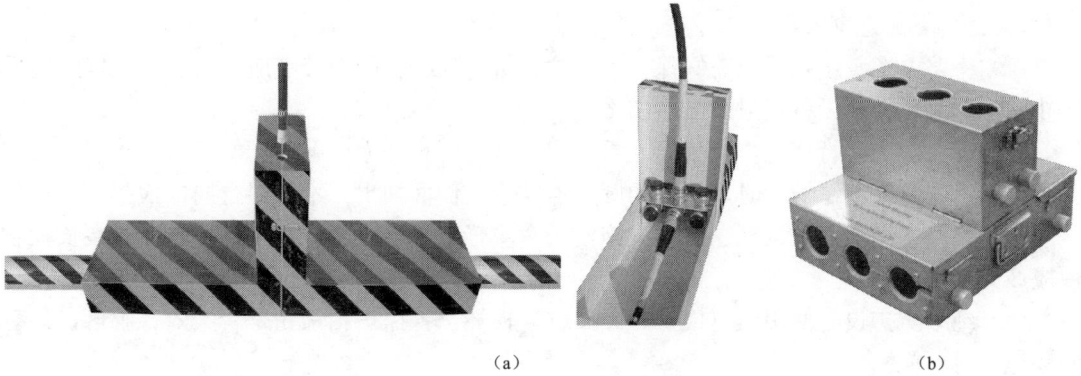

（a）

（b）

图 3-34　T 型接头保护箱

（a）国产；（b）进口

4. 全线路核对相位

旁路电缆敷设、接续完成后，现场工作负责人应指定班组专责人员，分成几个小组（每组 2 人，小组数视支线多少而定，带一分支的旁路作业需要 3 个小组），使用绝缘检测仪，对敷设好的旁路电缆全线路逐相进行相位检测确认，确保三相旁路电缆相位连接无误。

5. 装设保护盖、完善各项保护措施

旁路电缆敷设完毕核相无误后，逐一盖好各电缆绝缘护管、保护箱的保护盖，并将电缆进出线保护箱、电缆对接头保护箱、电缆分接头保护箱外的锁扣扣牢，在两电缆绝缘护管搭接处，需使用护管接头护罩覆盖，以覆盖两电缆绝缘护管的接缝，并防止两电缆绝缘护管错位损伤内部的电缆。在各电缆终端以及拐弯处等所有人员可能触及的部位，均应使用绝缘毯包裹防护。旁路柔性电缆敷设区域两侧应安装警示围栏或警示带。旁路电缆地面敷设现场图如图 3-35 所示。

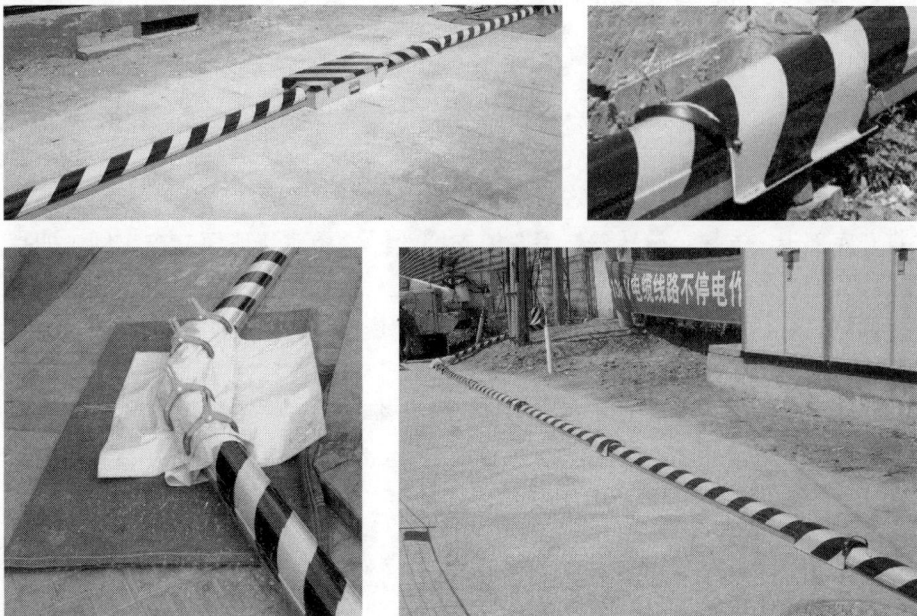

图 3-35　旁路电缆地面敷设现场图

（二）安全注意事项

（1）旁路电缆敷设好后应盖好保护盖，防护管、保护箱的衔接点应保持适当电气爬距并防止污垢。避免造成设备损毁及触电伤害。

（2）旁路电缆运行期间，应派专人看守、巡视，防止外人碰触。

（3）拆解电缆绝缘护管时，护管的圆形上盖应从侧面抽出，不得强行向上拽起。

（4）旁路电缆地面敷设绝缘防护设施使用时应轻拿轻放，避免拖拽、摔跌。安装长大物件应2人同时进行。

（5）绝缘防护设施使用前应检查有无裂纹、损坏，各保护箱锁扣是否失效、脱落，如有问题应及时更换。

（6）旁路柔性电缆施放时不应使旁路柔性电缆接触地面，防止磨损外皮。

（7）旁路系统各部连接时应保持清洁，并在插拔界面均匀涂润滑硅酯，并应设专人操作。

（8）绝缘防护设施应设专人保管，使用后应及时进行逐一检查，确认无误后分类置于室内存放。破损的部件应及时修复或更换。

三、旁路电缆过路口架空敷设（临时支架）

1. 地面临时支架

旁路电缆采用地面敷设方式，遇有机动车通行的交通路口时，为防止运行的旁路电缆与机动车辆及人员接触，旁路电缆不得以任何形式在地面敷设，必须采用架空敷设的方式进行，以保证高压电缆与机动车辆及人员保持足够的安全距离。

旁路电缆过路口架空敷设通常有两种方法：①利用路口两侧的电杆作为支撑，采用本章前述的架空敷设方式进行；②使用专用电缆过路绝缘支架作为支撑，实施旁路电缆架空敷设。

（1）所需器材。电缆过路绝缘支架一组（2个）、固定绳索4条、地锚4～8根。

（2）操作程序：

1）选择好地面平整的安装地点。

2）按照产品使用说明书的要求，将过路支架上部与底部进行连接，锁销应可靠固定。

3）顶部安装中间支撑工具，并安装滑轮。

4）将支架立起后，底部锁定销子应可靠固定。

5）打开底部十字支撑，旋转丝杠手轮使支撑丝杠可靠地与地面支撑牢固，四点支撑应在一个平面上。

6）支架立好后，两端应打好地锚，使用绳索固定（也可以将绳索固定在车辆上），防止支架倾倒。根据支架受力方向打2～4条晃绳。

7）在两支架顶端安装支撑绳和专用滑轮，按照本章所述架空敷设方式完成旁路电缆过路口架空敷设工作。

旁路电缆过路口架空敷设现场图如图3-36所示。

（3）安全注意事项：

1）2支架间的允许跨度为20m，如路口宽度超过20m时，应在路口中间增加1个支架。

2）过路支架周围应设置警示围栏或警示带。

3）支架使用前应检查是否存在裂纹，焊接部位是否开焊，锁销、丝杠手轮及支撑丝杠等是否完好，如缺失损坏应及时修复。

4）组立过路支架时，应设专人指挥，统一行动。

5）跨越路口旁路电缆最低点距地面不得低于5m。

6）支架使用后应由专人进行检查，确认无误后分类置于室内存放。

2. 车载临时支架

为确保电缆线路不停电作业安全规范开展，旁路柔性电缆架空过街应首先确定过路点和架设的高度，然后找好路两边的支撑点。当路面过宽时，可采用双车分边的方法，就是将旁路柔性电缆施放车、旁路开关车或负荷转移车等工程车辆相对停放在道路两边，并在其顶部安装活动支架以保证旁路柔性电缆的架设高度。车顶活动支架采用高强度铝合金金字塔式折叠收放梯，顶部有滑轮，通过牵引导索即可十分方便地架设过街旁路柔性电缆，如图3-37所示。电力负荷转移车和旁路开关车的使用将大幅度提高应对不可抗自然灾害造成电网突发事故的应急应变能力，以及带电作业技术和装备水平。

柔性电缆架空过街的方法具体操作如下：首先确定过路点及架空电缆的高度。其次找好路两边的支撑点，当路面过宽时，可考虑采用双车分边或单车单杆打拉线铺设辅助悬挂钢缆的方法。

(a)

(b)

图3-36 旁路电缆过路口架空敷设现场图
(a) 过街架空敷设；(b) 地面临时支架

（1）双车分边拉线铺设辅助悬挂钢缆法。将车顶带有活动支架的工程车辆分别在道路两边相对停放。相对窄的路面上操作时在保证柔性电缆自然垂度符合交通安全限高时可直接过街，但在相对宽的路面上操作时则必须采用打拉线悬挂钢缆的方法，同时超宽路面中间必须增加有效支撑。柔性电缆双车分边过街架空敷设示意如图3-38所示。

（2）单车单杆拉线铺设辅助悬挂钢缆法。若道路对面有可利用的电杆，可采用单车单杆打拉线铺设辅助悬挂钢缆的方法。车顶支架采用高强度铝合金金字塔式折叠收放梯，巧妙地利用了工程车辆的原有高度，在支架顶部设有滑轮，通过牵引导索，即可十分方便地架设过街柔性电缆。辅助悬挂钢缆采用细钢缆在双车支架或单车单杆间架设，用于减少过街柔性电缆的垂度及受力。路径长时，需要打拉线。柔性电缆单车单杆分边过街架空敷设示意如图3-39所示。

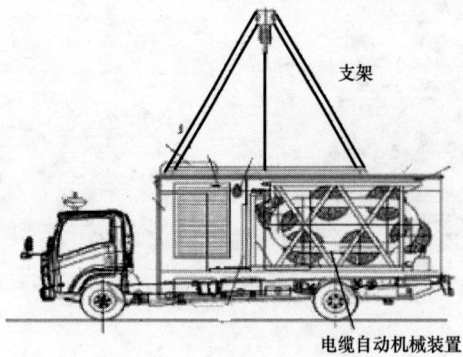

图 3-37　带车顶支架的旁路布缆车示意图

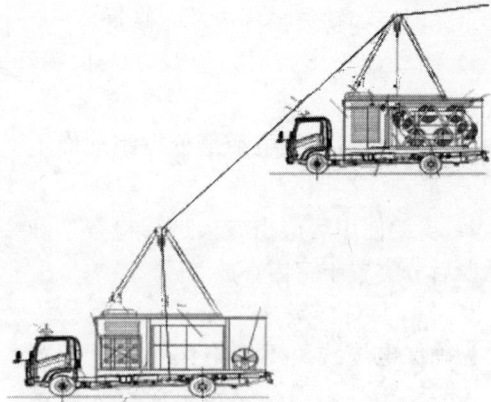

图 3-38　柔性电缆双车分边过街架空敷设示意图

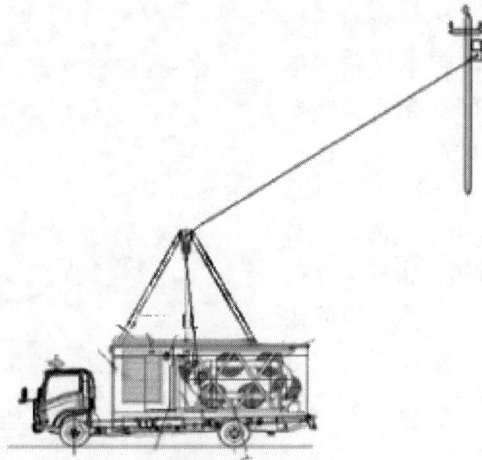

图 3-39　柔性电缆单车单杆分边过街架空敷设示意图

第四章

标 准 化 作 业 指 导 书

10kV电缆不停电作业标准化作业指导书包括三类6项作业项目。

第一类：带电断、接空载电缆引线

    1. 带电断架空线路与空载电缆线路连接引线。

    2. 带电接架空线路与空载电缆线路连接引线。

第二类：旁路作业检修电缆线路设备

    1. 旁路法不停电（短时停电）检修两环网柜间电缆线路。

    2. 旁路法不停电（短时停电）检修环网柜。

第三类：临时取电作业

    1. 从架空线路临时取电给环网柜（移动箱变）供电。

    2. 从环网柜临时取电给环网柜（移动箱变）供电。

带电断架空线路与空载电缆线路连接引线

作 业 指 导 书

（范本）

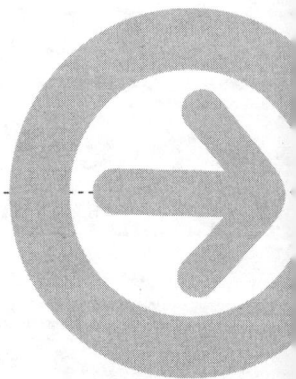

1 适用范围

适用于带电断 10kV 架空线路与空载电缆线路连接引线作业。

2 编制依据

Q/GDW 519—2010	配电网运行规程
Q/GDW 520—2010	10kV 架空配电线路带电作业管理规范
Q/GDW 710—2012	10kV 电缆线路不停电作业技术导则
Q/GDW 1811—2012	10kV 带电作业用消弧开关
国家电网安监〔2009〕664 号	国家电网公司电力安全工作规程（线路部分）

3 作业前准备

3.1 准备工作安排

序 号	内 容	标 准	备 注
1	现场勘查	1）工作负责人应提前组织有关人员进行现场勘察，根据勘察结果作出能否进行作业的判断，并确定作业方法及应采取的安全技术措施。 2）本项目须停用线路重合闸，需履行申请手续。 3）现场勘查包括下列内容：线路运行方式、杆线状况、设备交叉跨越状况、现场道路是否满足作业要求，能否停放斗臂车，以及存在的作业危险点等	
2	了解现场气象条件	了解现场气象条件，判断是否符合《国家电网公司电力安全工作规程（线路部分）》对带电作业的要求	
3	组织现场作业人员学习作业指导书	掌握整个操作程序，理解工作任务和操作中的危险点及控制措施	
4	办理工作票	工作负责人办理带电作业工作票	

3.2 人员要求

序 号	内 容	备 注
1	作业人员应身体健康，无妨碍作业的生理和心理障碍	
2	作业人员经培训合格，持证上岗	
3	操作绝缘斗臂车的人员应经培训合格，持证上岗	
4	作业人员应掌握紧急救护法，特别要掌握触电急救方法	

3.3 工器具

分 类	工具名称	规格/型号	数 量	备 注
工作平台	绝缘斗臂车		1辆	
专用工具	带电作业用消弧开关	10kV	1台	分断电容电流能力不小于 5A
	绝缘引流线	10kV	1根	

分 类	工具名称	规格/型号	数 量	备 注
防护类	绝缘手套	10kV	2 副	
	防护手套		2 副	
	绝缘手套内衬手套	全棉	2 副	
	全套绝缘服	10kV	2 副	包括绝缘上衣(袖套、披肩)、绝缘裤
	绝缘鞋(靴)	10kV	2 双	
	护目镜		2 副	
	安全带		2 副	
	绝缘安全帽	10kV	2 顶	
	普通安全帽		3 顶	
绝缘遮蔽	绝缘毯	10kV	15 块	
	导线遮蔽罩	10kV	6 个	
	绝缘毯夹		30 个	
	绝缘子遮蔽罩	10kV	3 个	
	引线遮蔽罩	10kV	6 个	
	绝缘挡板		2 块	
操作类	绝缘导线剥皮器		1 个	
	绝缘操作杆	10kV	1 根	
	断线剪		1 把	
仪器仪表	钳形电流表		1 块	
	绝缘电阻测试仪	2500V 及以上	1 台	
	温/湿度仪		1 块	
	风速仪		1 块	
	验电器	10kV	1 支	
个人工器具	钳子		2 把	
	活络扳手		2 把	
	电工刀		2 把	
	螺丝刀		2 把	
其他	对讲机		4 个	
	防潮垫或毡布		2 块	
	安全警示带(牌)		若干	根据现场实际情况确定
	斗外工具箱		1 个	
	绝缘钩		1 个	
	斗外工具袋		1 个	
	绝缘绳		1 根	

3.4 危险点分析

序 号	内 容
1	工作监护人违章兼做其他工作或监护不到位,使作业人员失去监护
2	电缆未处于空载状态,带负荷断电缆引线,引发事故
3	带电作业人员穿戴防护用具不规范,造成触电伤害
4	作业人员未按规定进行绝缘遮蔽或遮蔽不规范,造成触电伤害

序　号	内　　容
5	断电缆引线时，引线脱落造成接地或相间短路事故
6	高空落物，造成人员伤害。斗内作业人员不系安全带，造成高空坠落
7	作业人员与设备未保持规定的安全距离，造成触电伤害
8	作业人员同时接触不同电位或串入电路，造成触电伤害
9	行车违反交通法规，引发交通事故，造成人员伤害

3.5　安全措施

序　号	内　　容
1	专责监护人应履行监护职责，不得兼做其他工作，要选择便于监护的位置，监护的范围不得超过一个作业点
2	作业人员应听从工作负责人指挥
3	断电缆引线之前，应采用测量空载电流、到电缆末端确认负荷已断开等方式确认电缆处于空载状态
4	作业现场及工具摆放位置周围应设置安全围栏、警示标志，防止行人及其他车辆进入作业现场
5	根据地形地貌和作业项目，将斗臂车定位于合适的作业位置。不得在坡度大于5°的路面上操作斗臂车。支腿应支在硬实路面上，不平整路面应铺垫支腿垫板，避免将支腿置于沟槽边缘、盖板之上，防止斗臂车在使用中侧翻
6	绝缘斗臂车在使用前应空斗试操作，确认各系统工作正常，制动装置可靠。工作臂下有人时，不得操作斗臂车。工作臂升降回转的路径应避免临近的电力线路、通信线路、树木及其他障碍物
7	带电作业过程中，斗内作业人员应始终穿戴防护用具（包括护目镜）。保持人体与邻相带电体及接地体的安全距离
8	应对作业范围内的带电体和接地体等所有设备进行遮蔽
9	绝缘导线应进行遮蔽
10	应采用绝缘操作杆进行消弧开关的开、合操作
11	对不规则带电部件和接地部件采用绝缘毯进行绝缘遮蔽，并可靠固定。遮蔽用具之间重叠部分不小于15cm
12	在带电作业过程中如设备突然停电，作业人员应视设备仍然带电
13	断电缆引线时，应采取防摆动措施，要保持与人体、邻相及接地体之间的安全距离
14	上下传递物品必须使用绝缘绳索，严禁高空抛物。尺寸较长的部件，应用绝缘传递绳捆扎牢固后传递。工作过程中，工作点下方禁止站人。斗内作业人员应系好安全带，传递多件绝缘工具时，应分件传递
15	严格遵守交通法规，安全行车

3.6　作业分工

序　号	作业人员	作业内容
1	带电作业工作负责人（监护人）1名	全面负责带电作业安全，并履行工作监护
2	斗内电工1~2名	负责安全完成带电断电缆引线工作
3	地面电工1名	配合斗内电工

4　作业程序

4.1　现场复勘

序　号	内　　容	备　注
1	确认待断开电缆引线处于空载状态	
2	确认电杆、拉线基础完好，拉线无腐蚀情况，线路设备及周围环境满足作业条件	
3	确认现场气象条件满足作业要求	

4.2 作业内容及标准

序号	作业步骤	作业内容	标 准	备注
1	开工	1）工作负责人与调度值班员联系。 2）工作负责人发布开始工作的命令	1）工作负责人与调度值班员履行许可手续，确认重合闸已停用。 2）工作负责人向作业人员宣读工作票，布置工作任务、明确人员分工、作业程序、现场安全措施、进行危险点告知，并履行确认手续	
2	检查	1）在作业现场设置安全围栏和警示标志。 2）检查电杆、拉线及周围环境。 3）检查绝缘工具、防护用具。 4）绝缘工具绝缘性能检测	1）安全围栏和警示标志满足规定要求。 2）绝缘工具、防护用具性能完好，并在试验周期内。 3）使用绝缘电阻检测仪对绝缘工具进行分段绝缘检测，绝缘电阻值不低于700MΩ	
3	操作绝缘斗臂车	1）绝缘斗臂车进入工作现场，定位于合适工作位置并装好接地线。 2）操作绝缘斗臂车空斗试操作，确认液压传动、回转、升降、伸缩系统工作正常、操作灵活，制动装置可靠。 3）斗内电工穿戴好安全防护用具，经工作负责人检查无误后，进入工作斗。 4）升起工作斗，定位到合适作业的位置	1）根据地形地貌和作业项目，将斗臂车定位于合适的作业位置。 2）装好车辆接地线。 3）打开斗臂车的警示灯，斗臂车前后应设置警示标识。 4）不得在坡度大于5°的路面上操作斗臂车。 5）操作取力器前，应检查各个开关及操作杆应在中位或在OFF（关）的位置。 6）在寒冷的天气，使用前应先使液压系统加温，低速运转不小于5min。 7）支腿应支在硬实路面上，在不平整路面，应铺垫专用支腿垫板。 8）支起支腿时，应按照从前到后的顺序进行，使支腿可靠支撑，轮不承载，车身水平。松开上臂绑带，选定工作臂的升降回转路径进行空斗试操作，应避开临近的电力线路、通信线路、树木及其他障碍物。 9）斗内电工穿戴全套安全防护用具，经工作负责人检查合格后携带遮蔽用具和作业工具进入工作斗，系好安全带。 10）工作臂下有人时，不得操作斗臂车。 11）绝缘斗的起升、下降操作应平稳，升降速度应不大于0.5m/s；回转时，绝缘斗外缘的线速度应不大于0.5m/s	
4	绝缘遮蔽	斗内电工对作业范围内的所有带电体和接地体进行绝缘遮蔽	1）在接近带电体过程中，应使用验电器从下方依次验电。 2）对带电体设置绝缘遮蔽时，按照从近到远的原则，从离身体最近的带电体依次设置；对上下多回分布的带电导线设置遮蔽用具时，应按照从下到上的原则，从下层导线开始依次向上层设置；对导线、绝缘子、横担的设置次序是按照从带电体到接地体的原则，先放导线遮蔽罩，再放绝缘子遮蔽罩，然后对横担进行遮蔽。 3）使用绝缘毯时应用绝缘夹夹紧，防止脱落。遮蔽用具之间的重叠部分不得小于15cm。 4）对在工作斗升降中可能触及的低压带电部件也需进行遮蔽	

序号	作业步骤	作业内容	标 准	备注
5	施工	1）用钳形电流表逐相测量三相电缆电流。 2）检查消弧开关处于断开位置。 3）将消弧开关固定在导线上。 4）将绝缘引流线与消弧开关连接。 5）将绝缘引流线与同相位电缆引线连接。 6）检查无误后，合上消弧开关。 7）测量绝缘引流线的分流情况。 8）拆除电缆引线，并将拆开的引线固定并遮蔽好。 9）断开消弧开关。 10）拆除绝缘引流线，取下消弧开关，该相工作结束。 11）按上述顺序断开其他两相电缆引流线	1）每相电流应小于5A，待断开电缆长度应小于3km。 2）挂消弧开关前，应先将绝缘导线连接处绝缘层剥离。 3）消弧开关与绝缘引流线应连接牢固。 4）断开电缆线路引线前，应先合上消弧开关，并确认消弧开关回路通流良好。 5）断电缆引线时应将引线固定牢固、防止摆动。 6）合消弧开关前、拆除电缆引线前须经工作监护人同意后方可进行。 7）绝缘导线在消弧开关拆除后须进行防水处理。 8）三相引线拆除，按照先近（内侧）后远（外侧），或根据现场情况先两侧、后中间。 9）在电缆线路引线拆后未挂接地线前，已拆下的电缆线路引线均视为有电，严禁徒手触摸，应及时进行遮蔽。 10）在接触带电导线前应得到工作监护人的许可。 11）作业时，严禁人体同时接触两个不同的电位。	
6	拆除绝缘遮蔽	拆除绝缘遮蔽，斗内电工返回地面	1）上下传递工具、材料均应使用绝缘绳传递，严禁抛、扔。 2）得到工作负责人的许可后，按照从远到近、从上到下的顺序逐次拆除绝缘遮蔽。 3）防止高空落物伤人	
7	施工质量检查	斗内电工检查作业质量。工作负责人检查作业质量	全面检查作业质量，无遗漏的工具、材料等	
8	完工	工作负责人检查工作现场	工作负责人全面检查工作完成情况	

4.3 竣工

序　　号	内　　容
1	工作负责人全面检查工作完成情况无误后，组织清理现场及工具
2	通知值班调度员，工作结束，恢复停用的重合闸
3	终结工作票

5 验收总结

序　号	检　修　总　结
1	验收评价
2	存在问题及处理意见

6 指导书执行情况评估

评估内容	符合性	优		可操作项	
		良		不可操作项	
	可操作性	优		修改项	
		良		遗漏项	
存在问题					
改进意见					

7 设备示意图（见图1）

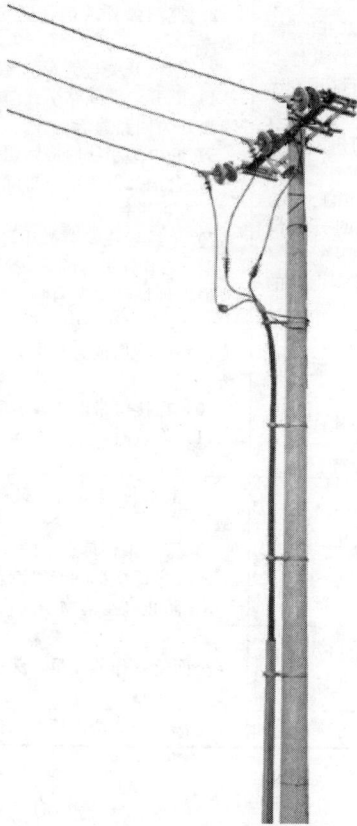

图1 设备示意图

8 带电断架空线路与电缆线路连接引线作业项目关键步骤照片

作 业 内 容	照 片
测量空载电缆电容电流	

作　业　内　容	照　片
安装消弧开关，连接消弧开关与绝缘引流线	
连接绝缘引流线与电缆引线	
合上消弧开关	

作 业 内 容	照　片
测量绝缘引流线分流情况	
拆除电缆引线	
断开消弧开关	

作 业 内 容	照 片
拆除消弧开关	
检查施工质量	

带电接架空线路与空载电缆线路连接引线

作 业 指 导 书

（范本）

1 适用范围

适用于带电接 10kV 架空线路与空载电缆线路连接引线作业。

2 编制依据

Q/GDW 519—2010	配电网运行规程
Q/GDW 520—2010	10kV 架空配电线路带电作业管理规范
Q/GDW 710—2012	10kV 电缆线路不停电作业技术导则
Q/GDW1811—2012	10kV 带电作业用消弧开关
国家电网安监〔2009〕664 号	国家电网公司电力安全工作规程（线路部分）

3 作业前准备

3.1 准备工作安排

序 号	内 容	标 准	备 注
1	现场勘查	1）工作负责人应提前组织有关人员进行现场勘察，根据勘察结果作出能否进行作业的判断，并确定作业方法及应采取的安全技术措施。 2）本项目须停用线路重合闸，需履行申请手续。 3）现场勘查包括下列内容：线路运行方式、杆线状况、设备交叉跨越状况、作业现场道路是否满足施工要求，能否停放斗臂车，以及存在的作业危险点等	
2	了解现场气象条件	了解现场气象条件，判断是否符合安规对带电作业要求	
3	组织现场作业人员学习作业指导书	掌握整个操作程序，理解工作任务及操作中的危险点及控制措施	

3.2 人员要求

序 号	内 容	备 注
1	作业人员应身体健康，无妨碍作业的生理和心理障碍	
2	作业人员经培训合格，持证上岗	
3	操作绝缘斗臂车的人员应经培训合格，持证上岗	
4	作业人员应掌握紧急救护法，特别要掌握触电急救方法	

3.3 工器具

序 号	分 类	工 具 名 称	规格/型号	数 量	备 注
1	主要作业车辆	绝缘斗臂车		1辆	
2	专用工具	带电作业用消弧开关	10kV	1台	分断电容电流能力不小于5A
		绝缘引流线	10kV	1根	

序号	分类	工具名称	规格/型号	数量	备注
3	绝缘防护用具	绝缘手套	10kV	2副	
		防护手套		2副	
		全套绝缘服	10kV	2副	包括绝缘上衣（袖套、披肩）、绝缘裤
		绝缘鞋（靴）	10kV	2双	
		护目镜		2副	
		安全带		2副	
		绝缘安全帽	10kV	2顶	
		普通安全帽		3顶	
4	绝缘遮蔽用具	绝缘毯	10kV	15块	
		导线遮蔽罩	10kV	6个	
		绝缘毯夹		30个	
		绝缘子遮蔽罩	10kV	3个	
		引线遮蔽罩	10kV	6个	
		绝缘挡板		2块	
5	绝缘操作工具	绝缘导线剥皮器		1个	
		绝缘操作杆	10kV	1根	
		断线剪		1把	
6	仪器仪表	钳形电流表		1块	
		绝缘电阻测试仪	2500V及以上	1台	
		温/湿度仪		1块	
		风速仪		1块	
		验电器	10kV	1支	
7	个人工器具	钳子		2把	
		活络扳手		2把	
		电工刀		2把	
		螺丝刀		2把	
8	其他辅助工具	对讲机		4个	
		防潮垫或毡布		2块	
		安全警示带（牌）		若干	根据现场实际情况确定
		斗外工具箱		1个	
		绝缘钩		1个	
		斗外工具袋		1个	
		绝缘绳		1根	

3.4 危险点分析

序号	内容
1	工作监护人违章兼做其他工作或监护不到位，使作业人员失去监护
2	带电作业人员穿戴防护用具不规范，造成触电伤害
3	作业人员未按规定进行绝缘遮蔽或遮蔽不严密，造成触电伤害
4	电缆线路未空载，带负荷接电缆引线，引发事故
5	接电缆引线时，引线脱落造成接地或相间短路事故

序　号	内　　　容
6	高空落物，造成人员伤害。斗内作业人员不系安全带，造成高空坠落
7	与设备未保持规定的安全距离，造成触电伤害
8	作业人员同时接触不同电位或串入电路，造成触电伤害
9	行车违反交通法规，引发交通事故，造成人员伤害

3.5　安全措施

序　号	内　　　容
1	专责监护人应履行监护职责，不得兼做其他工作，要选择便于监护的位置，监护的范围不得超过一个作业点
2	作业人员应听从工作负责人指挥
3	作业现场及工具摆放位置周围应设置安全围栏、警示标志，防止行人及其他车辆进入作业现场
4	根据地形地貌和作业项目，将斗臂车定位于合适的作业位置。不得在坡度大于5°的路面上操作斗臂车。支腿应支在硬实路面上，不平整路面应铺垫专用支腿垫板，避免将支腿置于沟槽边缘，盖板之上，防止斗臂车在使用中侧翻
5	绝缘斗臂车在使用前应空斗试操作，确认各系统工作正常，制动装置可靠。工作臂下有人时，不得操作斗臂车。工作臂升降回转的路径，应避开临近的电力线路、通信线路、树木及其他障碍物
6	接电缆引线之前，应采用到电缆末端确认负荷已断开等方式确认电缆处于空载状态，并对电缆引线验电，确认无电
7	接入一相电缆引线后，若测量空载电缆电流大于5A时，或对其余两相电缆引线进行验电显示有电，应立刻终止工作；确认负荷断开后，方可进行工作
8	带电作业过程中，作业人员应始终穿戴齐全防护用具（包括护目镜）；保持人体与邻相带电体及接地体的安全距离
9	应对作业范围内的带电体和接地体等所有设备进行遮蔽
10	绝缘导线应进行遮蔽
11	应采用绝缘操作杆进行消弧开关的开、合操作
12	对不规则带电部件和接地部件采用绝缘毯进行绝缘遮蔽，并可靠固定。遮蔽用具之间重叠部分不小于15cm
13	在带电作业过程中如设备突然停电，作业人员应视设备仍然带电
14	接电缆引线时，应采取防摆动措施，要保持与人体、邻相及接地体的安全距离
15	上下传递物品必须使用绝缘绳索，严禁高空抛物。尺寸较长的部件，应用绝缘传递绳捆扎牢固后传递。工作过程中，工作点下方禁止站人。斗内作业人员应系好安全带，传递多件绝缘工具，应分件传递
16	严格遵守交通法规，安全行车

3.6　作业分工

序　号	作　业　人　员	作　业　内　容
1	带电作业工作负责人（监护人）1名	全面负责带电作业安全，并履行工作监护
2	斗内电工1～2名	负责安全完成带电接电缆引线工作
3	地面电工1名	配合斗内电工

4　作业程序

4.1　现场复勘

序　号	内　　　容	备　注
1	确认待接入电缆引线处于空载状态	
2	确认电杆、拉线基础完好，拉线无腐蚀情况，线路设备及周围环境满足作业条件	
3	确认现场气象条件满足作业要求	

4.2 作业内容及标准

序号	作业步骤	作 业 内 容	标 准	备注
1	开工	1）工作负责人与调度值班员联系。 2）工作负责人发布开始工作的命令	1）工作负责人与调度值班员履行许可手续，确认重合闸已停用。 2）工作负责人应分别向作业人员宣读工作票，布置工作任务、明确人员分工、作业程序、现场安全措施，进行危险点告知，并履行确认手续	
2	检查	1）在作业现场设置安全围栏和警示标志。 2）检查电杆、拉线及周围环境。 3）检查绝缘工具、防护用具。 4）绝缘工具绝缘性能检测	1）安全围栏和警示标志满足规定要求。 2）电杆、拉线基础完好，拉线无腐蚀情况，线路设备及周围环境满足作业条件。 3）绝缘工具、防护用具性能完好，并在试验周期内。 4）使用绝缘电阻检测仪将绝缘工具进行分段绝缘检测。绝缘电阻值不低于700MΩ	
3	操作绝缘斗臂车	1）绝缘斗臂车进入工作现场，定位于合适工作位置并装好接地线。 2）操作绝缘斗臂车空斗试操作，确认液压传动、回转、升降、伸缩系统工作正常、操作灵活，制动装置可靠。 3）斗内电工穿戴好安全防护用具，经工作负责人检查无误后，进入工作斗。 4）升起工作斗，定位到便于作业的位置	1）根据地形地貌和作业项目，将斗臂车定位于合适的作业位置。 2）装好车辆接地线。 3）打开斗臂车的警示灯，斗臂车前后应设置警示标识。 4）不得在坡度大于5°的路面上操作斗臂车。 5）操作取力器前，应检查各个开关及操作杆应在中位或在OFF（关）的位置。 6）在寒冷的天气，使用前应先使液压系统加温，低速运转不小于5min。 7）支腿应支在硬实的路面上，在不平整地面，应铺垫专用支腿垫板。 8）支起支腿时，应按照从前到后的顺序进行，使支腿可靠支撑，轮胎不承载，车身水平。 9）松开上臂绑带，选定工作臂的升降回转路径进行空斗试操作，应避开临近的电力线路、通信线路、树木及其他障碍物。 10）斗内电工穿戴全套安全防护用具，经工作负责人检查合格后携带遮蔽用具和作业工具进入工作斗，系好安全带。 11）工作臂下有人时，不得操作斗臂车。 12）绝缘斗的起升、下降操作应平稳，升降速度不应大于0.5m/s；回转时，绝缘斗外缘的线速度不应大于0.5m/s	
4	绝缘遮蔽	1）对空载电缆等设备进行验电。 2）斗内电工对空载电缆引线进行遮蔽。 3）斗内电工对作业范围内的所有带电体和接地体进行绝缘遮蔽	1）在接近带电体过程中，应使用验电器从下方依次验电。 2）对带电体设置绝缘遮蔽时，按照从近到远的原则，从离身体最近的带电体依次设置；对上下多回分布的带电导线设置遮蔽用具时，应按照从下到上的原则，从下层导线开始依次向上层设置；对导线、绝缘子、横担的设置次序是按照从带电体到接地体的原则，先放导线遮蔽罩，再放绝缘子遮蔽罩，然后对横担进行遮蔽。 3）使用绝缘毯时应用绝缘夹夹紧，防止脱落。搭接的遮蔽用具其重叠部分不得小于15cm。 4）对在工作斗升降中可能触及的低压带电部件也需进行遮蔽	

序号	作业步骤	作 业 内 容	标　准	备注
5	施工	1) 在引线搭接处将导线绝缘层剥除。 2) 用绝缘操作杆测量三相引线长度，根据长度做好搭接的准备工作，绝缘导线引线需剥除绝缘层。 3) 将绝缘斗调整到内侧导线下，展开内侧电缆引线，先清除搭接处导线上的氧化层，在对导线、引线搭接处涂上导电脂，直至符合接续要求。 4) 检查消弧开关处于断开位置。 5) 将消弧开关挂在内侧导线上，并将绝缘引流线与消弧开关连接。 6) 将绝缘引流线与同相位电缆引线连接。 7) 检查无误后，合上消弧开关。 8) 测量空载电缆电容电流情况。 9) 将电缆引线搭接至架空线路接续处。 10) 测量电缆引线分流情况。 11) 断开消弧开关。 12) 拆除绝缘引流线，取下消弧开关，此项工作结束。 13) 按上述顺序搭接其他两相电缆引流线	1) 挂消弧开关前，如是绝缘导线应先将挂接处绝缘层剥离。 2) 消弧开关上下两引流线应连接牢固。 3) 消弧开关引流线连接位置应设置绝缘遮蔽。 4) 带电作业时，对地距离应不小于0.4m，对邻相导线应不小于0.6m。如不能确保该安全距离时，应采取绝缘遮蔽措施。 5) 搭接电缆线路引线前，应先合上消弧开关，并确认消弧开关回路通流良好。 6) 测量空载电缆电流大于5A时，或其余2相未连接电缆引线进行验电显示有电时，应立刻终止工作；确认负荷断开后，方可进行工作。 7) 合消弧开关前、搭接电缆线路引线前，须经工作监护人同意后方可进行。 8) 第一相电缆线路引线与架空线路导线连接后，其余引线（包括导线），应视为有电，并进行绝缘遮蔽。 9) 绝缘导线在消弧开关拆除后须进行防水处理。 10) 三相引线搭接，可按先远（外侧）后近（内侧），或根据现场情况先中间、后两侧。 11) 在接触带电导线前应得到工作监护人的许可。 12) 作业时，严禁人体同时接触两个不同电位的物体	
6	拆除绝缘遮蔽	拆除绝缘遮蔽，斗内电工返回地面	1) 上下传递工具、材料均应使用绝缘绳，严禁抛、扔。 2) 得到工作负责人的许可后，从远到近、从上到下的顺序逐次拆除绝缘遮蔽。 3) 防止高空落物伤人	
7	施工质量检查	斗内电工检查作业质量。工作负责人检查作业质量	全面检查作业质量，无遗漏的工具、材料等	
8	完工	工作负责人检查工作现场	工作负责人全面检查工作完成情况	

4.3　竣工

序　号	内　容
1	工作负责人全面检查工作完成情况无误后，组织清理现场及工具
2	通知值班调度员，工作结束，恢复停用的重合闸
3	终结工作票

5　验收总结

序号	检修总结	
1	验收评价	
2	存在问题及处理意见	

6 指导书执行情况评估

评估内容	符合性	优		可操作项	
		良		不可操作项	
	可操作性	优		修改项	
		良		遗漏项	
存在问题					
改进意见					

7 设备示意图（见图1）

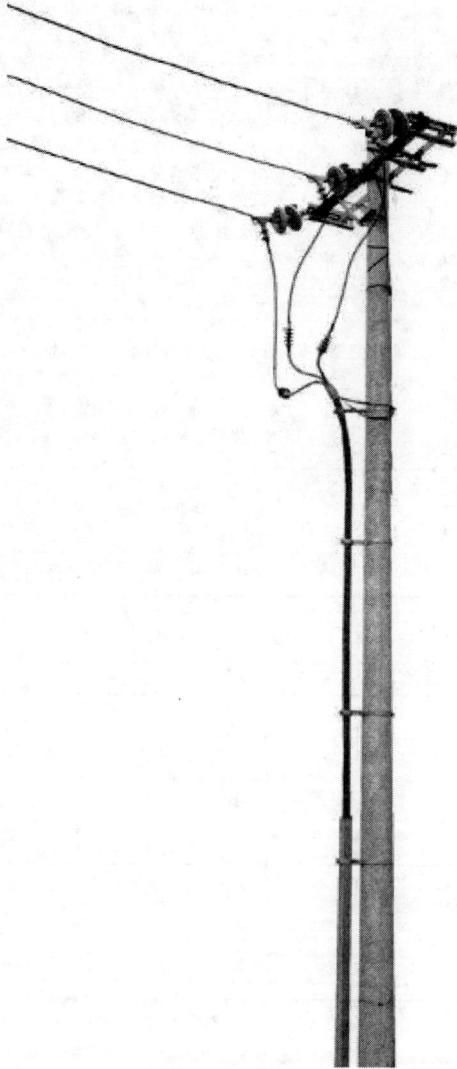

图1　设备示意图

8 带电接架空线路与空载电缆连接引线作业项目关键步骤照片

作 业 内 容	照 片
验电	
测量待接引流线长度	
安装消弧开关及绝缘引流线	

作 业 内 容	照 片
合上消弧开关	
测量空载电容电流	
连接电缆引线	

作 业 内 容	照 片
测量引线分流	
断开消弧开关	
拆除消弧开关及绝缘引流线	

作 业 内 容	照 片
按相同的方法连接其他两相电缆引线	
检查施工质量	

旁路法不停电（短时停电）检修两环网柜间电缆线路作业指导书

（范本）

1 适用范围

本作业指导书适用于旁路法不停电（短时停电）检修两环网柜间电缆线路工作。

2 引用文件

Q/GDW 249—2009	10kV 旁路作业设备技术条件
Q/GDW 519—2010	配电网运行规程
Q/GDW 520—2010	10kV 架空配电线路带电作业管理规范
Q/GDW 710—2012	10kV 电缆线路不停电作业技术导则
Q/GDW 1812—2012	10kV 旁路电缆连接器使用导则
国家电网安监〔2009〕664 号	国家电网公司电力安全工作规程（线路部分）

3 作业前准备

3.1 基本要求

序 号	内 容	标 准	备 注
1	现场勘查	1）现场工作总负责人应提前组织有关人员进行现场勘查，根据勘查结果做出能否进行不停电作业的判断，并确定作业方法及应采取的安全技术措施。 2）现场勘查包括下列内容：作业现场道路是否满足施工要求，能否停放旁路作业设备运输车、能否展放旁路柔性电缆，待检修线路两侧环网柜是否有备用间隔，备用间隔是否完好，是否存在作业危险点等。 3）确认负荷电流小于 200A。超过 200A 应提前转移或减少负荷	
2	了解现场气象条件	了解现场气象条件，判断是否符合不停电作业要求	
3	组织现场作业人员学习作业指导书	掌握整个操作程序，理解工作任务及操作中的危险点及控制措施	
4	工作票	办理电缆第一种工作票；办理倒闸操作票	

3.2 作业人员要求

序 号	内 容	备 注
1	作业人员应身体健康，无妨碍作业的生理和心理障碍	
2	作业人员经培训合格，持证上岗	
3	操作绝缘斗臂车的人员应经培训合格，持证上岗	
4	作业人员应掌握紧急救护法，特别要掌握触电急救方法	

3.3 工器具及车辆配备

序号	工器具名称		规格、型号	数 量	备 注
1	主要作业车辆	旁路电缆展放车		1 辆	根据现场输放电缆长度配置
		设备运输车		1 辆	根据现场实际情况确定
2	绝缘防护用具	绝缘手套	10kV	1 副	核相、倒闸操作用
		安全帽		若干	

序号	工器具名称		规格、型号	数量	备 注
3	绝缘操作工具	绝缘操作杆	10kV	1根	分、合旁路开关用
		绝缘放电杆及接地线		1根	旁路电缆试验以及使用以后放电用
4	旁路作业设备	旁路电缆	10kV	若干	根据现场实际长度配置
		快速插拔旁路电缆连接器	10kV	若干	根据现场实际情况确定
		旁路电缆连接器保护盒		若干	根据现场实际情况确定
		旁路电缆终端	10kV	2套	与环网柜配套
		旁路负荷开关（选用）	10kV/200A	1台	短时停电作业时，不采用；不停电作业时，如果环网柜开关断口具备核相功能，可以不采用旁路负荷开关
		旁路负荷开关固定器（选用）		1套	
		旁路电缆防护盖板、防护垫布等			地面敷设
		绑扎绳		若干	分段绑扎固定三相旁路电缆
5	个人工器具	钳子		2把	
		活络扳手		2把	
		电工刀		2把	
		螺丝刀		2把	
6	其他主要工器具	绝缘电阻检测仪	2500V及以上	1台	
		验电器	10kV	2支	环网柜专用
		对讲机		3个	
		核相工具	10kV	1套	与旁路开关或环网柜配套使用
		围栏、安全警示牌等		若干	根据现场实际情况确定

3.4 危险点分析

序 号	内 容
1	专责监护人违章兼做其他工作或监护不到位，使作业人员失去监护
2	旁路作业现场未设专人负责指挥施工，作业现场混乱，安全措施不齐全
3	旁路作业设备投运前未进行外观检查及绝缘电阻检测，因设备损伤或有缺陷未及时发现造成人身、设备事故
4	敷设旁路电缆未设置防护措施及安全围栏，发生行人车辆踩压，造成电缆损伤
5	地面敷设电缆被重型车辆碾压，造成电缆损伤
6	旁路电缆屏蔽层未在环网柜或旁路负荷开关外壳等地方进行两点及以上接地，屏蔽层存在感应电压，造成人身伤害
7	三相旁路电缆未绑扎固定，电缆线路发生短路故障时发生摆动
8	环网柜开关误操作（间隔错误、顺序错误），造成设备发生相地、相间短路事故
9	敷设旁路作业设备时，旁路电缆、旁路电缆终端、旁路负荷开关的连接时未核对分相标志，导致接线错误

序　号	内　容
10	敷设旁路电缆方法错误，旁路电缆与地面摩擦，导致旁路电缆损坏
11	旁路电缆设备绝缘检测后，未进行整体放电或放电不完全，引发人身触电伤害
12	拆除旁路作业设备前未进行整体放电或放电不完全，引发人身触电伤害
13	旁路电缆敷设好后未按要求设置好保护盒
14	旁路作业前未检测确认待检修线路负荷电流，负荷电流大于200A造成设备过载
15	旁路作业设备投入运行前，未进行核相或核相不正确造成短路事故
16	恢复原线路供电前，未进行核相或核相不正确造成短路事故
17	行车违反交通法规，引发交通事故，造成人员伤害

3.5　安全注意事项

序　号	内　容
1	专责监护人应履行监护职责，不得兼做其他工作，要选择便于监护的位置，监护的范围不得超过一个作业点
2	旁路作业现场应有专人负责指挥施工，多班组作业时应做好现场的组织、协调工作。作业人员应听从工作负责人指挥
3	作业现场及工具摆放位置周围应设置安全围栏、警示标志，防止行人及其他车辆进入作业现场
4	根据地形路况和作业项目，将斗臂车定位于合适的作业位置。不得在坡度大于5°的路面上操作斗臂车。支腿应支在硬实路面上，不平整地面应铺垫专用支腿垫板，避免将支腿置于沟槽边缘，盖板之上，防止斗臂车在使用中侧翻
5	绝缘斗臂车在使用前应空斗试操作，确认各系统工作正常，制动装置可靠。工作臂下有人时，不得操作斗臂车。工作臂升降回转的路径应避开临近的电力线路、通信线路、树木及其他障碍物
6	旁路开关应编号
7	操作之前应核对开关编号及状态
8	严格按照倒闸操作票进行操作，并执行唱票制
9	旁路系统连接好后，合上开关，进行绝缘电阻检测；测量完毕后应进行放电，并断开旁路开关
10	敷设旁路电缆时应设围栏；在路口应采用过街保护盒或架空敷设，大型车辆通过的路口采用架空敷设方式
11	敷设旁路电缆时，须由多名作业人员配合使旁路电缆离开地面整体敷设，防止旁路电缆与地面摩擦。连接旁路电缆时，仔细清理电缆插头、插座，并按规定要求涂绝缘硅脂
12	三相旁路电缆应分段绑扎固定
13	旁路作业设备使用前应进行外观检查并对组装好的旁路作业设备（旁路电缆、旁路电缆终端、旁路负荷开关等）进行绝缘电阻检测，合格后方可投入使用，旁路开关外壳应可靠接地
14	旁路作业设备的旁路电缆、旁路电缆终端、旁路负荷开关的连接应核对分相标志，保证相位色的一致
15	旁路电缆运行期间，应派专人看守、巡视，防止行人碰触。防止重型车辆碾压
16	拆除旁路作业设备前，应充分放电
17	旁路作业设备额定通流能力为200A，作业前需检测确认待检修线路负荷电流小于200A
18	旁路作业设备投入运行前，必须进行核相，确认相位正确
19	恢复原线路供电前，必须进行核相，确认相位正确方可实施
20	严格遵守交通法规，安全行车

3.6 人员组织

人 员 分 工	人 数	工 作 内 容
现场总工作负责人	1人	全面负责现场作业
小组工作负责人（兼监护人）	视现场工作班组数量	负责各小组作业安全，并履行工作监护
电缆不停电作业组	视现场工作情况	负责敷设及回收旁路电缆工作、负责电缆连接和核相工作
倒闸操作组	视现场工作情况	负责开关的倒闸操作

4 作业程序

4.1 现场复勘

序 号	内 容	备 注
1	确认电缆线路设备及周围环境满足作业条件	
2	确认现场气象条件满足作业要求	

4.2 作业内容及标准

序号	作业步骤	作业内容	标 准	备注
1	开工	1）现场总工作负责人与调度值班员联系。 2）现场总工作负责人发布开始工作的命令。	1）现场总工作负责人与调度值班员履行许可手续。 2）现场总工作负责人应分别向作业人员宣读工作票，布置工作任务、明确人员分工、作业程序、现场安全措施、进行危险点告知，并履行确认手续。 3）现场总工作负责人发布开始工作的命令	
2	检查	1）在作业现场设置安全围栏和警示标志。 2）检查周围环境。 3）绝缘工具绝缘性能检测。 4）对旁路作业设备进行外观检查。 5）检查确认两环网柜备用间隔设施完好。 6）检查确认待检修线路负荷电流小于200A	1）安全围栏和警示标志满足规定要求。 2）周围环境满足作业条件。 3）绝缘工具性能完好，并在试验周期内。 4）使用绝缘电阻检测仪将绝缘工具进行分段绝缘检测。绝缘电阻值不低于700MΩ。 5）检查旁路电缆的外护套是否有机械性损伤；旁路电缆连接部位是否有损伤；检查旁路负荷开关的外表面是否有机械性损伤。 6）应分段对三相旁路电缆进行绑扎固定。 7）确认环网柜备用间隔设施完好。 8）旁路作业设备额定通流能力为200A，作业前需确认待检修线路负荷电流小于200A	

序号	作业步骤	作业内容	标　准	备注
3	不停电检修电缆作业（待检修线路环网柜备用间隔开关断口不具备核相功能，使用旁路开关）	1）敷设旁路作业设备防护垫布。 2）敷设旁路防护盖板。 3）在待检修线路的两侧环网柜之间敷设旁路电缆、设置旁路负荷开关。 4）连接旁路电缆。 5）连接旁路负荷开关。 6）对旁路电缆进行分段绑扎固定。 7）确认各部位连接无误。 8）合上旁路负荷开关。 9）对整套旁路电缆设备进行绝缘电阻检测，并放电。 10）断开旁路负荷开关。 11）确认两环网柜备用间隔均设施完好，且均处于断开位置。 12）对备用间隔进行验电，确认无电。 13）将旁路电缆接入环网柜备用间隔，并将旁路电缆终端附近的屏蔽层可靠接地。 14）依次合上送电侧、受电侧备用间隔开关。 15）在旁路负荷开关两侧核相确认相位正确。 16）断开受电侧备用间隔开关。 17）合上旁路负荷开关。 18）合上受电侧备用间隔开关，旁路系统送电。 19）测量旁路电缆分流情况。 20）断开待检修电缆线路两侧间隔开关，进行电缆线路检修。 21）电缆线路检修结束后，将检修后的电缆线路接入两侧环网柜，并进行核相。 22）核相正确后，依次合上检修后电缆送电侧、受电侧间隔开关，电缆线路恢复送电。 23）依次断开旁路电缆受电侧间隔开关、旁路负荷开关、送电侧间隔开关。 24）确认旁路电缆两侧间隔开关处于断开状态，将旁路电缆终端拆除。 25）对旁路作业设备充分放电后，拆除整套旁路电缆设备	1）敷设旁路电缆时，须由多名作业人员配合使旁路电缆离开地面整体敷设，防止旁路电缆与地面摩擦。 2）连接旁路作业设备前，应对各接口进行清洁和润滑：用清洁纸或清洁布、无水乙醇或其他电缆清洁剂清洁；确认绝缘表面无污物、灰尘、水分、损伤。在插拔界面均匀涂润滑硅脂。 3）雨雪天气严禁组装旁路作业设备；组装完成的连接器允许在降雨（雪）条件下运行，但应确保旁路设备连接部位有可靠的防雨（雪）措施。 4）旁路负荷开关组装后，应使用专用接地线将旁路开关外壳接地。 5）旁路电缆两端的屏蔽层应采用截面积不小于 25mm² 的导线接地。 6）旁路作业设备组装好后，应合上旁路开关，逐相进行绝缘电阻检测，绝缘电阻值不得小于 500MΩ，合格后方可投入使用。绝缘电阻检测后，旁路作业设备应充分放电。 7）旁路电缆运行期间，应派专人看守、巡视，防止行人碰触。 8）旁路作业设备投入运行前，必须进行核相。 9）恢复原电缆线路供电前，必须进行核相，确认相位正确方可实施。 10）拆除旁路作业设备前，应充分放电。 11）旁路作业设备额定通流能力为 200A，作业前需确认待检修线路负荷电流小于 200A。 12）作业过程应监测旁路电缆电流，确保小于 200A	
	不停电检修电缆作业（待检修线路环网柜备用间隔开关断口具备核相功能，不使用旁路开关）	1）敷设旁路作业设备防护垫布。 2）敷设旁路防护盖板。 3）敷设、连接旁路电缆。 4）对旁路电缆进行分段绑扎固定。 5）确认各部位连接无误。 6）对整套旁路电缆设备进行检测绝缘并放电。 7）确认两环网柜备用间隔完好，且均处于断开位置。 8）对备用间隔进行验电，确认无电。 9）将旁路电缆接入环网柜备用间隔，并将旁路电缆的两终端附近的屏蔽层可靠接地。 10）合上送电侧备用间隔开关。	1）敷设旁路电缆时，须由多名作业人员配合使旁路电缆离开地面整体敷设，防止旁路电缆与地面摩擦。 2）连接旁路作业设备前，应对各接口进行清洁和润滑：用清洁纸或清洁布、无水乙醇或其他清洁剂清洁；确认绝缘表面无污物、灰尘、水分、损伤。在插拔界面均匀涂抹硅脂。 3）雨雪天气严禁组装旁路作业设备；组装完成的连接器允许在降雨（雪）条件下运行，但应确保旁路设备连接部位有可靠的防雨（雪）措施。 4）旁路电缆的屏蔽层应采用截面积不小于 25mm² 的导线接地。	

序号	作业步骤	作业内容	标　　准	备注
	不停电检修电缆作业（待检修线路环网柜备用间隔开关断口具备核相功能，不使用旁路开关）	11）在受电侧备用间隔开关处核相。 12）核相正确后，合上受电侧备用间隔开关，旁路系统送电。 13）测量旁路电缆分流情况。 14）断开两环网柜需检修电缆线路两侧间隔开关，进行电缆线路检修。 15）电缆线路检修结束后，将检修后的电缆线路接入两侧环网柜，并进行核相。 16）核相正确后，检修后电缆线路恢复送电。 17）依次断开旁路电缆受电侧间隔开关、送电侧间隔开关。 18）作业人员确认旁路电缆两侧开关处于断开状态，将旁路电缆终端拆除。 19）对旁路作业设备充分放电后，拆除整套旁路电缆设备	5）旁路作业设备组装好后，逐相进行绝缘电阻检测，绝缘电阻值不得小于500MΩ，合格后方可投入使用。绝缘电阻检测后，旁路作业设备应充分放电。 6）旁路电缆运行期间，应派专人看守、巡视，防止行人碰触。 7）旁路作业设备投入运行前，必须进行核相。 8）恢复原电缆线路供电前，必须进行核相，确认相位正确方可实施。 9）拆除旁路作业设备前，应充分放电。 10）旁路作业设备额定通流能力为200A，作业前需确认待检修线路负荷电流小于200A。 11）作业过程应监测旁路电缆电流，确保小于200A	
3	短时停电检修电缆作业	1）敷设旁路作业设备防潮毡布。 2）敷设旁路防护盖板。 3）敷设、连接旁路电缆，并分段绑扎固定。 4）确认各部位连接无误。 5）对整套旁路电缆设备进行检测绝缘并放电。 6）断开两环网柜间隔开关，待检修电缆退出运行。 7）拆除待检修电缆的终端，检测并记录待检修电缆连接相序。 8）对待接入的间隔进行验电，确认无电。 9）将旁路电缆按原相序接入两侧环网柜间隔。 10）将旁路电缆两端屏蔽层接地。 11）作业人员分别合上送电侧、受电侧隔开关，旁路系统投入运行。 12）完成电缆线路检修。 13）断开旁路电缆两侧环网柜间隔开关，旁路电缆退出运行。 14）作业人员确认两环网间隔开关处于接地位置，将旁路电缆终端拆除。 15）对待接入的间隔进行验电，确认无电。 16）将检修后的电缆线路的相序按原相序接入两侧环网柜间隔。 17）依次合上送电侧、受电侧间隔开关，电缆线路回复送电。 18）回收整套旁路电缆设备	1）敷设旁路电缆时，须由多名作业人员配合使旁路电缆离开地面整体敷设，防止旁路电缆与地面摩擦。 2）连接旁路作业设备前，应对各接口进行清洁和润滑：用清洁纸或清洁布、无水乙醇或其他清洁剂清洁，确认绝缘表面无污物、灰尘、水分、损伤。在插拔界面均匀涂抹硅脂。 3）雨雪天气严禁组装旁路作业设备；组装完成的连接器允许在降雨（雪）条件下运行，但应确保旁路设备连接部位有可靠的防雨（雪）措施。 4）旁路作业设备组装好后，逐相进行绝缘电阻检测，绝缘电阻值不得小于500MΩ，合格后方可投入使用。绝缘电阻检测后，旁路作业设备应充分放电。 5）旁路电缆运行期间，应派专人看守、巡视，防止外人碰触。 6）旁路作业设备应按原相序接入。 7）电缆线路检修完后，应按原相序接入。 8）旁路电缆两端屏蔽层应采用截面不小于25mm^{2}的导线接地。 9）拆除旁路作业设备前，应充分放电。 10）旁路作业设备额定通流能力为200A，作业前需检测确认待检修线路负荷电流小于200A。 11）作业过程应监测旁路电缆电流，确保小于200A	
4	施工质量检查	现场总工作负责人检查作业质量	全面检查作业质量，无遗漏的工具、材料等	
5	完工	现场总工作负责人检查工作现场	现场总工作负责人全面检查工作完成情况	

4.3 竣工

序　号	内　容
1	现场总工作负责人全面检查工作完成情况无误后，组织清理现场及工具
2	通知值班调度员，工作结束
3	终结工作票

5　验收总结

序　号	验　收　总　结	
1	验收评价	
2	存在问题及处理意见	

6　指导书执行情况评估

评估内容	符合性	优		可操作项	
		良		不可操作项	
	可操作性	优		修改项	
		良		遗漏项	
存在问题					
改进意见					

7　设备示意图（见图1）

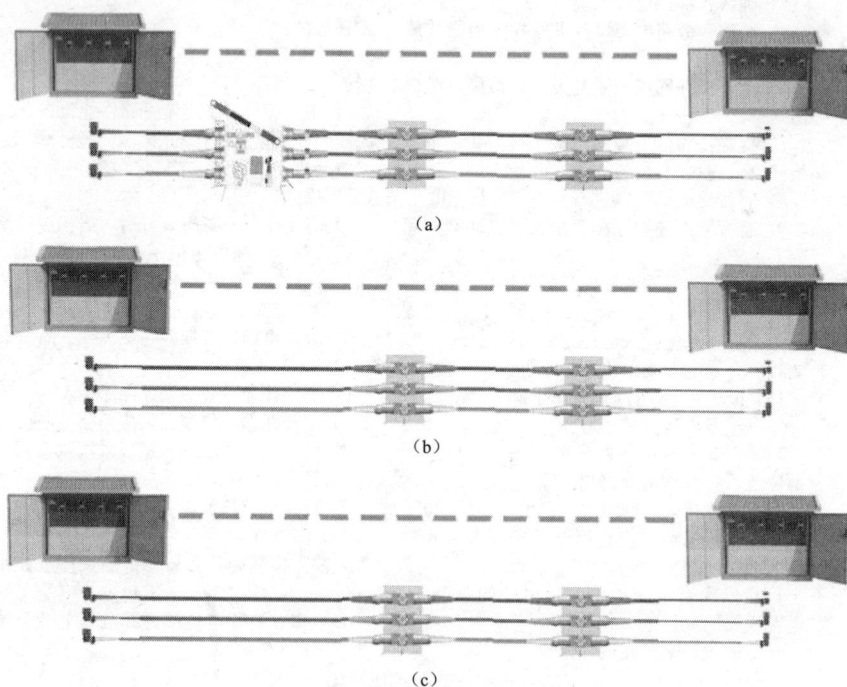

图1　设备示意图

（a）不停电检修电缆作业，待检修电缆线路两侧环网柜有备用间隔，且开关断口两侧不具有核相功能；

（b）不停电检修电缆作业，待检修电缆线路两侧环网柜有备用间隔，且开关断口两侧具备核相功能；

（c）短时停电检修电缆作业，待检修电缆线路两侧环网柜没有备用间隔

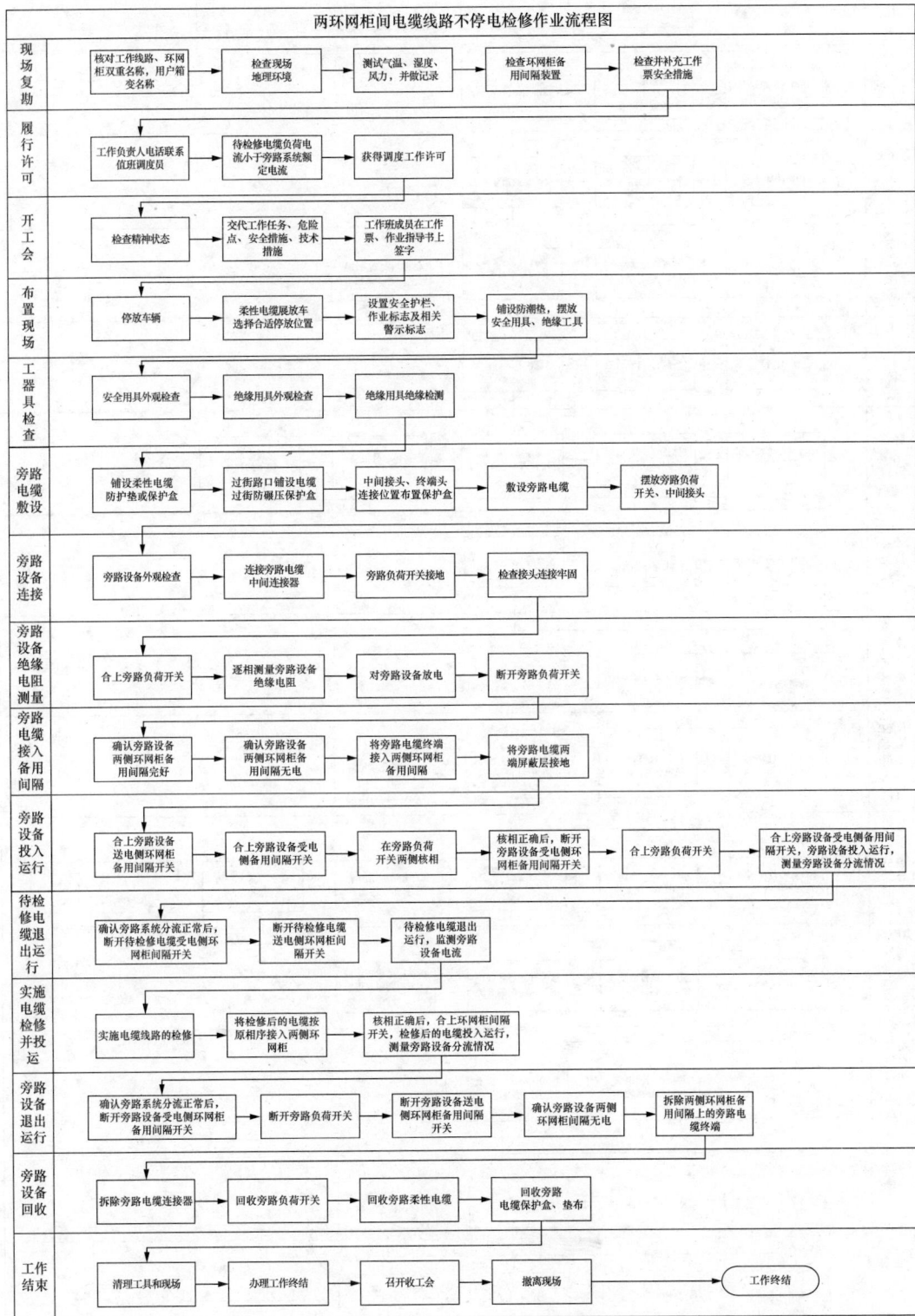

8 作业流程图

两环网柜间电缆线路不停电检修作业流程图

阶段	流程
现场复勘	核对工作线路、环网柜双重名称，用户箱变名称 → 检查现场地理环境 → 测试气温、湿度、风力，并做记录 → 检查环网柜备用间隔装置 → 检查并补充工作票安全措施
履行许可	工作负责人电话联系值班调度员 → 待检修电缆负荷电流小于旁路系统额定电流 → 获得调度工作许可
开工会	检查精神状态 → 交代工作任务、危险点、安全措施、技术措施 → 工作班成员在工作票、作业指导书上签字
布置现场	停放车辆 → 柔性电缆展放车选择合适停放位置 → 设置安全护栏、作业标志及相关警示标志 → 铺设防潮垫、摆放安全用具、绝缘工具
工器具检查	安全用具外观检查 → 绝缘用具外观检查 → 绝缘用具绝缘检测
旁路电缆敷设	铺设柔性电缆防护垫或保护盒 → 过街路口铺设电缆过街防碾压保护盒 → 中间接头、终端头连接位置布置保护盒 → 敷设旁路电缆 → 摆放旁路负荷开关、中间接头
旁路设备连接	旁路设备外观检查 → 连接旁路电缆中间连接器 → 旁路负荷开关接地 → 检查接头连接牢固
旁路设备绝缘电阻测量	合上旁路负荷开关 → 逐相测量旁路设备绝缘电阻 → 对旁路设备放电 → 断开旁路负荷开关
旁路电缆接入备用间隔	确认旁路设备两侧环网柜备用间隔完好 → 确认旁路设备两侧环网柜备用间隔无电 → 将旁路电缆终端接入两侧环网柜备用间隔 → 将旁路电缆两端屏蔽层接地
旁路设备投入运行	合上旁路设备送电环网柜备用间隔开关 → 合上旁路设备受电侧备用间隔开关 → 在旁路负荷开关两侧核相 → 核相正确后，断开旁路设备受电侧环网柜备用间隔开关 → 合上旁路负荷开关 → 合上旁路设备受电侧备用间隔开关，旁路设备投入运行，测量旁路设备分流情况
待检修电缆退出运行	确认旁路系统分流正常后，断开待检修电缆受电侧环网柜间隔开关 → 断开待检修电缆送电侧环网柜间隔开关 → 待检修电缆退出运行，监测旁路设备电流
实施电缆检修并投运	实施电缆线路的检修 → 将检修后的电缆按原相序接入两侧环网柜 → 核相正确后，合上环网柜间隔开关，检修后的电缆投入运行，测量旁路设备分流情况
旁路设备退出运行	确认旁路系统分流正常后，断开旁路设备受电侧环网柜备用间隔开关 → 断开旁路负荷开关 → 断开旁路设备送电侧环网柜备用间隔开关 → 确认旁路设备两侧环网柜备用间隔无电 → 拆除两侧环网柜备用间隔上的旁路电缆终端
旁路设备回收	拆除旁路电缆连接器 → 回收旁路负荷开关 → 回收旁路柔性电缆 → 回收旁路电缆保护盒、垫布
工作结束	清理工具和现场 → 办理工作终结 → 召开收工会 → 撤离现场 → （工作终结）

113

两环网柜间电缆线路短时停电检修作业流程图

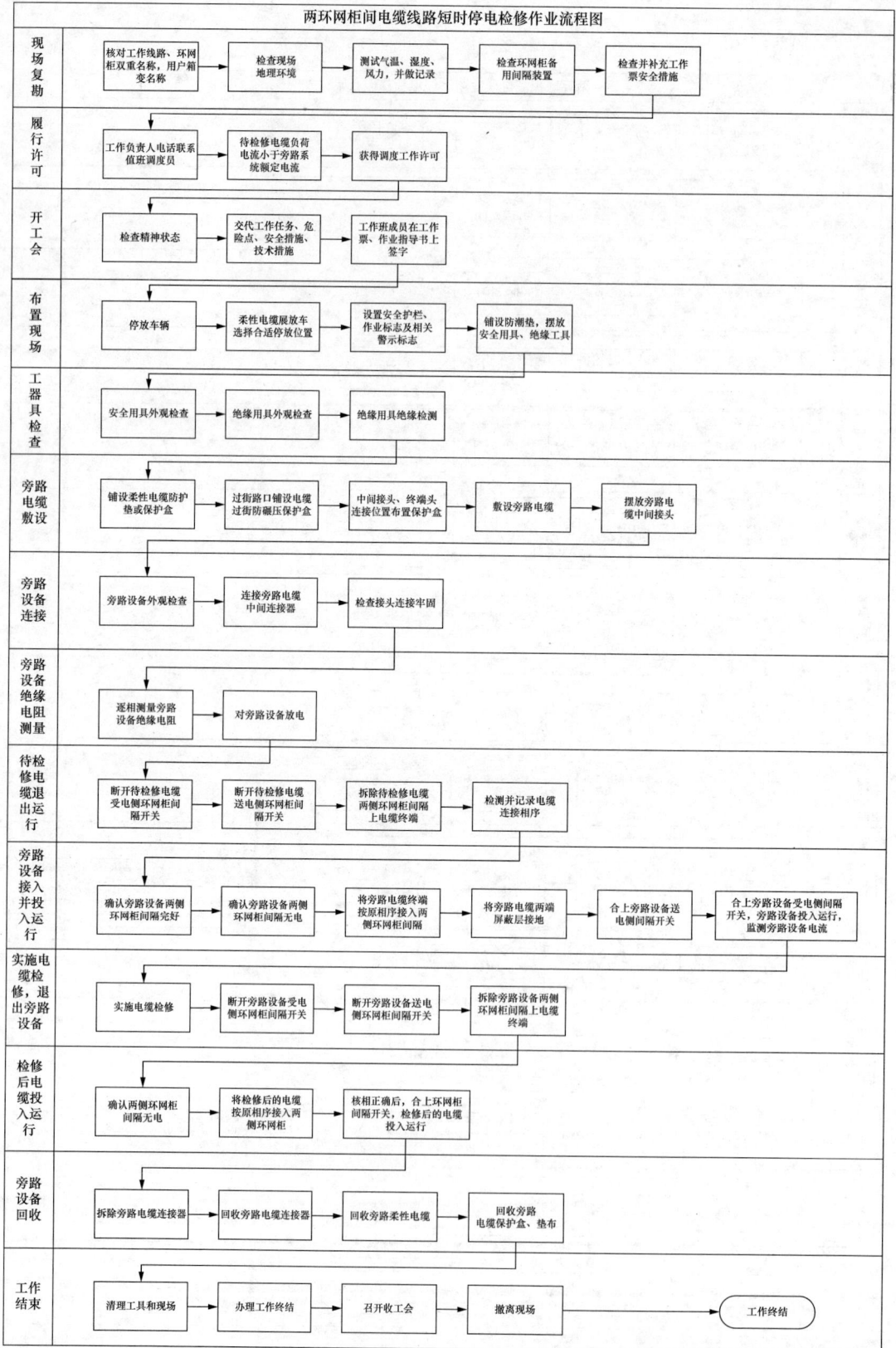

阶段	流程
现场复勘	核对工作线路、环网柜双重名称，用户箱变名称 → 检查现场地理环境 → 测试气温、湿度、风力，并做记录 → 检查环网柜备用间隔装置 → 检查并补充工作票安全措施
履行许可	工作负责人电话联系值班调度员 → 待检修电缆负荷电流小于旁路系统额定电流 → 获得调度工作许可
开工会	检查精神状态 → 交代工作任务、危险点、安全措施、技术措施 → 工作班成员在工作票、作业指导书上签字
布置现场	停放车辆 → 柔性电缆展放车选择合适停放位置 → 设置安全护栏、作业标志及相关警示标志 → 铺设防潮垫，摆放安全用具、绝缘工具
工器具检查	安全用具外观检查 → 绝缘用具外观检查 → 绝缘用具绝缘检测
旁路电缆敷设	铺设柔性电缆防护垫或保护盒 → 过街路口铺设电缆过街防碾压保护盒 → 中间接头、终端头连接位置布置保护盒 → 敷设旁路电缆 → 摆放旁路电缆中间接头
旁路设备连接	旁路设备外观检查 → 连接旁路电缆中间连接器 → 检查接头连接牢固
旁路设备绝缘电阻测量	逐相测量旁路设备绝缘电阻 → 对旁路设备放电
待检修电缆退出运行	断开待检修电缆受电侧环网柜间隔开关 → 断开待检修电缆送电侧环网柜间隔开关 → 拆除待检修电缆两侧环网柜间上电缆终端 → 检测并记录电缆连接相序
旁路设备接入并投入运行	确认旁路设备两侧环网柜间隔完好 → 确认旁路设备两侧环网柜间隔无电 → 将旁路电缆终端按原相序接入两侧环网柜间隔 → 将旁路电缆两端屏蔽层接地 → 合上旁路设备送电侧间隔开关 → 合上旁路设备受电侧间隔开关，旁路设备投入运行，监测旁路设备电流
实施电缆检修，退出旁路设备	实施电缆检修 → 断开旁路设备受电侧环网柜间隔开关 → 断开旁路设备送电侧环网柜间隔开关 → 拆除旁路设备两侧环网柜间隔上电缆终端
检修后电缆投入运行	确认两侧环网柜间隔无电 → 将检修后的电缆按原相序接入两侧环网柜 → 核相正确后，合上环网柜间隔开关，检修后的电缆投入运行
旁路设备回收	拆除旁路电缆连接器 → 回收旁路电缆连接器 → 回收旁路柔性电缆 → 回收旁路电缆保护盒、垫布
工作结束	清理工具和现场 → 办理工作终结 → 召开收工会 → 撤离现场 → （工作终结）

114

9 旁路法不停电检修两环网柜间的电缆线路作业项目关键步骤照片

作 业 内 容	照 片
设置围栏及警示标志，在防护垫布上敷设旁路电缆	
绑扎三相电缆	
设置旁路电缆过街保护盒	

作 业 内 容	照 片
连接旁路电缆	
设置接头保护盒	
合上旁路开关	

作 业 内 容	照 片
对旁路作业设备进行绝缘电阻检测	
对旁路作业设备放电	
断开旁路开关	

作 业 内 容	照 片
对备用间隔间隔验电	
将旁路电缆连接至两侧环网柜备用间隔,并将屏蔽层接地	
确认旁路开关处于断开位置后,合上旁路电缆两侧环网柜备用间隔开关	

作 业 内 容	照 片
在旁路开关处核相	
断开旁路电缆受电侧备用间隔	
合上旁路开关	

作 业 内 容	照 片
合上旁路电缆受电侧备用间隔开关	
检测旁路电缆分流情况	
断开待检修电缆两侧开关	

作 业 内 容	照 片
实施电缆线路的检修，将检修后的电缆接入两侧环网柜。 合上检修电缆送电侧间隔开关	
在受电侧对检修电缆接线进行核相	
核相正确后，合上检修电缆受电侧间隔开关	

作 业 内 容	照 片
检测分流情况	
断开旁路电缆受电侧备用间隔开关	
断开旁路负荷开关	

作 业 内 容	照 片
断开旁路电缆送电侧备用间隔开关	
拆除旁路电缆与环网柜连接的终端	
拆除旁路作业设备	

旁路法不停电（短时停电）检修环网柜

作业指导书

（范本）

1 适用范围

本作业指导书适用于旁路法不停电（短时停电）检修环网柜的工作。

2 引用文件

Q/GDW 249—2009	10kV 旁路作业设备技术条件
Q/GDW 519—2010	配电网运行规程
Q/GDW 520—2010	10kV 架空配电线路带电作业管理规范
Q/GDW 710—2012	10kV 电缆线路不停电作业技术导则
Q/GDW 1812—2012	10kV 旁路电缆连接器使用导则
国家电网安监〔2009〕664 号	国家电网公司电力安全工作规程（线路部分）

3 作业前准备

3.1 基本要求

序　号	内　容	标　准	备　注
1	现场勘查	1）现场工作总负责人应提前组织有关人员进行现场勘查，根据勘查结果做出能否进行不停电作业的判断，并确定作业方法及应采取的安全技术措施。 2）现场勘查包括下列内容：作业现场道路是否满足施工要求，能否停放旁路运输车、能够展放旁路柔性电缆。待检修线路两侧环网柜是否有备用间隔，备用间隔是否完好，以及存在的作业危险点等。 3）确认负荷电流小于 200A。超过 200A 应提前转移或减少负荷	
2	了解现场气象条件	了解现场气象条件，判断是否符合《安规》对带电作业的要求	
3	组织现场作业人员学习作业指导书	掌握整个操作程序，理解工作任务及操作中的危险点及控制措施	
4	工作票	办理电缆第一种工作票；办理倒闸操作票	

3.2 作业人员要求

序　号	内　容	备　注
1	作业人员应身体健康，无妨碍作业的生理和心理障碍	
2	作业人员经培训合格，持证上岗	
3	操作绝缘斗臂车的人员应经培训合格，持证上岗	
4	作业人员应掌握紧急救护法，特别要掌握触电急救方法	

3.3 工器具及车辆配备

序号	工器具名称		规格、型号	数量	备　注
1	主要作业车辆	旁路电缆展放车		1辆	根据现场输放电缆长度配置
		设备运输车		1辆	根据现场实际情况确定

序号	工器具名称		规格、型号	数量	备 注
2	绝缘防护用具	绝缘手套	10kV	1副	核相、倒闸操作用
		安全帽		若干	
3	绝缘操作工具	绝缘操作杆	10kV	1根	分、合旁路开关用
		绝缘放电杆及接地线		1根	旁路电缆试验以及使用以后放电用
4	旁路作业装备	旁路电缆	10kV	若干	根据现场实际长度配置
		快速插拔旁路电缆直通连接器	10kV	若干	根据现场实际情况确定
		快速插拔旁路电缆T型连接器	10kV	1套	
		旁路电缆接线保护盒		若干	根据现场实际情况确定
		旁路电缆终端	10kV	3套	与环网柜配套
		旁路负荷开关（选用）	10kV/200A	2台	短时停电作业，不采用旁路负荷开关；不停电作业，如果环网柜开关断口具备核相功能，可以不采用旁路负荷开关
		旁路负荷开关固定器		2套	
		旁路电缆防护盖板、防护垫布等		若干	地面敷设
5	个人工器具	钳子		2把	
		活络扳手		2把	
		电工刀		2把	
		螺丝刀		2把	
6	其他主要工器具	绝缘电阻检测仪	2500V 及以上	1台	
		验电器	10kV	2支	环网柜专用
		对讲机		3个	
		核相工具	10kV	1套	与旁路开关或环网柜配套使用
		围栏、安全警示牌等		若干	根据现场实际情况确定

3.4 危险点分析

序 号	内 容
1	专责监护人违章兼做其他工作或监护不到位，使作业人员失去监护
2	旁路作业现场未设专人负责指挥施工，作业现场混乱，安全措施不齐全
3	旁路电缆设备投运前未进行外观检查及绝缘性能检测，因设备损毁或有缺陷未及时发现造成人身、设备事故
4	敷设旁路电缆未设置防护措施及安全围栏，发生行人车辆踩压，造成电缆损伤
5	地面敷设电缆被重型车辆碾压，造成电缆损伤
6	旁路电缆屏蔽层未在环网柜或旁路负荷开关外壳等地方进行两点及以上接地，屏蔽层存在感应电压，造成人身伤害

序　号	内　容
7	三相旁路电缆未绑扎固定，电缆线路发生短路故障时发生摆动
8	环网柜开关误操作（间隔错误、顺序错误），造成设备发生相地、相间短路事故
9	敷设旁路作业设备时，旁路电缆、旁路电缆终端、旁路负荷开关的连接时未核对分相标志，导致接线错误
10	敷设旁路电缆方法错误，旁路电缆与地面摩擦，导致旁路电缆损坏
11	旁路电缆设备绝缘检测后，未进行整体放电或放电不完全，引发人身触电伤害
12	拆除旁路作业设备前未进行整体放电或放电不完全，引发人身触电伤害
13	旁路电缆敷设好后未按要求设置好保护盒
14	旁路作业前未检测确认待检修线路负荷电流，负荷电流大于200A造成旁路作业设备过载
15	旁路作业设备投入运行前，未进行核相或核相不正确造成短路事故
16	恢复原线路供电前，未进行核相或核相不正确造成短路事故
17	行车违反交通法规，引发交通事故，造成人员伤害

3.5 安全注意事项

序　号	内　容
1	专责监护人应履行监护职责，不得兼做其他工作，要选择便于监护的位置，监护的范围不得超过一个作业点
2	旁路作业现场应有专人负责指挥施工，多班组作业时应做好现场的组织、协调工作。作业人员应听从工作负责人指挥
3	作业现场及工具摆放位置周围应设置安全围栏、警示标志，防止行人及其他车辆进入作业现场
4	旁路开关应编号
5	操作之前应核对开关编号及状态
6	严格按照倒闸操作票进行操作，并执行唱票制
7	旁路系统连接好后，合上开关，进行绝缘电阻检测；测量完毕应进行放电，并断开旁路开关
8	敷设旁路电缆时应设围栏。在路口应采用过街保护盒或架空敷设
9	敷设旁路电缆时，须由多名作业人员配合使旁路电缆离开地面整体敷设，防止旁路电缆与地面摩擦。连接旁路电缆时，电缆连接器按规定要求涂绝缘脂
10	三相旁路电缆应分段绑扎固定
11	旁路作业设备使用前应进行外观检查并对组装好的高压旁路作业设备（旁路电缆、旁路电缆终端、旁路负荷开关等）进行绝缘电阻检测，合格后方可投入使用，旁路开关外壳应可靠接地
12	旁路作业设备的高压旁路电缆、旁路电缆终端、旁路负荷开关的连接应核对分相标志，保证相位色的一致
13	旁路电缆运行期间，应派专人看守、巡视，防止行人碰触。防止重型车辆碾压
14	拆除高压旁路作业设备前，应充分放电
15	旁路作业设备额定通流能力为200A，作业前需检测确认待检修线路负荷电流小于200A
16	高压旁路作业设备投入运行前，必须进行核相，确认相位正确
17	恢复原线路供电前，必须进行核相，确认相位正确方可实施
18	严格遵守交通法规，安全行车

3.6　人员组织

人 员 分 工	人 数	工 作 内 容
现场工作总负责人	1人	全面负责现场作业
小组工作负责人（兼监护人）	视现场工作班组数量	负责各小组作业安全，并履行工作监护
电缆不停电作业组	视现场工作情况	负责敷设及回收旁路电缆工作、负责电缆接头作业和核相工作
倒闸操作组	视现场工作情况	负责开关的倒闸操作

4　作业程序

4.1　现场复勘

序 号	内 容	备 注
1	确认电缆线路设备及周围环境满足作业条件	
2	确认现场气象条件满足作业要求	

4.2　作业内容及标准

序号	作业步骤	作 业 内 容	标 准	备注
1	开工	1）现场总工作负责人与调度值班员联系。 2）现场总工作负责人发布开始工作的命令	1）现场总工作负责人与调度值班员履行许可手续。 2）现场总工作负责人应分别向作业人员宣读工作票，布置工作任务、明确人员分工、作业程序、现场安全措施、进行危险点告知，并履行确认手续。 3）现场总工作负责人发布开始工作的命令	
2	检查	1）在作业现场设置安全围栏和警示标志。 2）作业人员检查周围环境。 3）检查绝缘工具、防护用具。 4）绝缘工具绝缘性能检测。 5）对旁路作业设备进行外观检查。 6）检查确认环网柜备用间隔设施完好。 7）检查确认待检修线路负荷电流小于200A	1）安全围栏和警示标志满足规定要求。 2）周围环境满足作业条件。 3）绝缘工具、防护用具性能完好，并在试验周期内。 4）使用绝缘电阻检测仪将绝缘工具进行分段绝缘检测。绝缘电阻阻值不低于 700MΩ。 5）检查旁路电缆的外护套是否有机械性损伤；旁路电缆连接部位是否有损伤；检查旁路负荷开关的外表面是否有机械性损伤；检查开关是否因气体压力低而引起闭锁。 6）确认环网柜备用间隔设施完好。 7）旁路作业设备额定通流能力为 200A，作业前需检测确认待检修线路负荷电流小于200A	

序号	作业步骤	作业内容	标准	备注
3	不停电作业施工	1）敷设旁路作业设备防护垫布。 2）敷设旁路防护盖板。 3）在待检修环网柜的送电侧、受电侧两台环网柜之间敷设旁路电缆。 4）在待检修环网柜与其分支环网柜之间敷设旁路电缆。 5）连接旁路电缆，采用T型连接器连接待检修环网柜两侧及分支侧之间的旁路电缆。 6）对旁路电缆进行分段绑扎固定。 7）分别在待检修环网柜的受电侧环网柜附近、分支侧环网柜附近设置旁路负荷开关。 8）连接旁路负荷开关。 9）确认各部位连接无误。 10）合上旁路负荷开关。 11）对整套旁路电缆设备进行绝缘检测并放电。 12）断开旁路负荷开关。 13）确认待检修环网柜的送电侧、受电侧、分支侧三台环网柜备用间隔均完好，且处于断开位置。 14）对备用间隔进行验电，确认无电。 15）将旁路电缆终端接入三台环网柜备用间隔，并将旁路电缆终端附近的屏蔽层可靠接地。 16）合上送电侧环网柜备用间隔开关。 17）合上受电侧环网柜备用间隔开关。 18）在受电侧旁路开关处核相，确认相位正确。 19）断开受电侧环网柜备用间隔开关。 20）合上受电侧旁路开关。 21）合上受电侧环网柜备用间隔开关。 22）测量受电侧旁路电缆分流情况。 23）合上分支侧环网柜备用间隔开关。 24）在分支侧旁路开关处核相，确认相位正确。 25）断开分支侧环网柜备用间隔开关。 26）合上分支侧旁路开关。 27）合上分支侧环网柜备用间隔开关。 28）测量分支侧旁路电缆分流情况。 29）拉开与待检修环网柜连接的电缆线路送电侧、受电侧、分支侧3台环网柜间隔开关。 30）进行环网柜的检修。 31）环网柜检修后，将电缆线路按原相位接入检修后的环网柜。 32）核相正确后，作业人员依次合上检修后环网柜送电侧、受电侧、分支侧3台环网柜间隔开关，检修环网柜恢复送电。 33）断开分支侧、受电侧环网柜备用间隔开关。 34）断开分支侧、受电侧旁路开关。 35）断开送电侧环网柜备用间隔开关。 36）确认旁路电缆两侧间隔开关处于断开状态，将旁路电缆终端拆除。 37）对旁路作业设备充分放电后，拆除整套旁路电缆设备	1）敷设旁路电缆时，须由多名作业人员配合使旁路电缆离开地面整体敷设，防止旁路电缆与地面摩擦。 2）连接旁路作业设备前，应对各接口进行清洁和润滑：用清洁纸或清洁布、无水乙醇或其他清洁剂清洁，确认绝缘表面无污物、灰尘、水分、损伤。在插拔界面均匀涂抹硅脂。 3）雨雪天气严禁组装旁路作业设备；组装完成的连接器允许在降雨（雪）条件下运行，但应确保旁路设备连接部位有可靠的防雨（雪）措施。 4）旁路负荷开关组装后，应使用专用接地线将旁路开关外壳接地。 5）旁路作业设备组装好后，应合上旁路开关，逐相进行绝缘电阻检测，绝缘电阻值不得小于 500MΩ，合格后方可投入使用。绝缘电阻检测后，旁路作业设备应充分放电。 6）旁路电缆运行期间，应派专人看守、巡视，防止行人碰触。 7）旁路电缆两端屏蔽层应采用截面不小于 25mm² 的导线接地。 8）旁路作业设备投入运行前，必须进行核相。 9）恢复原电缆线路供电前，必须进行核相，确认相位正确方可实施。 10）拆除旁路作业设备前，应充分放电。 11）旁路作业设备额定通流能力为 200A，作业前需检测确认待检修线路负荷电流小于 200A。 12）作业过程应监测旁路电缆电流，确保小于 200A	

序号	作业步骤	作 业 内 容	标　　准	备注
4	短时停电作业施工	1) 敷设旁路作业设备防护垫布。 2) 敷设旁路防护盖板。 3) 在待检修环网柜两侧的环网柜之间敷设旁路电缆。 4) 在待检修环网柜与其分支环网柜之间敷设旁路电缆。 5) 连接旁路电缆，采用 T 型连接器连接待检修环网柜两侧及分支之间的旁路电缆。 6) 对旁路电缆进行分段绑扎固定。 7) 确认各部位连接无误。 8) 对整套旁路电缆设备进行检测绝缘并放电。 9) 断开与待检修环网柜连接的受电侧、分支侧、送电侧三台环网柜间隔开关。 10) 拆除与待检修环网柜连接的受电侧、分支侧、送电侧三台环网柜间隔开关上的电缆终端，检测并记录待检修电缆连接相序。 11) 将旁路电缆按原相序接入受电侧、分支侧、送电侧三台环网柜间隔开关。 12) 分别合上送电侧、受电侧、分支侧隔开关，旁路系统投入运行。 13) 完成环网柜的检修。 14) 断开旁路电缆连接的送电侧、受电侧、分支侧隔开关，旁路电缆退出运行。 15) 作业人员确认环网间隔开关处于接地位置，将旁路电缆终端拆除。 16) 对备用间隔进行验电，确认无电。 17) 将电缆线路按原相序接入检修后的环网柜间隔。 18) 将电缆线路按原相序接入送电侧、受电侧、分支侧环网柜间隔开关。 19) 依次合上送电侧、受电侧、分支侧环网柜间隔开关，电缆线路恢复送电。 20) 对旁路作业设备充分放电后，拆除整套旁路电缆设备	1) 敷设旁路电缆时，须由多名作业人员配合使旁路电缆离开地面整体敷设，防止旁路电缆与地面摩擦。 2) 连接旁路作业设备前，应对各接口进行清洁和润滑：用不起毛的清洁纸或清洁布、无水乙醇或其他电缆清洁剂清洁；确认绝缘表面无污物、灰尘、水分、损伤。在插拔界面均匀涂抹硅脂。 3) 雨雪天气严禁组装旁路作业设备；组装完成的连接器允许在降雨（雪）条件下运行，但应确保旁路设备连接部位有可靠的防雨（雪）措施。 4) 旁路作业设备组装好后，逐相进行绝缘电阻检测，绝缘电阻值不得小于 $500M\Omega$，合格后方可投入使用。绝缘电阻检测后，旁路作业设备应充分放电。 5) 旁路电缆运行期间，应派专人看守、巡视，防止行人碰触。 6) 旁路作业设备应按原相序接入。 7) 检修完后，电缆线路应按原相序接入。 8) 旁路电缆两端屏蔽层应采用截面不小于 $25mm^2$ 的导线接地。 9) 拆除旁路作业设备前，应充分放电。 10) 旁路作业设备额定通流能力为 200A，作业前需检测确认待检修线路负荷电流小于 200A。 11) 作业过程应监测旁路电缆电流，确保其小于 200A	
5	施工质量检查	现场总工作负责人检查作业质量	全面检查作业质量，无遗漏的工具、材料等	
6	完工	现场总工作负责人检查工作现场	现场总工作负责人全面检查工作完成情况	

4.3 竣工

序　　号	内　　容
1	现场总工作负责人全面检查工作完成情况无误后，组织清理现场及工具
2	通知值班调度员，工作结束
3	终结工作票

5 验收总结

序　　号	验收总结
1	验收评价
2	存在问题及处理意见

6 指导书执行情况评估

评估内容	符合性	优		可操作项	
		良		不可操作项	
	可操作性	优		修改项	
		良		遗漏项	
存在问题					
改进意见					

7 设备示意图（见图1、图2）

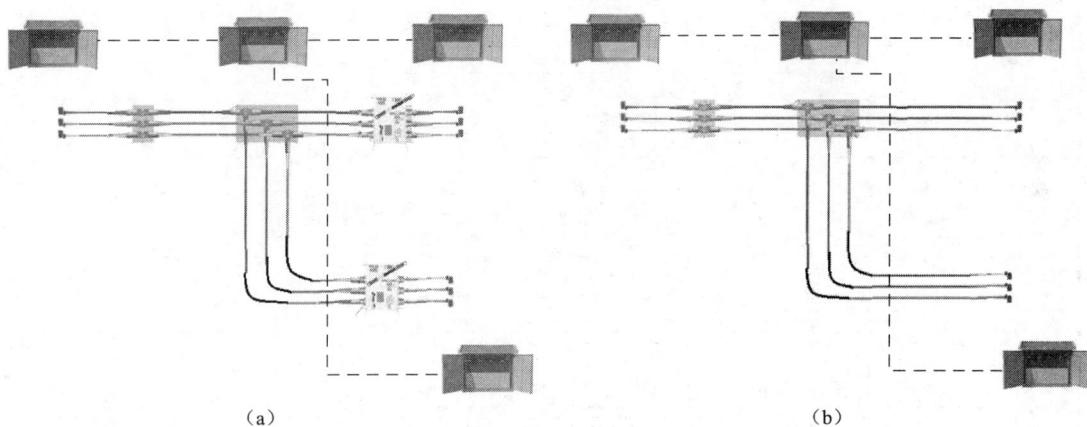

（a）　　　　　　　　　　　　　　　　（b）

图1　不停电检修环网柜作业

（a）待检修环网柜的送电侧、受电侧、分支侧的环网柜均有备用间隔，且环网柜开关断开两侧不具核相功能；

（b）待检修环网柜的送电侧、受电侧、分支侧的环网柜均有备用间隔，且环网柜开关断口两侧具备核相功能

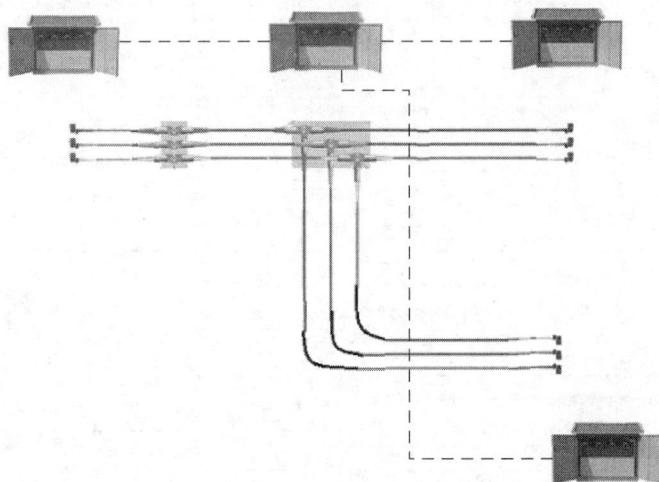

图2　短时停电检修环网柜作业

注：待检修环网柜的送电侧、受电侧、分支侧的三台环网柜没有备用间隔。

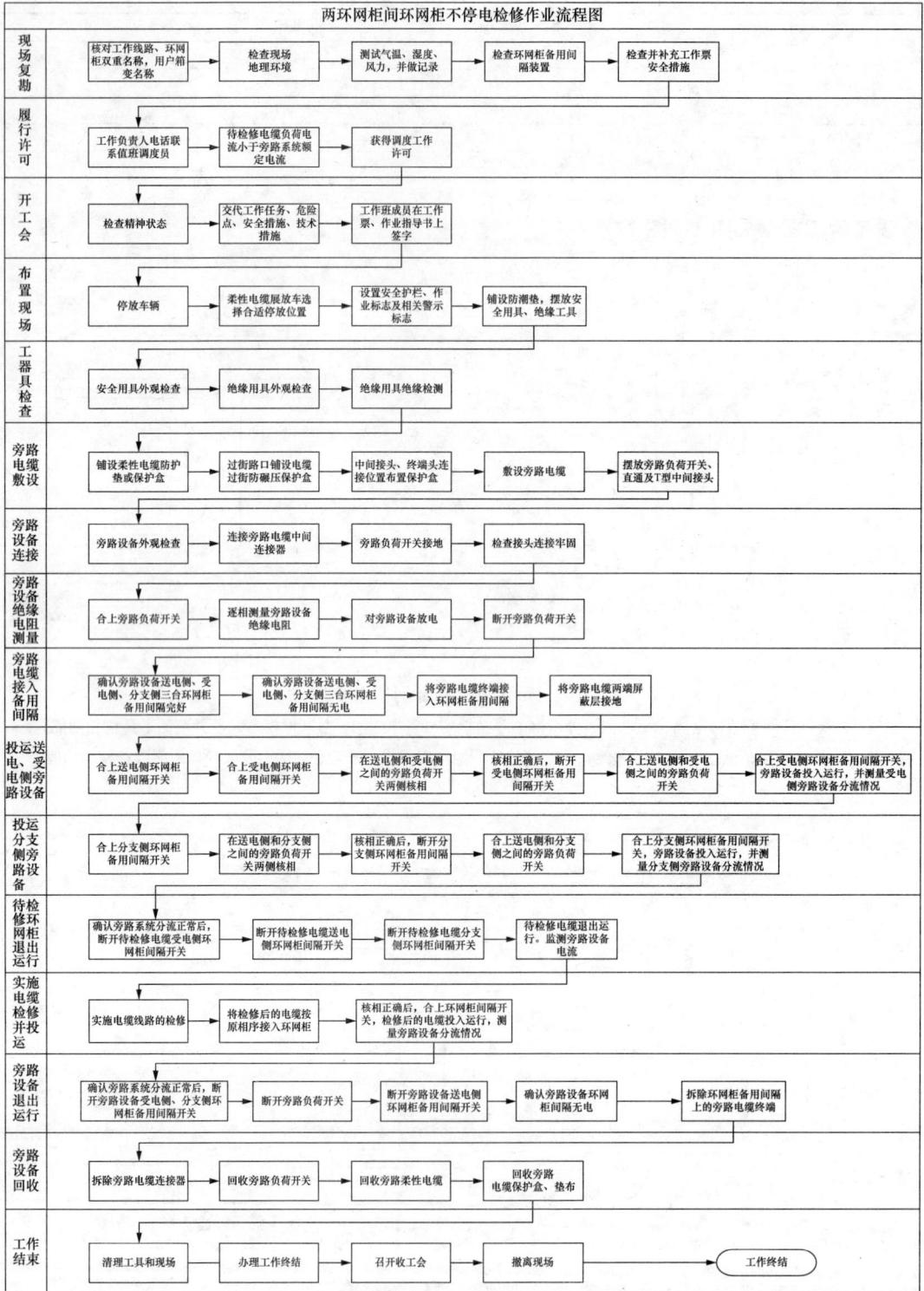

8 作业流程图

	两环网柜间环网柜不停电检修作业流程图				
现场复勘	核对工作线路、环网柜双重名称，用户箱变名称	检查现场地理环境	测试气温、湿度、风力，并做记录	检查环网柜备用间隔装置	检查并补充工作票安全措施
履行许可	工作负责人电话联系值班调度员	待检修电缆负荷电流小于旁路系统额定电流	获得调度工作许可		
开工会	检查精神状态	交代工作任务、危险点、安全措施、技术措施	工作班成员在工作票、作业指导书上签字		
布置现场	停放车辆	柔性电缆展放车选择合适停放位置	设置安全护栏、作业标志及相关警示标志	铺设防潮垫，摆放安全用具、绝缘工具	
工器具检查	安全用具外观检查	绝缘用具外观检查	绝缘用具绝缘检测		
旁路电缆敷设	铺设柔性电缆防护垫或保护盒	过街路口铺设电缆过街防碾压保护盒	中间接头、终端头连接位置布置保护盒	敷设旁路电缆	摆放旁路负荷开关、直通及T型中间接头
旁路设备连接	旁路设备外观检查	连接旁路电缆中间连接器	旁路负荷开关接地	检查接头连接牢固	
旁路设备绝缘电阻测量	合上旁路负荷开关	逐相测量旁路设备绝缘电阻	对旁路设备放电	断开旁路负荷开关	
旁路电缆接入备用间隔	确认旁路设备送电侧、受电侧、分支侧三台环网柜备用间隔完好	确认旁路设备送电侧、受电侧、分支侧三台环网柜备用间隔无电	将旁路电缆终端接入环网柜备用间隔	将旁路电缆两端屏蔽层接地	
投运送电、受电侧旁路设备	合上送电侧环网柜备用间隔开关	合上受电侧环网柜备用间隔开关	在送电侧和受电侧之间的旁路负荷开关两侧核相	核相正确后，断开受电侧环网柜备用间隔开关	合上送电侧和受电侧之间的旁路负荷开关
					合上受电侧环网柜备用间隔开关，旁路设备投入运行，并测量受电侧旁路设备分流情况
投运分支侧旁路设备	合上分支侧环网柜备用间隔开关	在送电侧和分支侧之间的旁路负荷开关两侧核相	核相正确后，断开分支侧环网柜备用间隔开关	合上送电侧和分支侧之间的旁路负荷开关	合上分支侧环网柜备用间隔开关，旁路设备投入运行，并测量分支侧旁路设备分流情况
待检修环网柜退出运行	确认旁路系统分流正常后，断开待检修电缆受电侧环网柜间隔开关	断开待检修电缆送电侧环网柜间隔开关	断开待检修电缆分支侧环网柜间隔开关	待检修电缆退出运行。监测旁路设备电流	
实施电缆检修并投运	实施电缆线路的检修	将检修后的电缆按原相序接入环网柜	核相正确后，合上环网柜间隔开关，检修后的电缆投入运行，测量旁路设备分流情况		
旁路设备退出运行	确认旁路系统分流正常后，断开旁路设备受电侧、分支侧环网柜备用间隔开关	断开旁路负荷开关	断开旁路设备送电侧环网柜备用间隔开关	确认旁路设备环网柜间隔无电	拆除环网柜备用间隔上的旁路电缆终端
旁路设备回收	拆除旁路电缆连接器	回收旁路负荷开关	回收旁路柔性电缆	回收旁路电缆保护盒、垫布	
工作结束	清理工具和现场	办理工作终结	召开收工会	撤离现场	工作终结

132

两环网柜间环网柜短时停电检修作业流程图

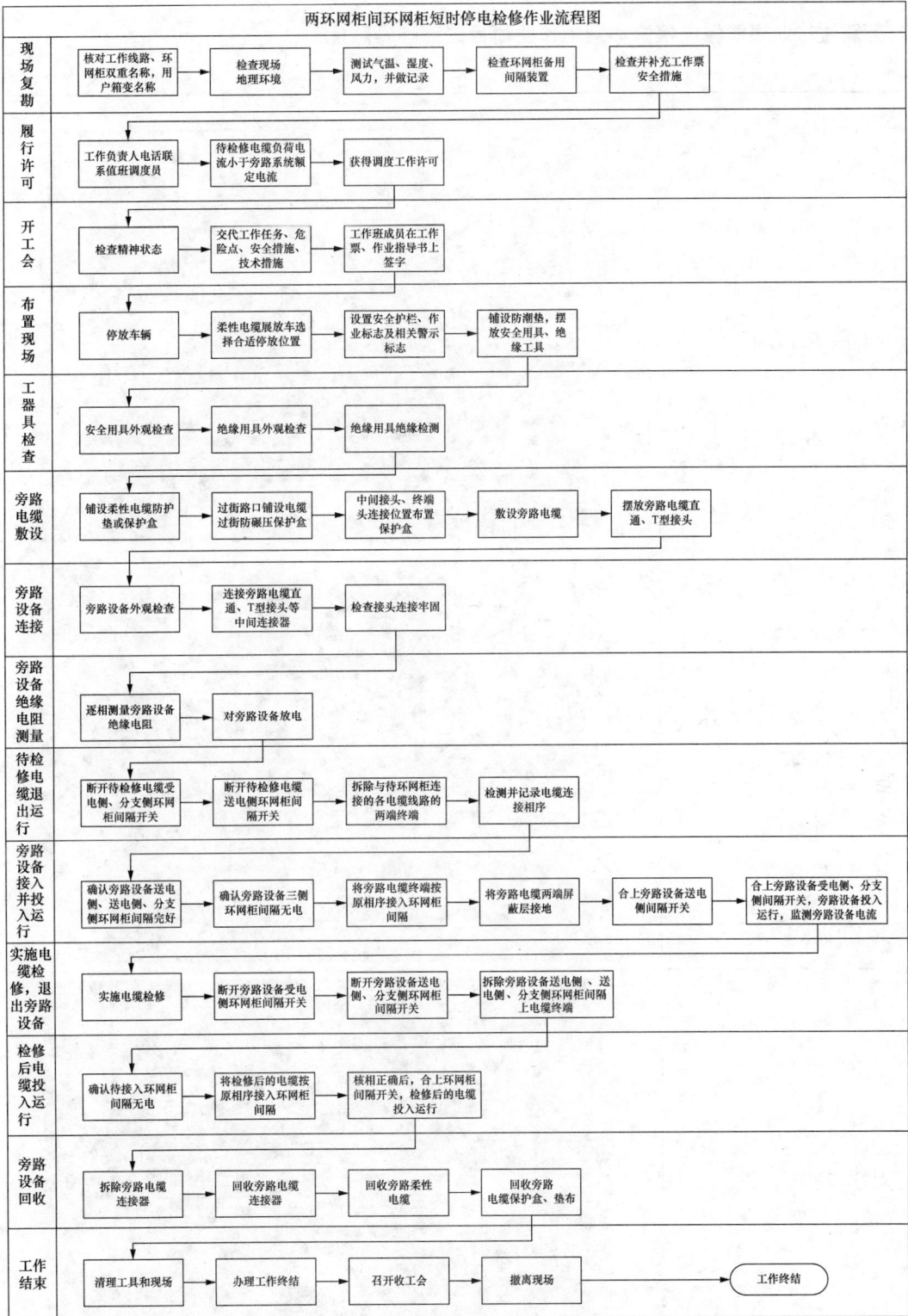

阶段	流程步骤
现场复勘	核对工作线路、环网柜双重名称，用户箱变名称 → 检查现场地理环境 → 测试气温、湿度、风力，并做记录 → 检查环网柜备用间隔装置 → 检查并补充工作票安全措施
履行许可	工作负责人电话联系值班调度员 → 待检修电缆负荷电流小于旁路系统额定电流 → 获得调度工作许可
开工会	检查精神状态 → 交代工作任务、危险点、安全措施、技术措施 → 工作班成员在工作票、作业指导书上签字
布置现场	停放车辆 → 柔性电缆展放车选择合适停放位置 → 设置安全护栏、作业标志及相关警示标志 → 铺设防潮垫，摆放安全用具、绝缘工具
工器具检查	安全用具外观检查 → 绝缘用具外观检查 → 绝缘用具绝缘检测
旁路电缆敷设	铺设柔性电缆防护垫或保护盒 → 过街路口铺设电缆过街防碾压保护盒 → 中间接头、终端头连接位置布置保护盒 → 敷设旁路电缆 → 摆放旁路电缆直通、T型接头
旁路设备连接	旁路设备外观检查 → 连接旁路电缆直通、T型接头等中间连接器 → 检查接头连接牢固
旁路设备绝缘电阻测量	逐相测量旁路设备绝缘电阻 → 对旁路设备放电
待检修电缆退出运行	断开待检修电缆受电侧、分支侧环网柜间隔开关 → 断开待检修电缆送电侧环网柜间隔开关 → 拆除与待检修网柜连接的各电缆线路的两端终端 → 检测并记录电缆连接相序
旁路设备接入并投入运行	确认旁路设备送电侧、受电侧、分支侧环网柜间隔完好 → 确认旁路设备三侧环网柜间隔无电 → 将旁路电缆终端按原相序接入环网柜间隔 → 将旁路电缆两端屏蔽层接地 → 合上旁路设备送电侧间隔开关 → 合上旁路设备受电侧、分支侧间隔开关，旁路设备投入运行，监测旁路设备电流
实施电缆检修，退出旁路设备	实施电缆检修 → 断开旁路设备受电侧环网柜间隔开关 → 断开旁路设备送电侧、分支侧环网柜间隔开关 → 拆除旁路设备送电侧、送电侧、分支侧环网柜间隔上电缆终端
检修后电缆投入运行	确认待接入环网柜间隔无电 → 将检修后的电缆按原相序接入环网柜间隔 → 核相正确后，合上环网柜间隔开关，检修后的电缆投入运行
旁路设备回收	拆除旁路电缆连接器 → 回收旁路电缆连接器 → 回收旁路柔性电缆 → 回收旁路电缆保护盒、垫布
工作结束	清理工具和现场 → 办理工作终结 → 召开收工会 → 撤离现场 → （工作终结）

9 旁路法作业短时停电检修环网柜作业项目关键步骤照片

作 业 内 容	照　　片
设置围栏及警示标志	
敷设旁路电缆	
设置过街保护盒	

作 业 内 容	照　片
连接快速插拔旁路电缆 T 型连接器	
对旁路作业设备进行绝缘电阻检测	
对旁路作业设备进行放电	

作 业 内 容	照　片
断开待检修环网柜两侧开关	
拆除待检修环网柜进线及出线电缆终端，并记录相序	
对待接入旁路电缆的间隔进行验电	

作 业 内 容	照 片
将旁路电缆进行核相，并连接至环网柜，并将屏蔽层接地	
合上环网柜间隔开关	
监测负荷电流	

作 业 内 容	照 片
完成环网柜检修后，断开旁路电缆接入间隔开关	
拆除旁路电缆终端	
对待接入电缆的间隔进行验电	

作 业 内 容	照 片
对检修后的环网柜的进线及出线电缆按原相序接入两侧环网柜间隔	
合上检修环网柜开关，恢复送电	

从架空线路临时取电给环网柜（移动箱变）供电
作业指导书
（范本）

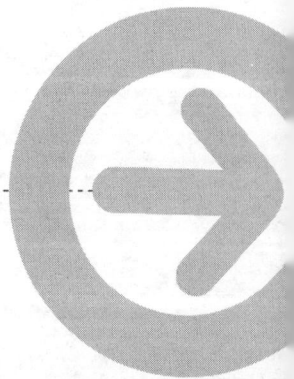

1 适用范围

适用于从架空线路临时取电给环网柜（移动箱变）供电作业。

给环网柜供电主要是从运行线路取电给故障或计划停电的线路供电；给移动箱变供电主要是为低压用户供电。

2 编制依据

Q/GDW 249—2009	10kV 旁路作业设备技术条件
Q/GDW 519—2010	配电网运行规程
Q/GDW 520—2010	10kV 架空配电线路带电作业管理规范
Q/GDW 710—2012	10kV 电缆线路不停电作业技术导则
Q/GDW 1812—2012	10kV 旁路电缆连接器使用导则
国家电网安监〔2009〕664 号	国家电网公司电力安全工作规程（线路部分）

3 作业前准备

3.1 准备工作安排

序　号	内　容	标　准	备　注
1	现场勘察	1）现场工作总负责人应提前组织有关人员进行现场勘察，根据勘察结果做出能否进行不停电作业的判断，并确定作业方法及应采取的安全技术措施。 2）本项目须停用线路重合闸，需履行申请手续。 3）现场勘查包括下列内容：线路运行方式、杆线状况、设备交叉跨越状况、作业现场道路是否满足施工要求能否停放斗臂车，旁路运输车、展放旁路柔性电缆。环网柜间隔是否完好，以及存在的作业危险点等。 4）确认负荷电流小于 200A。超过 200A 应提前转移或减少负荷	
2	了解现场气象条件	了解现场气象条件，判断是否符合《安规》对带电作业的要求	
3	组织现场作业人员学习作业指导书	掌握整个操作程序，理解工作任务和操作中的危险点及控制措施	
4	工作牌	办理带电作业工作票；办理电缆第一种工作票；办理倒闸操作票	

3.2 人员要求

序　号	内　容	备　注
1	作业人员应身体健康，无妨碍作业的生理和心理障碍	
2	作业人员经培训合格，持证上岗	
3	操作绝缘斗臂车的人员应经培训合格，持证上岗	
4	作业人员应掌握紧急救护法，特别要掌握触电急救方法	

3.3 工器具

序号	分类	工具名称	规格、型号	数量	备注
1	主要作业车辆	绝缘斗臂车		1辆	
		移动箱变车		1辆	临时取电给移动箱变供电作业用
		旁路电缆展放车		1辆	
		设备运输车		1辆	
2	绝缘防护用具	绝缘手套	10kV	2副	
		防护手套		2副	
		绝缘服（袖套、披肩）	10kV	2副	
		绝缘鞋（靴）	10kV	2双	
		护目镜		2副	
		安全带		1副	登杆用
		安全带		2副	斗内电工用
		绝缘安全帽	10kV	2顶	
		普通安全帽		若干	
		脚扣		1副	
3	绝缘遮蔽用具	绝缘毯	10kV	6块	
		导线遮蔽罩	10kV	6个	
		绝缘毯夹		10个	
4	绝缘操作工具	绝缘导线剥皮器		1个	
		绝缘操作杆	10kV	1副	分、合旁路开关用
		绝缘放电杆及接地线		1副	
5	个人工器具	钳子		2把	
		活络扳手		2把	
		电工刀		2把	
		螺丝刀		2把	
6	辅助工具	对讲机		4个	
		防潮垫或毡布		2块	
		安全警示带（牌）		10套	
		斗外工具箱		1个	
		绝缘S钩		1个	
		斗外工具袋		1个	
		绝缘绳		9条	
7	旁路作业设备	旁路电缆	10kV	若干	与架空线和环网柜连接
		旁路电缆终端	10kV	若干	
		旁路电缆连接器	10kV	若干	
		旁路负荷开关	10kV/200A	1台	
		旁路负荷开关固定器		1个	
		余缆杆上支架		1个	
		旁路电缆保护盒		若干	
		旁路电缆连接器保护盒		若干	
		绑扎绳		若干	
		绝缘自粘带		若干	
8	仪器仪表	钳形电流表		1块	
		核相仪		1块	
		绝缘电阻测试仪	2500V及以上	1台	
		温/湿度仪		1块	
		风速仪		1块	
		验电器	10kV	1支	

3.4 危险点分析

序　号	内　容
1	带电作业专责监护人违章兼做其他工作或监护不到位，使作业人员失去监护
2	作业现场未设专人负责指挥施工，作业现场混乱，安全措施不齐全
3	旁路电缆设备投运前未进行外观检查及绝缘性能检测，因设备损伤或有缺陷未及时发现造成人身、设备事故
4	起吊开关前未效验斗臂车荷载，造成起斗臂车倾覆或损坏
5	开关起吊吊绳未挂牢、开关安装不牢固，造成开关坠落
6	带电作业人员穿戴防护用具不规范，造成触电伤害
7	作业人员未按规定进行绝缘遮蔽或遮蔽不严密，造成触电伤害
8	断、接旁路电缆引线时，引线脱落造成接地或相间短路事故
9	敷设旁路电缆未设置防护措施及安全围栏，发生行人车辆踩压，造成电缆损伤
10	地面敷设电缆被重型车辆碾压，造成电缆损伤
11	旁路电缆屏蔽层未在环网柜或旁路负荷开关外壳等地方进行两点及以上接地，屏蔽层存在感应电压，造成人身伤害
12	三相旁路电缆未绑扎固定，电缆线路发生短路故障时发生摆动
13	环网柜开关误操作（间隔错误、顺序错误），造成设备发生相地、相间短路事故
14	敷设旁路作业设备时，旁路电缆、旁路电缆连接器、旁路负荷开关的连接时未核对分相标志，导致接线错误
15	敷设旁路电缆方法错误，旁路电缆与地面摩擦，导致旁路电缆损坏
16	旁路电缆设备绝缘检测后，未进行整体放电或放电不完全，引发人身触电伤害
17	拆除旁路作业设备前未进行整体放电或放电不完全，引发人身触电伤害
18	旁路电缆敷设好后未按要求设置好保护盒
19	高空落物，造成人员伤害。斗内作业人员不系安全带，造成高空坠落
20	仪表与带电设备未保持安全距离造成工作人员触电伤害
21	旁路作业前未检测确认待检修线路负荷电流，负荷电流大于200A造成设备过载
22	旁路作业设备投入运行前，未进行核相造成短路事故
23	恢复原线路供电前，未进行核相造成短路事故
24	行车违反交通法规，引发交通事故，造成人员伤害

3.5 安全措施

序　号	内　容
1	专责监护人应履行监护职责，不得兼做其他工作，要选择便于监护的位置，监护的范围不得超过一个作业点
2	旁路作业现场应有专人负责指挥施工，多班组作业时应做好现场的组织、协调工作。作业人员应听从工作负责人指挥
3	作业现场及工具摆放位置周围应设置安全围栏、警示标志，防止行人及其他车辆进入作业现场

序 号	内 容
4	根据地形地貌和作业项目，将斗臂车定位于合适的作业位置。不得在坡度大于5°的路面上操作斗臂车。支腿应支在硬实路面上，不平整地面应铺垫专用支腿垫板，避免将支腿置于沟槽边缘，盖板之上，防止斗臂车在使用中侧翻
5	绝缘斗臂车在使用前应空斗试操作，确认各系统工作正常，制动装置可靠，车体良好接地。工作臂下有人时，不得操作斗臂车。工作臂升降回转的路径，应避开临近的电力线路、通信线路、树木及其他障碍物
6	起吊开关前校验是否满足斗臂车起吊荷载，检查各部件连接是否可靠；如使用吊车起吊开关，吊索起吊范围内应对带电体进行双重绝缘遮蔽，车体应良好接地。开关安装好后应检查是否牢固可靠在拆除开关起吊绳
7	带电作业过程中，作业人员应始终穿戴齐全防护用具。保持人体与邻相带电体及接地体的安全距离
8	应对作业范围内的带电体和接地体等所有设备进行遮蔽
9	绝缘导线应进行遮蔽
10	对不规则带电部件和接地部件采用绝缘毯进行绝缘遮蔽，并可靠固定，搭接的遮蔽用具其重叠部分不小于15cm
11	在带电作业过程中如设备突然停电，作业人员应视设备仍然带电。作业过程中绝缘工具金属部分应与接地体保持足够的安全距离
12	敷设旁路电缆时，须由多名作业人员配合使旁路电缆离开地面整体敷设，防止旁路电缆与地面摩擦。旁路电缆连接器应按规定要求涂绝缘硅脂
13	断、接旁路电缆引线时，要保持带电体与人体、邻相及接地体的安全距离
14	旁路开关应编号
15	操作之前应核对开关编号及状态
16	严格按照倒闸操作票进行操作，并执行唱票制
17	旁路系统连接好后，合上开关，进行绝缘电阻检测；测量完毕后应进行放电，并断开旁路开关
18	敷设旁路电缆时应设围栏。在路口应采用过街保护盒或架空敷设
19	三相旁路电缆应分段绑扎固定
20	旁路作业设备使用前应进行外观检查并对组装好的旁路作业设备（旁路电缆、旁路电缆连接器、旁路负荷开关等）进行绝缘电阻检测，合格后方可投入使用，旁路开关外壳应可靠接地
21	旁路作业设备的旁路电缆、旁路电缆连接器、旁路负荷开关的连接应核对分相标志，保证相位色的一致
22	旁路电缆运行期间，应派专人看守、巡视，防止行人碰触。防止重型车辆碾压
23	拆除旁路作业设备前，应充分放电
24	上下传递物品必须使用绝缘绳索，严禁高空抛物。尺寸较长的部件，应用绝缘传递绳捆扎牢固后传递。工作过程中，工作点下方禁止站人。斗内作业人员应系好安全带，传递绝工具时，应一件一件地分别传递
25	旁路作业设备额定通流电流为200A，作业前需检测确认待检修线路负荷电流不大于200A
26	旁路作业设备投入运行前，必须进行核相，确认相位正确
27	恢复原线路供电前，必须进行核相，确认相位正确方可实施
28	严格遵守交通规，安全行车

3.6 作业分工

序 号	作 业 人 员	人 数	作 业 内 容
1	现场总工作负责人	1人	全面负责现场作业
2	小组工作负责人（兼监护人）	视现场工作班组数量	负责各小组作业安全，并履行工作监护
3	带电作业工作组	视现场工作情况	负责带电断、接旁路电缆与架空线连接引线、安装柱上旁路开关工作
4	电缆不停电作业组	视现场工作情况	负责敷设及回收旁路电缆工作、负责电缆接头作业和核相工作
5	倒闸操作组	视现场工作情况	负责开关的倒闸操作

4 作业程序

4.1 现场复勘

序 号	内 容	备 注
1	确认电缆及架空线路设备及周围环境满足作业条件	
2	确认现场气象条件满足作业要求	

4.2 作业内容及标准

序号	作业步骤	作 业 内 容	标 准	备注
1	开工	1）现场工作总负责人与调度值班员联系。 2）现场工作总负责人发布开始工作的命令	1）现场工作总负责人与调度值班员履行许可手续，确认重合闸已停用。 2）现场工作总负责人应分别向作业人员宣读工作票，布置工作任务、明确人员分工、作业程序、现场安全措施、进行危险点告知，并履行确认手续。 3）现场工作总负责人发布开始工作的命令	
2	检查	1）在作业现场设置安全围栏和警示标志。 2）作业人员检查电杆、拉线及周围环境。 3）检查绝缘工具、防护用具。 4）绝缘工具绝缘性能检测。 5）对旁路作业设备进行外观检查。 6）检查确认待取电环网柜间隔设施完好。 7）检查确认待检修线路负荷电流小于200A	1）安全围栏和警示标志满足规定要求。 2）电杆、拉线基础完好，拉线无腐蚀情况，线路设备及周围环境满足作业条件。 3）绝缘工具、防护用具性能完好，并在试验周期内。 4）使用绝缘电阻检测仪将绝缘工具进行分段绝缘检测。绝缘电阻阻值不低于700MΩ。 5）检查旁路电缆的护套是否有机械性损伤；电缆接头与电缆的连接部位是否有折断现象；检查电缆接头绝缘表面是否有损伤；检查开关的外表面是否有机械性损伤。 6）确认环网柜间隔设施完好。 7）旁路作业设备额定通流电流为200A，作业前需检测确认待接入线路负荷电流不大于200A	

序号	作业步骤	作 业 内 容	标　　准	备注
3	操作绝缘斗臂车	1) 绝缘斗臂车进入工作现场，定位于合适的工作位置并装好接地线。如使用吊车起吊开关，吊车进入工作现场，定位于最佳工作位置并装好接地线。 2) 操作绝缘斗臂车空斗试操作，确认液压传动、回转、升降、伸缩系统工作正常、操作灵活，制动装置可靠。 3) 斗内电工穿戴好安全防护用具，经带电作业工作负责人检查无误后，进入工作斗。 4) 升起工作斗，定位到便于作业的位置	1) 根据地形、地貌和作业项目，将斗臂车定位于合适的作业位置。 2) 装好（车用）接地线。 3) 打开斗臂车的警示灯，斗臂车前后应设置警示标识。 4) 不得在坡度大于 5° 的路面上操作斗臂车。 5) 操作取力器前，应检查各个开关及操作杆应在中位或在 OFF（关）的位置。 6) 在寒冷的天气，使用前应先使液压系统加温，低速运转不小于 5min。 7) 支腿应支在硬实路面上，在不平整地面，应铺垫专用支腿垫板。 8) 支起支腿时，应按照从前到后的顺序进行，使支腿可靠支撑，轮胎不承载，车身水平。 9) 松开上臂绑带，选定工作臂的升降回转路径进行空斗试操作，应避免临近的电力线路、通信线路、树木及其他障碍物。 10) 斗内电工穿戴全套安全防护用具，经带电作业工作负责人检查合格后携带遮蔽用具和作业工具进入工作斗，系好安全带。 11) 工作臂下有人时，不得操作斗臂车。 12) 绝缘斗的起升、下降操作应平稳，升降速度应不大于 0.5m/s；回转时，绝缘斗外缘的线速度应不大于 0.5m/s	
4	绝缘遮蔽	绝缘斗臂车斗内电工对作业范围内的所有带电体和接地体进行绝缘遮蔽	1) 在接近带电体过程中，应使用验电器从下方依次验电。 2) 对带电体设置绝缘遮蔽时，按照从近到远的原则，从离身体最近的带电体依次设置；对上下多回分布的带电导线设置遮蔽用具时，应按照从下到上的原则，从下层导线开始依次向上层设置；对导线、绝缘子、横担的设置次序是按照从带电体到接地体的原则，先放导线遮蔽罩，再放绝缘子遮蔽罩，然后对横担进行遮蔽。 3) 使用绝缘毯时应用绝缘夹夹紧，防止脱落。搭接的遮蔽用具其重叠部分不得小于 15cm。 4) 对在工作斗升降中可能触及范围内的低压带电部件也需进行遮蔽	
5	从架空线路临时取电给环网柜供电作业	1) 敷设旁路作业设备防护垫布。 2) 敷设旁路防护盖板。 3) 敷设旁路电缆。 4) 斗内电工、杆上电工相互配合，斗内电工升起工作斗定位于安装旁路开关位置，在杆上电工配合下安装旁路开关及余缆工具，旁路开关外壳应良好接地。 5) 将与架空线连接的旁路电缆及终端固定在电杆上。 6) 连接旁路电缆并进行分段绑扎固定。	1) 敷设旁路电缆时，须由多名作业人员配合使旁路电缆离开地面整体敷设，防止旁路电缆与地面摩擦。 2) 连接旁路作业设备前，应对各接口进行清洁和润滑：用清洁纸或清洁布、无水乙醇或其他清洁剂清洁；确认绝缘表面无污物、灰尘、水分、损伤。在插拔界面均匀涂抹硅脂。 3) 雨雪天气严禁组装旁路作业设备；组装完成的连接器允许在降雨（雪）条件下运行，但应确保旁路设备连接部位有可靠的防雨（雪）措施。	

序号	作业步骤	作 业 内 容	标 准	备注
5	从架空线路临时取电给环网柜供电作业	7）将环网柜侧的旁路电缆终端与旁路负荷开关连接好。 8）斗内电工、杆上电工相互配合将旁路电缆与旁路开关连接好，将剩余电缆可靠固定在余缆工具上，杆上电工返回地面。 9）工作完成检查各部位连接无误，将已安装的旁路电缆首、末终端分别置于悬空位置，斗内电工合上旁路开关。 10）使用绝缘电阻检测仪对组装好的旁路作业设备进行绝缘电阻检测。 11）绝缘电阻检测完毕，将旁路电缆分相可靠接地充分放电后，将旁路开关断开。 12）确认待取电的环网柜进线间隔开关与电源侧断开。 13）验电后，将旁路电缆终端按照原系统相位安装到环网柜进线间隔上，并将旁路电缆的屏蔽层接地。 14）斗内电工经带电作业工作负责人同意，按相位依次将旁路开关电源侧旁路电缆终端与架空导线连接好返回地面。 15）合上旁路负荷开关，并锁死保险环。 16）合上取电环网柜进线间隔开关，完成取电工作。 17）临时取电给环网柜工作完成后，断开取电环网柜进线间隔开关。 18）断开旁路负荷开关。 19）斗内电工经带电作业工作负责人同意，确认旁路开关断开后，拆除旁路开关电源侧旁路电缆终端与架空导线的连接，并恢复导线绝缘。 20）合上旁路负荷开关对旁路电缆可靠接地充分放电后，拆除环网柜进线间隔处旁路电缆终端。 21）斗内电工、杆上电工相互配合依次拆除旁路电缆、旁路开关、余缆工具及杆上绝缘遮蔽用具返回地面	4）旁路开关组装后，应使用专用接地线将旁路开关外壳接地。 5）旁路作业设备组装好后，应合上旁路开关，逐相进行旁路作业设备的绝缘电阻检测，绝缘电阻值不得小于500MΩ，合格后方可投入使用。绝缘电阻检测后，旁路作业设备应充分放电。 6）旁路电缆运行期间，应派专人看守、巡视，防止行人碰触。运行中的旁路开关应在明显位置挂"禁止分闸"警示牌。 7）旁路作业设备投入运行前，必须进行核相。 8）恢复原线路供电前，必须进行核相，确认相位正确后方可实施。 9）拆除旁路作业设备前，应充分放电。 10）旁路电缆屏蔽层应采用截面积不小于25mm²的导线接地。 11）旁路作业设备额定通流电流为200A，作业前需检测确认待检修线路负荷电流不大于200A。 12）作业过程应监测旁路电缆电流，确保其小于200A	
6	从架空线路临时取电给移动箱变供电作业	1）敷设旁路作业设备防护垫布。 2）敷设旁路防护盖板。 3）敷设旁路电缆。 4）斗内电工、杆上电工相互配合，斗内电工升起工作斗定位于安装旁路开关位置，在杆上电工配合下安装旁路开关及余缆工具，旁路开关外壳应良好接地。 5）将与架空线连接的旁路转接电缆固定在电杆上。 6）连接旁路电缆并进行分段绑扎固定。 7）将移动箱变侧的旁路电缆终端与旁路负荷开关连接好。 8）斗内电工、杆上电工相互配合将与架空线连接的旁路转接电缆与旁路开关连接好，将剩余电缆可靠固定在余缆工具上，杆上电工返回地面。	1）敷设旁路电缆时，须由多名作业人员配合使旁路电缆离开地面整体敷设，防止旁路电缆与地面摩擦。 2）连接旁路作业设备前，应对各接口进行清洁和润滑：用清洁纸或清洁布、无水乙醇或其他清洁剂清洁；确认绝缘表面无污物、灰尘、水分、损伤。在插拔界面均匀涂抹硅脂。 3）雨雪天气严禁组装旁路作业设备；组装完成的连接器允许在降雨（雪）条件下运行，但应确保旁路设备连接部位有可靠的防雨（雪）措施。 4）旁路开关组装后，应使用专用接地线将旁路开关外壳接地。	

序号	作业步骤	作 业 内 容	标 准	备注
6	从架空线路临时取电给移动箱变供电作业	9）工作完成检查各部位连接无误，将已安装的旁路电缆首、末终端接头分别置于悬空位置，斗内电工合上旁路开关。 10）使用绝缘电阻检测仪对组装好的旁路作业设备进行绝缘电阻检测。 11）绝缘性能检测完毕，将旁路电缆分相可靠接地充分放电后，将旁路开关断开。 12）确认待取电的用户与原电源侧断开。 13）验电后，将旁路电缆终端安装到移动箱变上；将低压侧按原相序接至用户。 14）斗内电工经带电作业工作负责人同意，按相位依次将旁路开关电源侧高压引下线与带电主导线连接好返回地面。 15）合上旁路负荷开关，并锁死保险环。 16）依次合上移动箱变高压侧、低压侧开关，完成取电工作。 17）临时取电给移动箱变工作完成后，断开移动箱变低压侧开关。 18）断开移动箱变高压侧开关。 19）断开旁路负荷开关。 20）斗内电工经带电作业工作负责人同意，确认旁路开关断开后，拆除旁路开关电源侧高压引下线与主导线的连接，并恢复导线绝缘。 21）合上旁路负荷开关对旁路电缆可靠接地充分放电。 22）斗内电工、杆上电工相互配合依次拆除旁路电缆、旁路开关、余缆工具及杆上绝缘遮蔽用具返回地面	5）旁路作业设备组装好后，应合上旁路开关，逐相进行绝缘电阻检测，绝缘电阻值不得小于 500MΩ，合格后方可投入使用。绝缘电阻检测后，旁路作业设备应充分放电。 6）旁路电缆运行期间，应派专人看守、巡视，防止外人碰触。 7）旁路作业设备投入运行前，必须进行核相。 8）移动箱变退出运行前，应确认移动箱变低压侧无负荷。 9）恢复原线路供电前，必须进行核相，确认相位正确方可实施。 10）拆除旁路作业设备前，应充分放电。 11）旁路作业设备额定通流能力为 200A，作业前需检测确认待检修线路负荷电流。 12）作业过程应监测旁路电缆电流，确保其小于 200A	
7	施工质量检查	现场总工作负责人检查作业质量	全面检查作业质量，无遗漏的工具、材料等	
8	完工	现场总工作负责人检查工作现场	现场工作总负责人全面检查工作完成情况	

4.3 竣工

序 号	内 容
1	现场工作总负责人全面检查工作完成情况无误后，组织清理现场及工具
2	通知值班调度员，工作结束，恢复停用的重合闸
3	终结工作票

5 验收总结

序号	检修总结	
1	验收评价	
2	存在问题及处理意见	

6 指导书执行情况评估

评估内容	符合性	优		可操作项	
		良		不可操作项	
	可操作性	优		修改项	
		良		遗漏项	
存在问题					
改进意见					

7 设备示意图（见图 1、图 2）

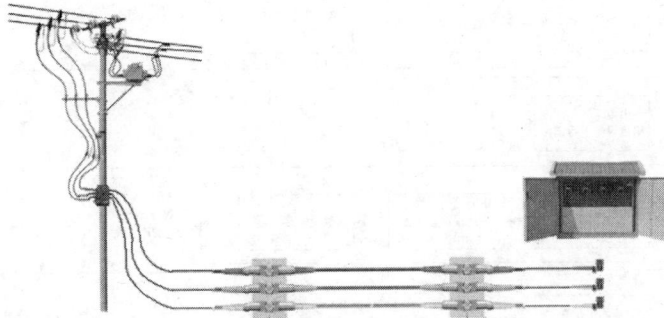

图 1　从架空线路临时取电给环网柜供电

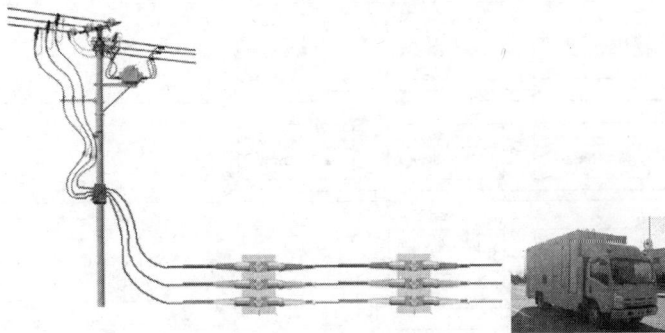

图 2　从架空线路临时取电给移动箱变供电

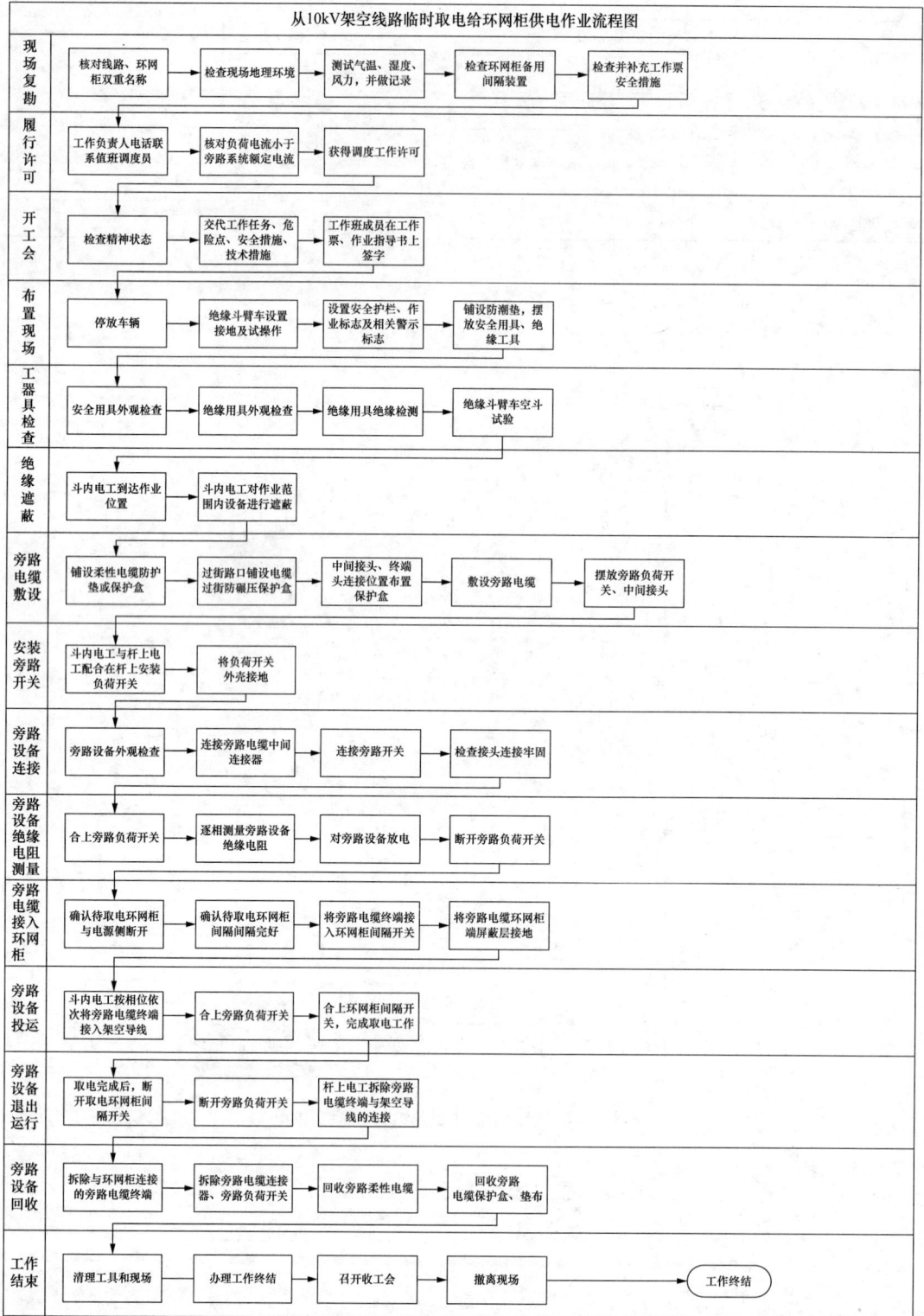

8 作业流程图

	从10kV架空线路临时取电给环网柜供电作业流程图
现场复勘	核对线路、环网柜双重名称 → 检查现场地理环境 → 测试气温、湿度、风力，并做记录 → 检查环网柜备用间隔装置 → 检查并补充工作票安全措施
履行许可	工作负责人电话联系值班调度员 → 核对负荷电流小于旁路系统额定电流 → 获得调度工作许可
开工会	检查精神状态 → 交代工作任务、危险点、安全措施、技术措施 → 工作班成员在工作票、作业指导书上签字
布置现场	停放车辆 → 绝缘斗臂车设置接地及试操作 → 设置安全护栏、作业标志及相关警示标志 → 铺设防潮垫，摆放安全用具、绝缘工具
工器具检查	安全用具外观检查 → 绝缘用具外观检查 → 绝缘用具绝缘检测 → 绝缘斗臂车空斗试验
绝缘遮蔽	斗内电工到达作业位置 → 斗内电工对作业范围内设备进行遮蔽
旁路电缆敷设	铺设柔性电缆防护垫或保护盒 → 过街路口铺设电缆过街防碾压保护盒 → 中间接头、终端头连接位置布置保护盒 → 敷设旁路电缆 → 摆放旁路负荷开关、中间接头
安装旁路开关	斗内电工与杆上电工配合在杆上安装负荷开关 → 将负荷开关外壳接地
旁路设备连接	旁路设备外观检查 → 连接旁路电缆中间连接器 → 连接旁路开关 → 检查接头连接牢固
旁路设备绝缘电阻测量	合上旁路负荷开关 → 逐相测量旁路设备绝缘电阻 → 对旁路设备放电 → 断开旁路负荷开关
旁路电缆接入环网柜	确认待电环网柜与电源侧断开 → 确认待取电环网柜间隔间隔完好 → 将旁路电缆终端接入环网柜间隔开关 → 将旁路电缆环网柜端屏蔽层接地
旁路设备投运	斗内电工按相位依次将旁路电缆终端接入架空导线 → 合上旁路负荷开关 → 合上环网柜间隔开关，完成取电工作
旁路设备退出运行	取电完成后，断开取电环网柜间隔开关 → 断开旁路负荷开关 → 杆上电工拆除旁路电缆终端与架空导线的连接
旁路设备回收	拆除与环网柜连接的旁路电缆终端 → 拆除旁路电缆连接器、旁路负荷开关 → 回收旁路柔性电缆 → 回收旁路电缆保护盒、垫布
工作结束	清理工具和现场 → 办理工作终结 → 召开收工会 → 撤离现场 → （工作终结）

150

从10kV架空线路临时取电给移动箱变供电作业流程图

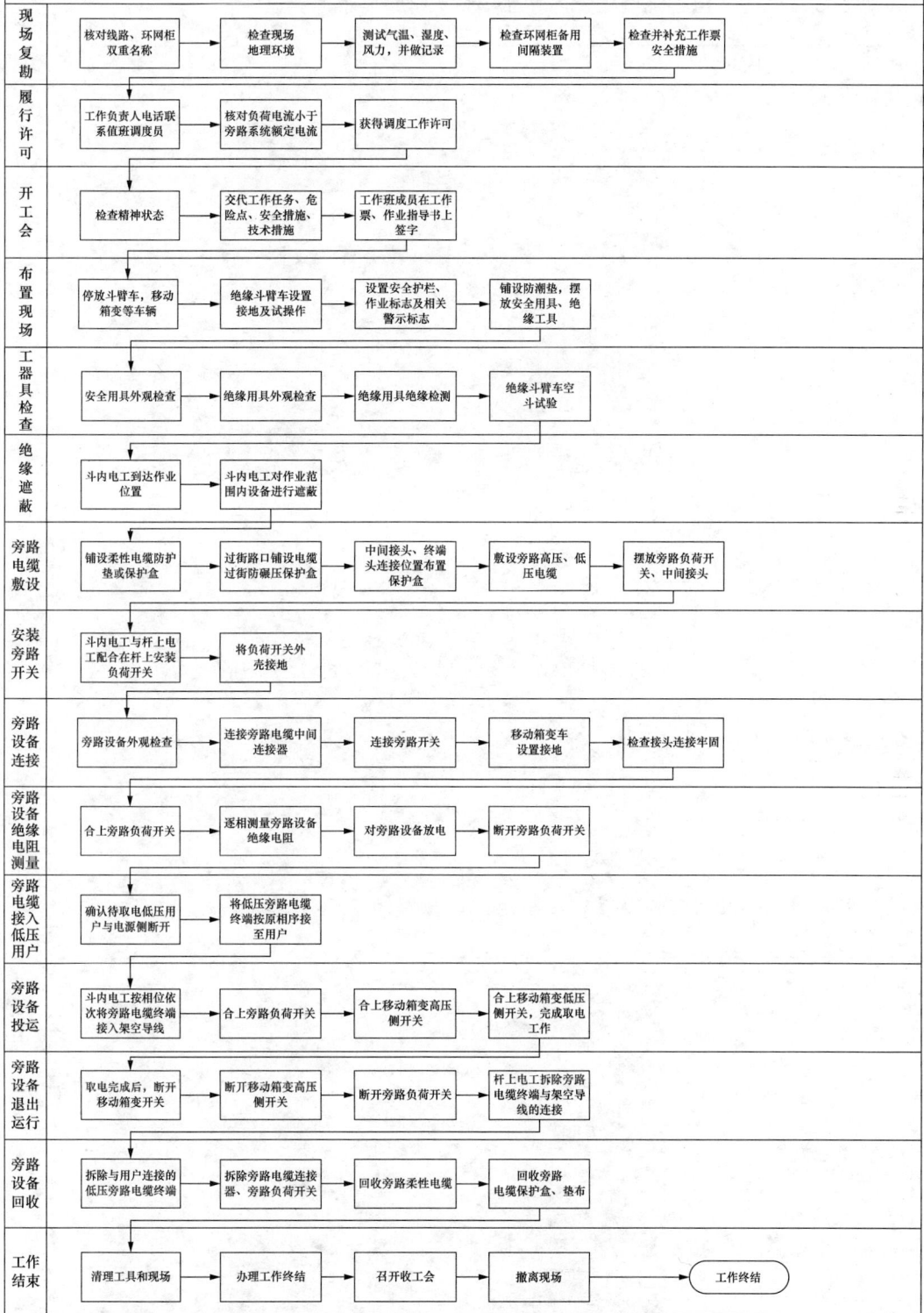

阶段	流程
现场复勘	核对线路、环网柜双重名称 → 检查现场地理环境 → 测试气温、湿度、风力，并做记录 → 检查环网柜备用间隔装置 → 检查并补充工作票安全措施
履行许可	工作负责人电话联系值班调度员 → 核对负荷电流小于旁路系统额定电流 → 获得调度工作许可
开工会	检查精神状态 → 交代工作任务、危险点、安全措施、技术措施 → 工作班成员在工作票、作业指导书上签字
布置现场	停放斗臂车，移动箱变等车辆 → 绝缘斗臂车设置接地及试操作 → 设置安全护栏、作业标志及相关警示标志 → 铺设防潮垫，摆放安全用具、绝缘工具
工器具检查	安全用具外观检查 → 绝缘用具外观检查 → 绝缘用具绝缘检测 → 绝缘斗臂车空斗试验
绝缘遮蔽	斗内电工到达作业位置 → 斗内电工对作业范围内设备进行遮蔽
旁路电缆敷设	铺设柔性电缆防护垫或保护盒 → 过街路口铺设电缆过街防碾压保护盒 → 中间接头、终端头连接位置布置保护盒 → 敷设旁路高压、低压电缆 → 摆放旁路负荷开关、中间接头
安装旁路开关	斗内电工与杆上电工配合在杆上安装负荷开关 → 将负荷开关外壳接地
旁路设备连接	旁路设备外观检查 → 连接旁路电缆中间连接器 → 连接旁路开关 → 移动箱变车设置接地 → 检查接头连接牢固
旁路设备绝缘电阻测量	合上旁路负荷开关 → 逐相测量旁路设备绝缘电阻 → 对旁路设备放电 → 断开旁路负荷开关
旁路电缆接入低压用户	确认待取电低压用户与电源侧断开 → 将低压旁路电缆终端按原相序接至用户
旁路设备投运	斗内电工按相位依次将旁路电缆终端接入架空导线 → 合上旁路负荷开关 → 合上移动箱变高压侧开关 → 合上移动箱变低压侧开关，完成取电工作
旁路设备退出运行	取电完成后，断开移动箱变开关 → 断开移动箱变高压侧开关 → 断开旁路负荷开关 → 杆上电工拆除旁路电缆终端与架空导线的连接
旁路设备回收	拆除与用户连接的低压旁路电缆终端 → 拆除旁路电缆连接器、旁路负荷开关 → 回收旁路柔性电缆 → 回收旁路电缆保护盒、垫布
工作结束	清理工具和现场 → 办理工作终结 → 召开收工会 → 撤离现场 → 工作终结

9 从架空线路临时取电给环网柜供电作业项目关键步骤照片

作 业 内 容	照 片
安装旁路作业设备	
合上旁路开关	
对旁路作业设备进行绝缘电阻检测,并放电	

作 业 内 容	照 片
断开旁路开关	
旁路电缆终端按照原系统相位安装到环网柜主进间隔	
带电连接旁路电缆终端与架空线路	

作 业 内 容	照 片
合上旁路开关	
合上环网柜开关，取电。取电完成后，断开环网柜进线间隔开关。断开旁路开关	
断开旁路电缆引线	

作 业 内 容	照 片
拆除旁路作业设备	

10　从架空线路临时取电给移动箱变供电作业项目关键步骤照片

作 业 内 容	照 片
设置围栏及警示标志	
车辆接地	

作 业 内 容	照 片
安装旁路开关	
敷设旁路电缆	
设置过街保护盒	

作 业 内 容	照 片
连接旁路电缆	
设置旁路电缆连接器保护盒	
连接旁路电缆与旁路开关	

作 业 内 容	照 片
合上旁路开关	
测量绝缘电阻并放电	
分开旁路开关	

作 业 内 容	照 片
连接移动箱变高压侧电缆	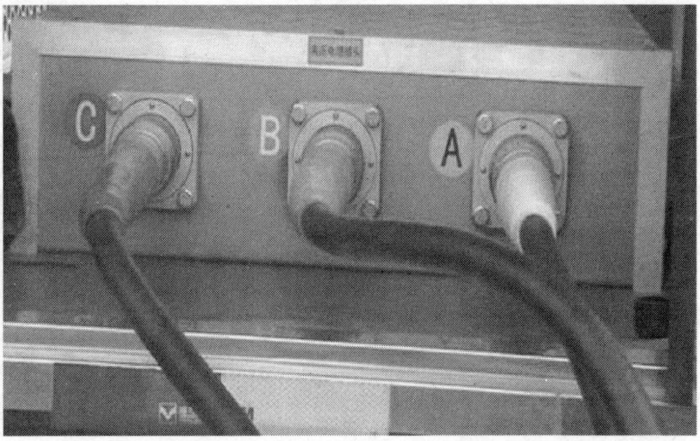
带电将旁路电缆终端连接至架空导线	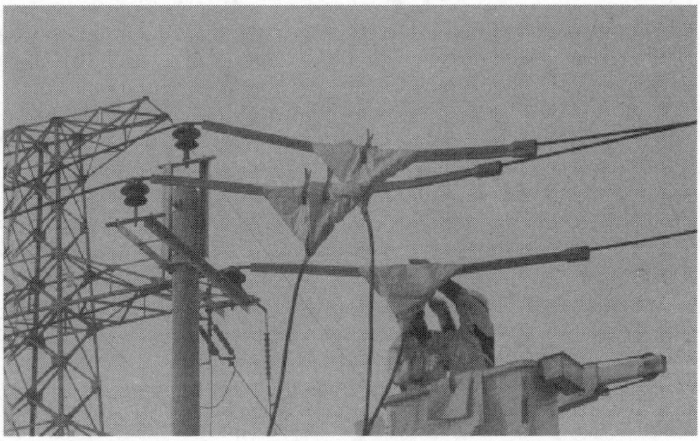
合上旁路开关	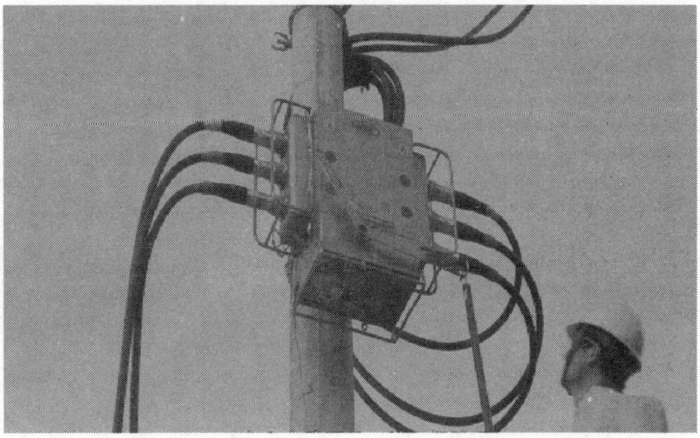

作 业 内 容	照 片
合上移动箱变高压侧开关	
确认移动箱变低压侧无负荷，合上低压侧开关，实现取电	
取电完成后，依次断开移动箱变低压侧、高压侧开关	

续表

作业内容	照片
断开旁路开关	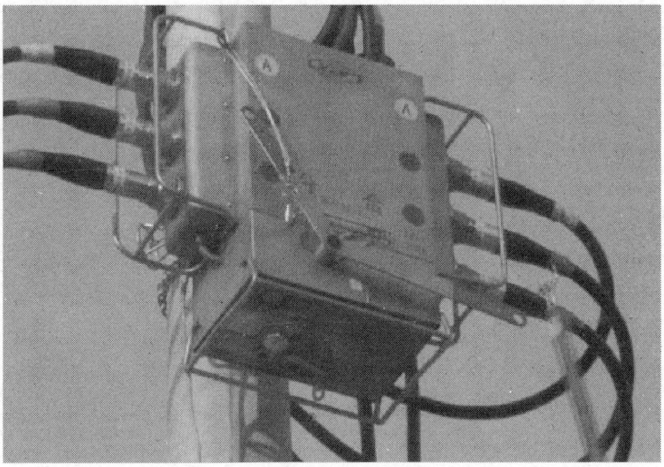
断开旁路电缆引线	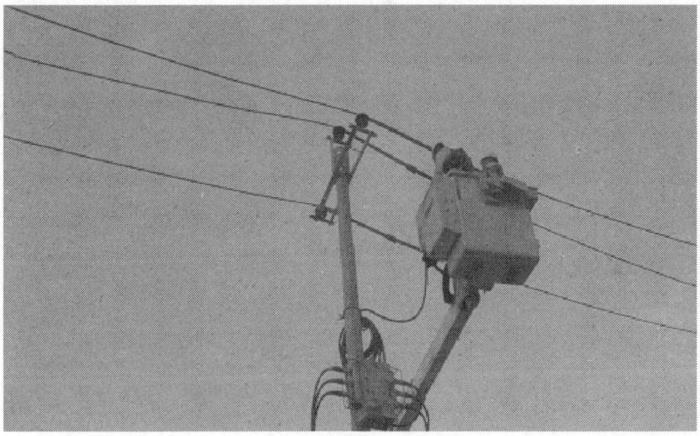
拆除遮蔽	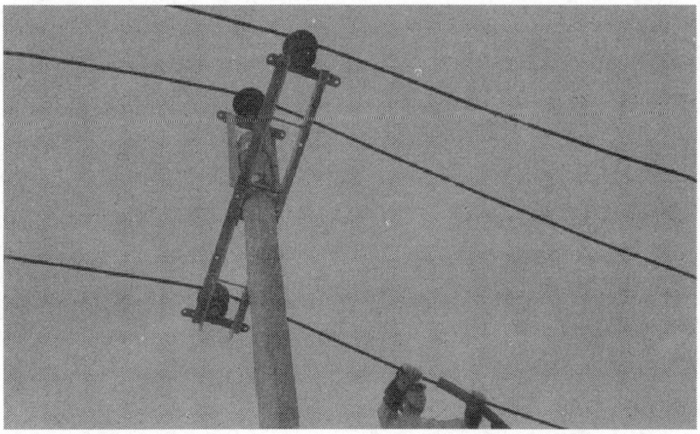

作 业 内 容	照 片
拆除旁路作业设备	

从环网柜临时取电给环网柜（移动箱变）供电

作业指导书

（范本）

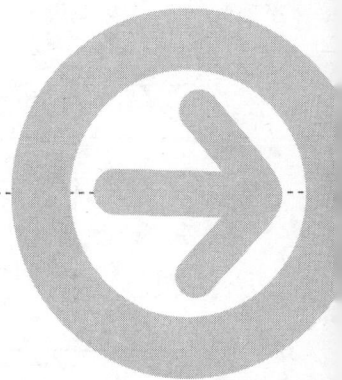

1 适用范围

适用于从环网柜临时取电给环网柜（移动箱变）供电作业。

给环网柜供电作业，主要是从运行线路取电给故障或计划停电的线路供电；给移动箱变供电主要是为对低压用户供电。

2 编制依据

Q/GDW 249—2009	10kV 旁路作业设备技术条件
Q/GDW 519—2010	配电网运行规程
Q/GDW 520—2010	10kV 架空配电线路带电作业管理规范
Q/GDW 710—2012	10kV 电缆线路不停电作业技术导则
Q/GDW1812—2012	10kV 旁路电缆连接器使用导则
国家电网安监〔2009〕664 号	国家电网公司电力安全工作规程（线路部分）

3 作业前准备

3.1 准备工作安排

序 号	内 容	标 准	备 注
1	现场勘察	1）现场工作总负责人应提前组织有关人员进行现场勘察，根据勘察结果做出能否进行不停电作业的判断，并确定作业方法及应采取的安全技术措施。 2）现场勘查包括下列内容：线路运行方式、作业现场道路是否满足施工要求，能否停旁路运输车、展放旁路柔性电缆。环网柜间隔是否完好，以及存在的作业危险点等。 3）确认负荷电流小于 200A。超过 200A 应提前转移或减少负荷	
2	了解现场气象条件	了解现场气象条件，判断是否符合《安规》对带电作业的要求	
3	组织现场作业人员学习作业指导书	掌握整个操作程序，理解工作任务及操作中的危险点及控制措施	
4	工作票	办理电缆第一种工作票；办理倒闸操作票	

3.2 人员要求

序 号	内 容	备 注
1	作业人员应身体健康，无妨碍作业的生理和心理障碍	
2	作业人员经培训合格，持证上岗	
3	操作绝缘斗臂车的人员应经培训合格，持证上岗	
4	作业人员应掌握紧急救护法，特别要掌握触电急救方法	

3.3 工器具

序号	分 类	工器具名称	规格、型号	数量	备 注
1	特种车辆	旁路放线车		1辆	根据现场输放电缆长度配置
		移动箱变车		1辆	临时取电给移动箱变作业用
		旁路作业设备运输车		1辆	根据现场实际情况确定
2	个人绝缘防护用具	绝缘手套	10kV	1副	核相、倒闸操作用
3	绝缘工器具	绝缘操作杆	10kV	1根	分、合旁路开关用
		绝缘放电杆及接地线		1根	旁路电缆试验以及使用以后放电用
4	旁路工具	旁路电缆	10kV	1套	根据现场实际长度配置
		旁路电缆连接器	10kV	若干	根据现场实际情况确定
		旁路电缆接线保护盒		若干	根据现场实际情况确定
		旁路电缆终端	10kV	2套	与环网柜配套
		旁路电缆防护盖板、防护垫布等			地面敷设
		绑扎绳			
5	个人工器具	钳子		2把	
		活络扳手		2把	
		电工刀		2把	
		螺丝刀		2把	
6	其他主要工器具	绝缘电阻检测仪	2500V及以上	1台	
		验电器	10kV	2套	环网柜专用
		对讲机		3套	
		核相器	10kV	1套	
		围栏、安全警示牌		若干	根据现场实际情况确定

3.4 危险点分析

序 号	内 容
1	专责监护人违章兼做其他工作或监护不到位，使作业人员失去监护
2	作业现场未设专人负责指挥施工，作业现场混乱，安全措施不齐全
3	旁路电缆设备投运前未进行外观检查及绝缘性能检测，因设备损伤或有缺陷未及时发现造成人身、设备事故
4	敷设旁路电缆未设置防护措施及安全围栏，发生行人车辆踩压，造成电缆损伤
5	地面敷设电缆被重型车辆碾压，造成电缆损伤
6	旁路电缆屏蔽层未在环网柜或旁路负荷开关外壳等地方进行两点及以上接地，屏蔽层存在感应电压，造成人身伤害
7	三相旁路电缆未绑扎固定，电缆线路发生短路故障时发生摆动
8	环网柜开关误操作（间隔错误、顺序错误），造成设备发生接地、相间短路事故
9	敷设旁路作业设备时，旁路电缆、旁路电缆连接器、旁路负荷开关的连接时未核对分相标志，导致接线错误

序 号	内　容
10	敷设旁路电缆方法错误，旁路电缆与地面摩擦，导致旁路电缆损坏
11	旁路电缆设备绝缘检测后，未进行整体放电或放电不完全，引发人身触电伤害
12	拆除旁路作业设备前未进行整体放电或放电不完全，引发人身触电伤害
13	旁路电缆敷设好后未按要求设置好保护盒
14	旁路作业前未检测确认待检修线路负荷电流，负荷电流大于200A造成设备过载
15	旁路作业设备投入运行前，未进行核相或核相不正确造成短路事故
16	恢复原线路供电前，未进行核相或核相不正确造成短路事故
17	行车违反交通法规，可能引发交通事故，造成人员伤害

3.5　安全措施

序 号	内　容
1	专责监护人应履行监护职责，不得兼做其他工作，要选择便于监护的位置，监护的范围不得超过一个作业点
2	旁路作业现场应有专人负责指挥施工，多班组作业时应做好现场的组织、协调工作。作业人员应听从工作负责人指挥
3	作业现场及工具摆放位置周围应设置安全围栏、警示标志，防止行人及其他车辆进入作业现场
4	操作之前应核对开关编号及状态
5	严格按照倒闸操作票进行操作，并执行唱票制
6	旁路系统连接好后，进行绝缘电阻检测；测量完毕后应进行放电
7	敷设旁路电缆时应设围栏。在路口应采用过街保护盒或架空敷设
8	敷设旁路电缆时，须由多名作业人员配合使旁路电缆离开地面整体敷设，防止旁路电缆与地面摩擦。旁路电缆连接器应按规定要求涂绝缘硅脂
9	三相旁路电缆应分段绑扎固定
10	旁路作业设备使用前应进行外观检查并对组装好的旁路作业设备（旁路电缆、旁路电缆连接器、旁路负荷开关等）进行绝缘电阻检测，合格后方可投入使用
11	旁路作业设备的旁路电缆、旁路电缆连接器、旁路负荷开关的连接应核对分相标志，保证相位色的一致
12	旁路电缆运行期间，应派专人看守、巡视，防止外人碰触。防止重型车辆碾压
13	拆除旁路作业设备前，应充分放电
14	旁路作业设备额定通流电流为200A，作业前需检测确认待检修线路负荷电流不大于200A
15	旁路作业设备投入运行前，必须进行核相，确认相位正确
16	恢复原线路供电前，必须进行核相，确认相位正确方可实施
17	严格遵守交通法规，安全行车

3.6　作业分工

人 员 分 工	人　　数	工　作　内　容
现场工作总负责人	1人	全面负责现场作业
小组工作负责人（兼监护人）	视现场工作班组数量	负责各小组作业安全，并履行工作监护
电缆不停电作业组	视现场工作情况	负责敷设及回收旁路电缆工作、负责电缆接头作业和核相工作
倒闸操作组	视现场工作情况	负责开关的倒闸操作

4 作业程序

4.1 现场复勘

序 号	内 容	备 注
1	确认电缆线路设备及周围环境满足作业条件	
2	确认现场气象条件满足作业要求	

4.2 作业内容及标准

序号	作业步骤	作 业 内 容	标 准	备注
1	开工	1）现场工作总负责人与调度值班员联系。 2）现场工作总负责人发布开始工作的命令。	1）现场工作总负责人与调度值班员履行许可手续。 2）现场工作总负责人应分别向作业人员宣读工作票，布置工作任务、明确人员分工、作业程序、现场安全措施、进行危险点告知，并履行确认手续。 3）现场工作总负责人发布开始工作的命令	
2	检查	1）在作业现场设置安全围栏和警示标志。 2）作业人员检查电杆、拉线及周围环境。 3）检查绝缘工具、防护用具。 4）绝缘工具绝缘性能检测。 5）对旁路作业设备进行外观检查。 6）检查确认待取电环网柜间隔设施完好。 7）检查确认电源侧环网柜备用间隔设施完好。 8）检查确认待检修线路负荷电流小于200A	1）安全围栏和警示标志满足规定要求。 2）线路设备及周围环境满足作业条件。 3）绝缘工具、防护用具性能完好，并在试验周期内。 4）使用绝缘电阻检测仪将绝缘工具进行分段绝缘检测。绝缘电阻阻值不低于700MΩ。 5）检查旁路电缆的外护套是否有机械性损伤；电缆接头与电缆的连接部位是否有折断现象；检查电缆接头绝缘表面是否有损伤。 6）确认环网柜间隔设施完好。 7）确认取电侧环网柜备用间隔设施完好。 8）旁路作业设备额定通流能力为200A，作业前需检测确认待检修线路负荷电流小于200A	
3	从环网柜临时取电给环网柜供电	1）敷设旁路作业设备防护垫布。 2）敷设旁路防护盖板。 3）敷设旁路电缆。 4）连接旁路电缆并进行分段绑扎固定。 5）使用绝缘电阻检测仪对组装好的旁路作业设备进行绝缘电阻检测。 6）绝缘电阻检测完毕，将旁路电缆分相可靠接地充分放电。 7）确认待取电的环网柜进线间隔开关与原电源断开。 8）验电后，将旁路电缆终端按照原系统相位安装到待取电环网柜进线间隔上，并将旁路电缆的屏蔽层接地。 9）确认供电环网柜备用间隔处于断开位置。 10）验电后，将旁路电缆按原相序与供电环网柜备用间隔连接。 11）依次合上供电环网柜备用间隔开关，待取电环网柜进线间隔开关，完成取电工作。	1）敷设旁路电缆时，须由多名作业人员配合使旁路电缆离开地面整体敷设，防止旁路电缆与地面摩擦。 2）连接旁路作业设备前，应对各接口进行清洁和润滑：用清洁纸或清洁布、无水乙醇或其他清洁剂清洁；确认绝缘表面无污物、灰尘、水分、损伤。在插拔界面均匀涂抹硅脂。 3）雨雪天气严禁组装旁路作业设备；组装完成的连接器允许在降雨（雪）条件下运行，但应确保旁路设备连接部位有可靠的防雨（雪）措施。 4）旁路作业设备组装好后，逐相进行绝缘电阻检测，绝缘电阻值不得小于500MΩ，合格后方可投入使用。绝缘性能检测后，旁路作业设备应充分放电。 5）旁路电缆两端屏蔽层应采用截面积不小于25mm²的导线接地。	

序号	作业步骤	作 业 内 容	标 准	备注
3	从环网柜临时取电给环网柜供电	12）临时取电给环网柜工作完成后，断开受电环网柜主进电源间隔开关。 13）断开供电环网柜备用间隔开关。 14）电缆作业人员确认旁路作业设备退出运行，对旁路电缆可靠接地充分放电后，拆除旁路电缆终端。 15）作业人员将旁路作业设备地面防护装置收好装车	6）旁路电缆运行期间，应派专人看守、巡视，防止行人碰触。 7）旁路作业设备投入运行前，必须进行核相。 8）恢复原线路供电前，必须进行核相，确认相位正确方可实施。 9）拆除旁路作业设备前，应充分放电。 10）旁路作业设备额定通流电流为200A，作业前需检测确认待检修线路负荷电流小于200A。 11）作业过程应监测旁路电缆电流，确保其小于200A	
4	从环网柜临时取电给移动箱变供电	1）敷设旁路作业设备防护垫布。 2）敷设旁路防护盖板。 3）敷设旁路电缆。 4）连接旁路电缆并进行分段绑扎固定。 5）使用绝缘电阻检测仪对组装好的旁路作业设备进行绝缘电阻检测，绝缘性能检测完毕，将旁路电缆分相可靠接地充分放电。 6）确认待取电的用户与原电源的连接断开。 7）验电后，将旁路电缆终端安装到移动箱变上；将低压侧按原相序接至用户。 8）确认供电环网柜备用间隔处于断开位置。 9）验电后，将旁路电缆按原相序与供电环网柜备用间隔连接。 10）依次合上供电环网柜备用间隔开关、移动箱变高压侧、低压侧开关，完成取电工作。 11）临时取电给移动箱变工作完成后，断开移动箱变低压侧开关。 12）断开移动箱变高压侧开关。 13）断开供电环网柜备用间隔开关。 14）电缆作业人员确认旁路作业设备退出运行，对旁路电缆可靠接地充分放电后，拆除旁路电缆终端。 15）作业人员将旁路作业设备地面防护装置收好装车	1）敷设旁路电缆时，须由多名作业人员配合使旁路电缆离开地面整体敷设，防止旁路电缆与地面摩擦。 2）连接旁路作业设备前，应对各接口进行清洁和润滑：用清洁纸或清洁布、无水乙醇或其他清洁剂清洁；确认绝缘表面无污物、灰尘、水分、损伤。在插拔界面均匀涂润滑硅脂。 3）雨雪天气严禁组装旁路作业设备；组装完成的连接器允许在降雨（雪）条件下运行，但应确保旁路设备连接部位有可靠的防雨（雪）措施。 4）旁路开关组装后，应使用专用接地线将旁路开关外壳接地。 5）旁路作业设备组装好后，应逐相进行高压设备对地的绝缘电阻检测，绝缘电阻值不得小于500MΩ，合格后方可投入使用。绝缘电阻检测后，旁路作业设备应充分放电。 6）旁路电缆两端屏蔽层应采用截面不小于25mm² 的导线接地。 7）旁路电缆运行期间，应派专人看守、巡视，防止外人碰触。 8）旁路作业设备投入运行前，必须进行核相。 9）移动箱变退出运行前，应确认移动箱变低压侧无负荷。 10）恢复原线路供电前，必须进行核相，确认相位正确方可实施。 11）拆除旁路作业设备前，应充分放电。 12）作业前需检测确认待取电用户的负荷电流小于旁路作业设备的额定电流。 13）作业过程应监测旁路电缆电流，确保其小于200A	
5	施工质量检查	现场工作总负责人检查作业质量	全面检查作业质量，无遗漏的工具、材料等	
6	完工	现场工作总负责人检查工作现场	现场工作总负责人全面检查工作完成情况	

4.3 竣工

序　号	内　　　容
1	现场工作总负责人全面检查工作完成情况无误后，组织清理现场及工具
2	通知值班调度员，工作结束
3	终结工作票

5 验收总结

序　号	检修总结
1	验收评价
2	存在问题及处理意见

6 指导书执行情况评估

评估内容	符合性	优		可操作项	
		良		不可操作项	
	可操作性	优		修改项	
		良		遗漏项	
存在问题					
改进意见					

7 设备示意图（见图 1、图 2）

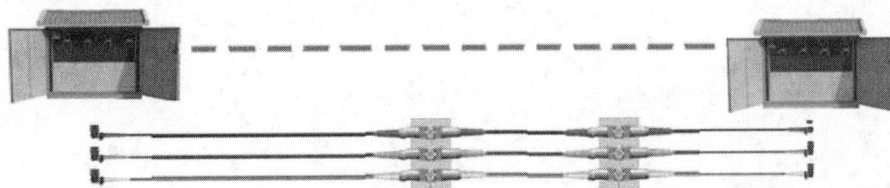

图 1　从环网柜临时取电给环网柜供电

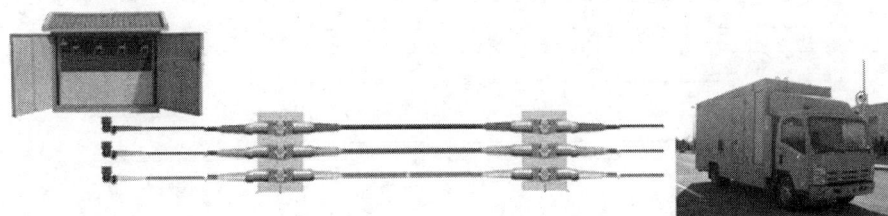

图 2　从环网柜临时取电给移动箱变供电

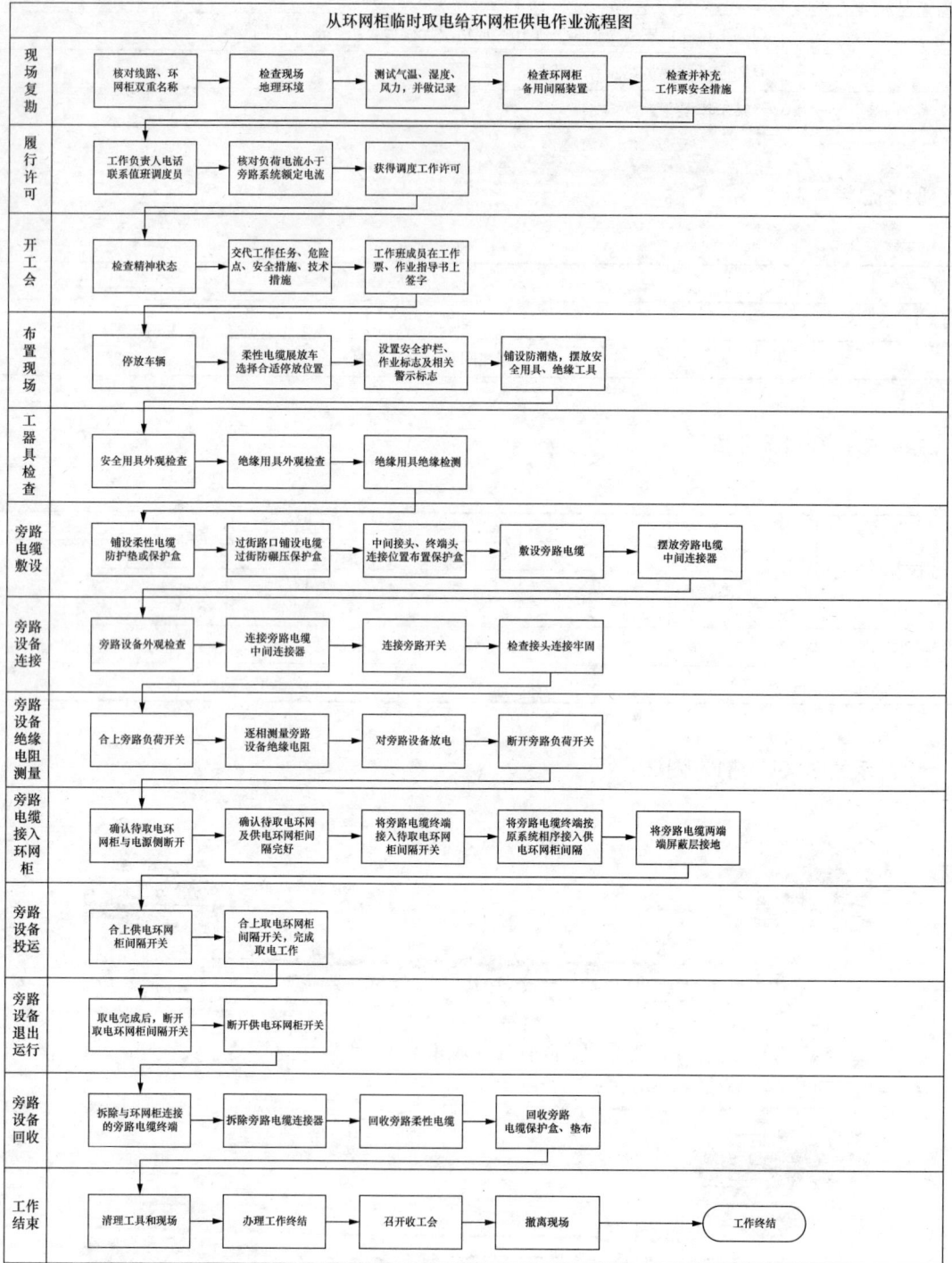

8 作业流程图

	从环网柜临时取电给环网柜供电作业流程图				
现场复勘	核对线路、环网柜双重名称 →	检查现场地理环境 →	测试气温、湿度、风力，并做记录 →	检查环网柜备用间隔装置 →	检查并补充工作票安全措施
履行许可	工作负责人电话联系值班调度员 →	核对负荷电流小于旁路系统额定电流 →	获得调度工作许可		
开工会	检查精神状态 →	交代工作任务、危险点、安全措施、技术措施 →	工作班成员在工作票、作业指导书上签字		
布置现场	停放车辆 →	柔性电缆展放车选择合适停放位置 →	设置安全护栏、作业标志及相关警示标志 →	铺设防潮垫，摆放安全用具、绝缘工具	
工器具检查	安全用具外观检查 →	绝缘用具外观检查 →	绝缘用具绝缘检测		
旁路电缆敷设	铺设柔性电缆防护垫或保护盒 →	过街路口铺设电缆过街防碾压保护盒 →	中间接头、终端头连接位置布置保护盒 →	敷设旁路电缆 →	摆放旁路电缆中间连接器
旁路设备连接	旁路设备外观检查 →	连接旁路电缆中间连接器 →	连接旁路开关 →	检查接头连接牢固	
旁路设备绝缘电阻测量	合上旁路负荷开关 →	逐相测量旁路设备绝缘电阻 →	对旁路设备放电 →	断开旁路负荷开关	
旁路电缆接入环网柜	确认待取电环网柜与电源侧断开 →	确认待取电环网柜及供电环网柜间隔完好 →	将旁路电缆终端接入待取电环网柜间隔开关 →	将旁路电缆终端按原系统相序接入供电环网柜间隔 →	将旁路电缆两端端屏蔽层接地
旁路设备投运	合上供电环网柜间隔开关 →	合上取电环网柜间隔开关，完成取电工作			
旁路设备退出运行	取电完成后，断开取电环网柜间隔开关 →	断开供电环网柜开关			
旁路设备回收	拆除与环网柜连接的旁路电缆终端 →	拆除旁路电缆连接器 →	回收旁路柔性电缆 →	回收旁路电缆保护盒、垫布	
工作结束	清理工具和现场 →	办理工作终结 →	召开收工会 →	撤离现场 →	工作终结

从环网柜临时取电给移动箱变供电作业流程图

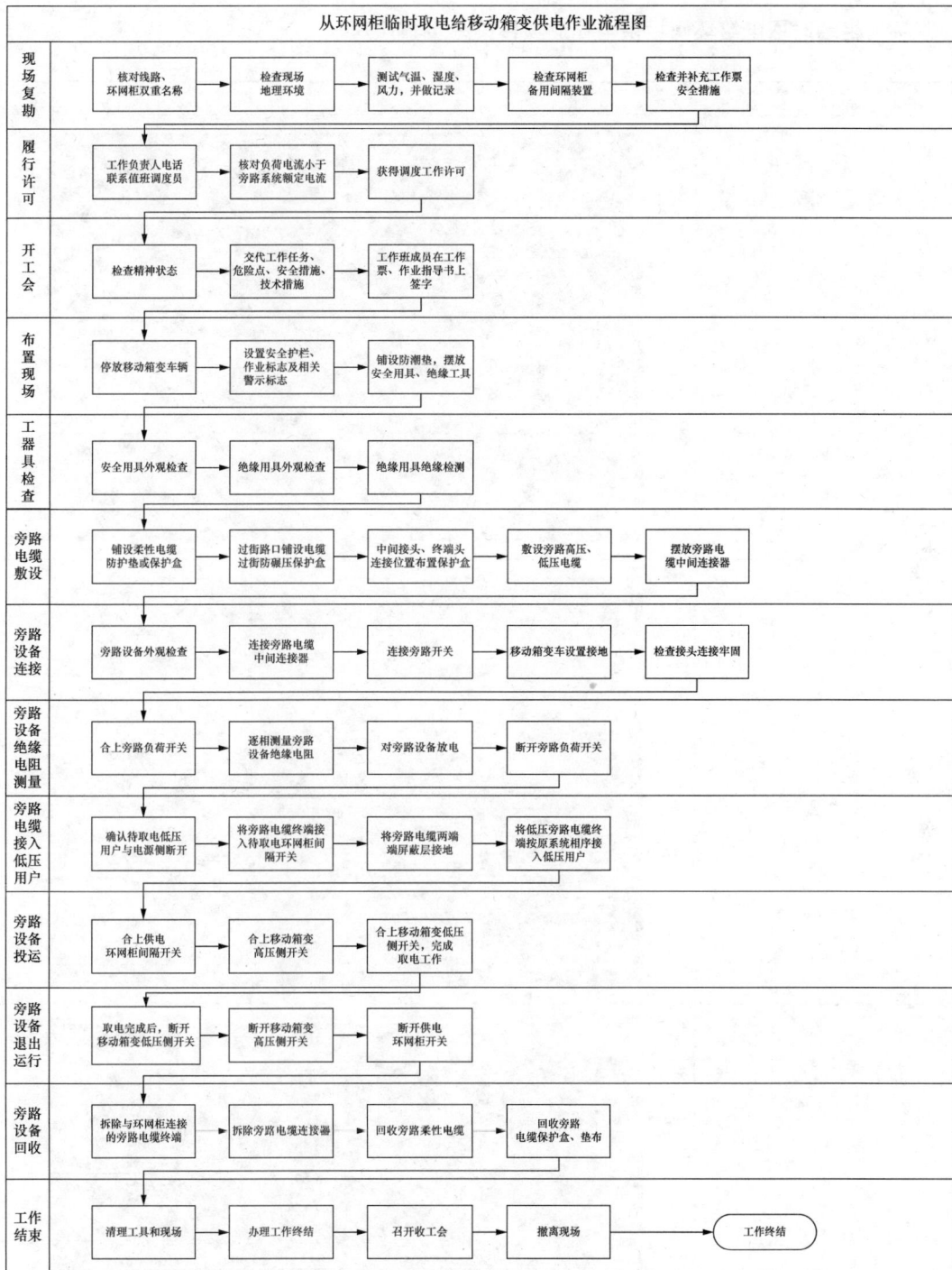

阶段	流程
现场复勘	核对线路、环网柜双重名称 → 检查现场地理环境 → 测试气温、湿度、风力，并做记录 → 检查环网柜备用间隔装置 → 检查并补充工作票安全措施
履行许可	工作负责人电话联系值班调度员 → 核对负荷电流小于旁路系统额定电流 → 获得调度工作许可
开工会	检查精神状态 → 交代工作任务、危险点、安全措施、技术措施 → 工作班成员在工作票、作业指导书上签字
布置现场	停放移动箱变车辆 → 设置安全护栏、作业标志及相关警示标志 → 铺设防潮垫，摆放安全用具、绝缘工具
工器具检查	安全用具外观检查 → 绝缘用具外观检查 → 绝缘用具绝缘检测
旁路电缆敷设	铺设柔性电缆防护垫或保护盒 → 过街路口铺设电缆过街防碾压保护盒 → 中间接头、终端头连接位置布置保护盒 → 敷设旁路高压、低压电缆 → 摆放旁路电缆中间连接器
旁路设备连接	旁路设备外观检查 → 连接旁路电缆中间连接器 → 连接旁路开关 → 移动箱变车设置接地 → 检查接头连接牢固
旁路设备绝缘电阻测量	合上旁路负荷开关 → 逐相测量旁路设备绝缘电阻 → 对旁路设备放电 → 断开旁路负荷开关
旁路电缆接入低压用户	确认待取电低压用户与电源侧断开 → 将旁路电缆终端接入待取电环网柜间隔开关 → 将旁路电缆两端屏蔽层接地 → 将低压旁路电缆终端按原系统相序接入低压用户
旁路设备投运	合上供电环网柜间隔开关 → 合上移动箱变高压侧开关 → 合上移动箱变低压侧开关，完成取电工作
旁路设备退出运行	取电完成后，断开移动箱变低压侧开关 → 断开移动箱变高压侧开关 → 断开供电环网柜开关
旁路设备回收	拆除与环网柜连接的旁路电缆终端 → 拆除旁路电缆连接器 → 回收旁路柔性电缆 → 回收旁路电缆保护盒、垫布
工作结束	清理工具和现场 → 办理工作终结 → 召开收工会 → 撤离现场 → 工作终结

9 从环网柜临时取电给环网柜供电作业项目关键步骤照片

作 业 内 容	照 片
敷设并连接旁路电缆	
对旁路作业设备进行绝缘电阻测试	
对旁路作业设备放电	

作 业 内 容	照 片
旁路电缆终端按照原系统相位安装到待取电环网柜进线间隔、供电环网柜备用间隔	
依次合上送电、受电侧环网柜开关，实现临时取电	

10 从架环网柜临时取电给移动箱变供电作业项目关键步骤照片

作 业 内 容	照 片
设置围栏及警示标志	

作 业 内 容	照 片
车辆接地	
敷设旁路电缆	
设置旁路电缆过街保护盒	

作 业 内 容	照 片
连接旁路电缆	
对旁路作业设进行绝缘电阻检测	
对旁路作业设备放电	

作　业　内　容	照　　片
连接移动箱变高压侧电缆	
将旁路电缆终端连接至环网柜	
合上环网柜开关	

作 业 内 容	照 片
合上移动箱变高压侧开关	
合上移动箱变低压侧开关，实现取电。 取电工作结束后，断开移动箱变低压侧总开关	
断开移动箱变高压侧开关	

作 业 内 容	照 片
断开环网柜间隔开关	
拆除旁路电缆与环网柜连接的终端	

第五章

10kV 电缆线路不停电作业现场实例

第一节 施 工 方 案

作业内容：不停电更换 10kV 米油二线万奇分支 1H 环网柜。

一、工程概况

1. 作业现场基本情况

（1）线路概况（见图 5-1）。10kV 米油二线位于某高新区汽车工业园，主供东风大道、富康大道及奔驰大道沿线负荷，属于以电缆线路为主的混合线路。其中万奇分支为全电缆线路，电缆型号 YJV3×240，长度 1.4km，配电变压器 9 台，容量 2270kVA。万奇分支地处汽车工业园中心区域，虽然目前为分支线路，配网规划中计划该分支线路向西延伸，与风神变电站 10kV 线路形成手拉手供电。

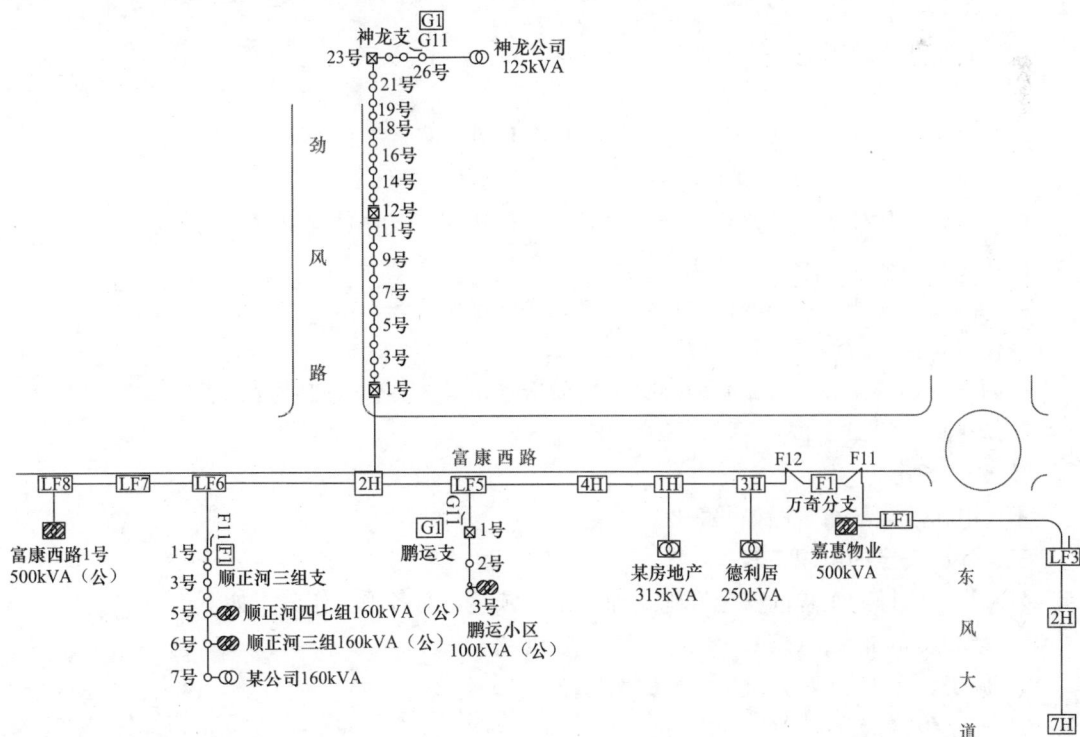

图 5-1 作业现场概况

万奇分支目前有环网柜 4 台、电缆分支箱 5 台、电缆分支开关 1 台。其中，1H 环网柜为空气绝缘，老化严重，环网柜更换已列入 2012 年第一批配网建设与改造项目。

（2）作业环境。万奇分支地处富康西路，电缆为电缆沟敷设方式，电缆盖板打开方便；道路宽阔，行人及车辆不多，作业环境较为理想。

2. 作业内容

不停电作业更换 1H 环网柜，按照《10kV 电缆线路不停电作业技术导则》规定"采用旁路作业方式进行电缆线路不停电作业时，旁路电缆两侧的环网柜等设备均应带开关，并预留备用间隔"。以 3H、4H 作为旁路电缆两侧的环网柜，开关为负荷开关，均有备用间隔。

根据旁路电缆额定载流量要求，旁路系统负荷需控制在 200A 以下，万奇分支总容量为 2270kVA，最大负荷电流可控制在额定载流量下。

电缆旁路作业区段有 1 台配电变压器（某房地产 315kVA），为保证用户不停电采取移动箱变车（400kVA）进行临时转供。

二、施工方案

1. 作业流程

电缆不停电作业流程图如图 5-2 所示。

2. 人员分工及职责

具体人员（略），主要职责如下：

（1）负责高压旁路电缆的敷设回收、连接及负荷电流监测工作。

（2）负责设置现场围栏及警示标示、旁路电缆接入、巡视及线路倒闸操作、核相工作。

（3）负责低压旁路电缆敷设回收、接入及负荷转移工作。

（4）负责旁路系统、移动箱变试验。

（5）负责 1H 环网柜更换工作。

3. 工作安排

第一阶段工作任务：旁路系统敷设，具体工作安排见表 5-1。

工作时间：2012-8-18　14：00～17：50

第二阶段工作任务：旁路系统接入送电，负荷转移，具体情况见表 5-2。

工作时间：2012-8-18　18：00～21：00

第三阶段工作任务：环网柜更换，具体工作安排见表 5-3。

工作时间：2012-8-18　21：00～2012-8-19　6：00

第四阶段工作任务：旁路系统拆除，负荷恢复，具体工作安排情况见表 5-4。

工作时间：2012-8-19　7：00～20：00

4. 现场布置图

不停电作业现场布置图如图 5-3 所示。

三、保证安全的组织措施

（1）为了保证此工程的安全实施，加强组织领导，对各项工作分工如下：

1）现场总负责人：（略）

2）施工负责人：（略）

3）安全负责人：（略）

4）技术负责人：（略）

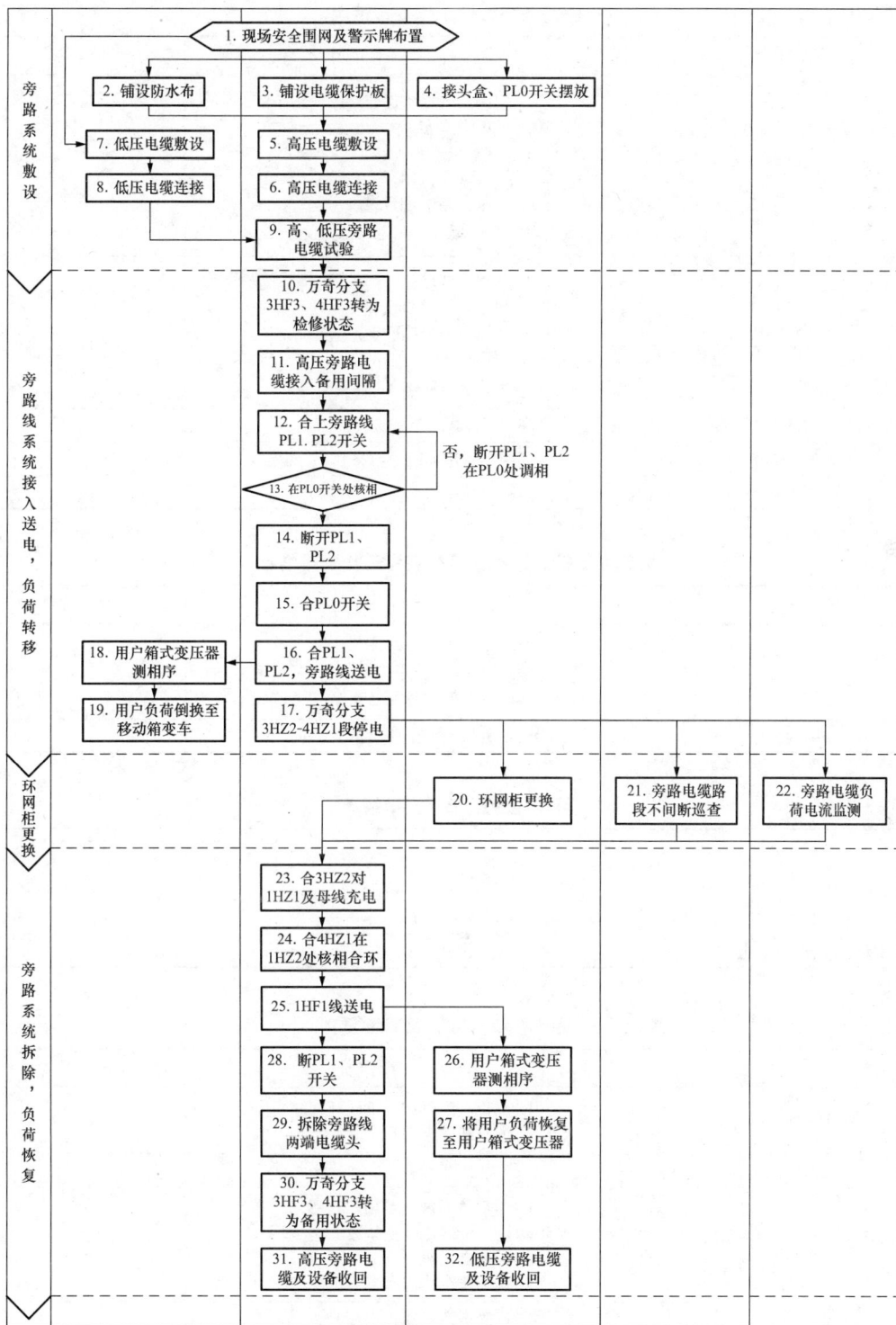

图 5-2 电缆不停电作业流程图

表 5-1 旁路系统敷设工作安排情况

小组安排	负责人	工作项目	小组成员
A 电缆敷设组		1. 现场安全措施设置 2. 铺设防水布 3. 电缆保护板铺设 4. 接头盒、PL0 开关摆放 5. 高压旁路电缆敷设 6. 电缆连接	
B 负荷转移组		1. 移动箱变就位 2. 现场安全措施设置 3. 低压旁路电缆敷设 4. 用户箱变相序监测 5. 箱变至旁路电缆接入	
C 电缆试验组		高、低压电缆试验	
D 倒闸操作组		环网柜备用间隔停电操作	
E 旁路电缆接入组		旁路电缆接入	

表 5-2 旁路系统接入送电，负荷转移工作安排情况

小组安排	负责人	工作项目	小组成员
A 倒闸操作组		现场安全措施检查 旁路线送电 检修段电缆设备停电操作	
B 负荷转移组		用户负荷倒换至移动箱变	

表 5-3 环网柜更换工作安排情况

小组安排	负责人	工作项目	小组成员
A 倒闸操作组		巡视旁路线	
B 旁路监测组		旁路线负荷电流监测	
C 环网柜更换组		环网柜更换	

表 5-4 旁路系统拆除，负荷恢复

小组安排	负责人	工作项目	小组成员
A 倒闸操作组		1. 3HZ2 至 4HZ1、1H 环网柜送电 2. 旁路线停电操作	
B 旁路监测组		旁路线退出	
C 负荷转移组		1. 用户负荷恢复至用户箱变 2. 拆除旁路电缆连接 3. 旁路电缆收回 4. 现场安全措施布置、拆除	
D 高压旁路电缆设备回收组		1. 拆除旁路电缆连接 2. 接头盒、P0 开关收回 3. 旁路电缆收回 4. 电缆保护板收回 5. 防水布收回 6. 现场安全措施拆除	

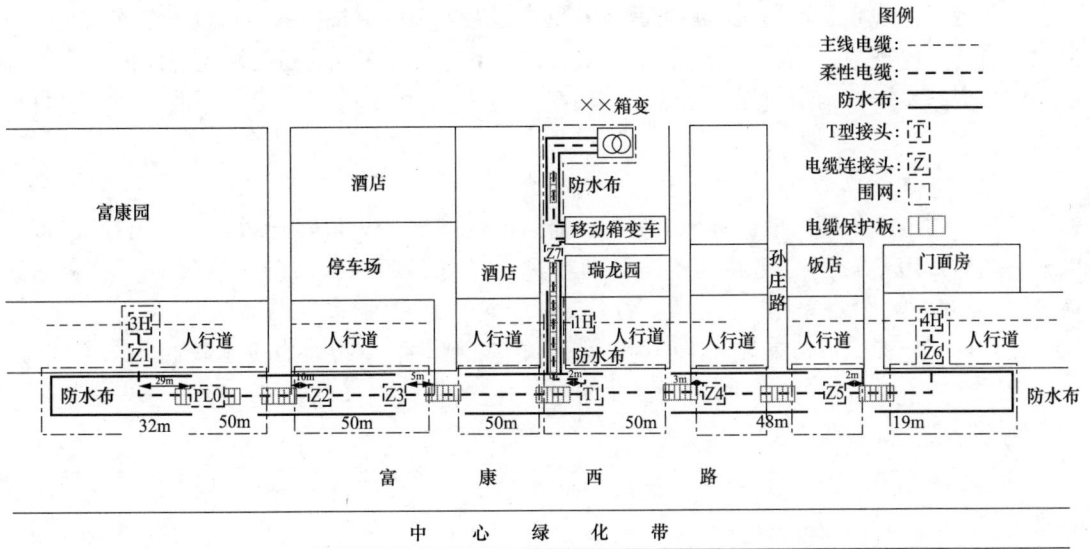

图 5-3　不停电作业布置图

5）物资负责人：（略）

6）后勤负责人：（略）

7）交通协调人：（略）

本次工作前应做好现场勘察，切实落实施工前各个施工地点的工作任务及安全措施的交底工作，明确分工，具体到人，并按照各自的工作范围及具体工作区段，认真做好施工前的一切准备工作。特别是在进行旁路电缆敷设及负荷转移工作时，每个工作成员都要做到心中有数，严格执行停电、验电、挂拆接地线的安全措施。

（2）由该公司生产技术部到现场交代具体的施工改造方案，在施工中如遇到与技术方案不符的情况，施工单位应及时向生产技术部汇报，并做好记录。

（3）严格执行保证安全的工作票制度，工作许可制度，工作监护制度，工作间断、转移和终结制度。

（4）施工地段临近富康西路，环境复杂，应提前联系交通管理部门对工作地段道路进行交通管制。

四、保证安全的技术措施

1. 电缆不停电作业部分

（1）本次工作严格执行《10kV 电缆线路不停电作业技术导则》。

（2）户外作业应在良好的天气下进行，雷、雨天气禁止作业。

（3）旁路电缆负荷电流不得大于 200A，必须设专人监测负荷电流，每隔 30min 记录一次。

（4）现场勘察时应落实旁路系统各设备、移动箱变车的具体位置，避开车辆通行路口。

（5）工作中应采取防止电缆损伤措施。旁路电缆敷设前应铺设防雨布；敷设时应使用电力电缆收放线装置或专用小车，严禁将电缆放置在地面拖动；车辆通行路口的电缆必须放置在电缆保护板内。

（6）旁路电缆头接入时应清理干净，连接良好。

（7）旁路电缆在运行期间，必须派专人负责旁路电缆的巡视检查，检查各个连接头运行情况，有无放电现象，并防止发生人为外破。严禁超过 10t 车辆通过旁路电缆保护板。

（8）旁路系统投运前应核对相位；移动箱变与某房地产箱变开展负荷转移前，应做好相序测试工作。

2. 环网柜更换工作

（1）环网柜基础高出地面 50cm 左右，前后两面需设通风口，通风口需高出地面 20cm 以上，通风口用菱形网封堵并具备防小动物进入功能，环网柜基础还应喷涂黄黑相间防撞漆。

（2）环网柜标识应清晰规范，柜内各指示仪表、操作孔等位置应按要求加贴标识。

（3）环网柜基础修好后，应确保基础水平，环网柜就位后，整体应平整无变形，柜门开合方便无变形卡涩现象。

（4）电缆连接应牢固可靠，无松动。连接螺栓应加双平垫及单簧垫；电缆连接好后电缆头应无受力情况。

（5）电缆制作完毕后，环网柜内各孔洞应封堵。

（6）环网柜安装完毕后，左右两端的接地端子需分别接地，接地体需制作美观，露出地面部分采用黄绿相间标识。

（7）旧设备拆除时，应对电缆采取保护措施，注意防止损伤电缆半导体及外绝缘。

（8）揭电缆盖板时，应注意监护，防止盖板掉入电缆沟内损伤电缆。

（9）制作电缆头时应注意防尘、防水，进行每道工序前应将电缆擦拭干净；用刀时应下刀轻柔，防止伤及电缆绝缘层，对残余在绝缘层上的半导体应用细砂纸轻轻打磨，鼻子应压实、牢固无松动现象。

（10）使用冷缩头时，应注意护套接触是否紧密和缝。

（11）严格按照电缆头制作工艺制作电缆终端头，且应符合以下要求：①导体连接良好；②绝缘可靠；③密封良好；④足够的机械强度，能适应各种运行条件且接地良好。

（12）电缆制作时要核准相色，确保电缆与线路连接时相位一致。

（13）各接地体接地电阻不得大于 4Ω，设备外壳接地与中性点接地不得串联。

五、安全措施

1. 一般原则

（1）严格执行两票规定，每项工作认真填写相关工作票及操作票，并严格执行票面所列安全措施。

（2）严格执行停电、验电、挂接地线等安全措施，特别要注意线路停电后工作人员必须保证在接地线保护范围以内。

（3）禁止使用不符合电压等级或试验不合格的验电器。

（4）施工地段两端应装设围栏及警示标志，防止无关人员进入。

（5）所有施工器具应经试验合格方可使用。

（6）现场工作人员必须严格执行"两穿一戴"（穿工作服、穿工作鞋、戴安全帽）规定。

（7）提前在现场安全地带召开班前会，做好人员分工、交代安全注意事项并提前做好开工准备；开工前，各施工人员不得离开安全集合点，更不得擅自进入设备区域。

（8）作业人员应穿着反光背心，并设专人指挥交通，防止发生交通事故。

（9）现场应配备足够的防暑降温用品及急救品。

2. 具体措施

（1）电缆不停电作业。

1）连接头、PL0 开关外壳均需设置接地，接地线的规格采用 $25mm^2$ 的多股软铜线。

2）施工机具在运输过程中，应在运输车辆上摆放整齐，按序摆放，并做好防止发生相互碰撞而引起的工具损坏的安全措施。

3）各类材料在运输过程中，应使用专用车辆运输，各类材料分类摆放整齐。

4）提前准备夜间施工照明器具，并加强对工作人员的监护及特殊路段的监护。

（2）环网柜更换。

1）开工前必须得到配调和用户许可后方可开工。

2）电缆沟内有带电电缆，在施工过程中应采取隔离措施防止沟内施工误伤带电电缆。

3）按指定位置放置环网柜，防止挤、压旁路电缆。

4）吊车及操作人员须审核备案，操作人员必须持证上岗。

5）起吊前操作人员必须根据现场情况对吊车进行全面检查，吊重物不得超过吊车起吊曲线的规定，不得超负荷运行，起吊物品要捆绑牢固。起吊物品时，当起吊物稍一离地应停止牵引，经检查确认无问题后方可继续起吊。

6）起吊作业要有专人指挥，统一信号，起重臂下严禁人员停留或行走。

7）电缆试验时，应拆除 3HZ2、4HZ1 间隔电缆头。

8）试验区域还应设置封闭式围栏，防止外人误入试验区。试验完毕要充分放电，防止电压伤人。

3. 工作票（详细内容略）

本次施工填写线路第一种工作票 5 张，线路第二种工作票 4 张，施工作业票 5 张，根据配调实际下达指令票填写线路倒闸操作票 8 张，变压器倒闸操作票 6 张。

（1）线路第一种工作票 5 张。

1）旁路电缆接入。

工作负责人：略

工作任务：10kV 旁路线分别接入 10kV 米油二线万奇分支 3HF3、4HF3 备用间隔。

停电范围：①10kV 米油二线（米 81-油 74）万奇分支 3HF3 备用间隔；②10kV 米油二线（米 81-油 74）万奇分支 4HF3 备用间隔。

停电时间：2012 年 8 月 18 日 17：30～19：00。

现场安全措施，接地线为 2 副：1 号接地线为万奇分支 3HF37 接地刀闸；2 号接地线为万奇分支 4HF37 接地刀闸。

2）某房地产箱变负荷转移。

工作负责人：略。

工作任务：用户负荷倒换。

停电范围：①10kV 米油二线（米 81-油 74）线路万奇分支某房地产 315kVA 箱变高压负荷开关及以下；②10kV 米油二线（米 81-油 74）线路万奇分支移动箱变 D0 开关及以下。

停电时间：2012 年 8 月 18 日 20：00～21：00。

现场安全措施，接地线为 3 副：1 号低压接地线为某房地产箱变低压母排；1 号高压接地线为某房地产箱变高压负荷开关接地刀；2 号低压接地线为移动箱变低压母排。

3）1H 环网柜更换。

工作负责人：略。

工作任务：10kV 米油二线（米 81-油 74）万奇分支 1H 环网柜更换。

停电范围：10kV 米油二线（米 81-油 74）万奇分支（3HZ2-4HZ1）线路、1H 环网柜。

停电时间：2012 年 8 月 18 日 20：00～2012 年 8 月 19 日 6：00。

现场安全措施，接地线为 3 副：1 号接地线为万奇分支 3HZ27 接地刀闸；2 号接地线为万奇分支 4HZ17 接地刀闸；3 号接地线为某房地产箱变高压进线侧。

4）某房地产箱变负荷转移。

工作负责人：略。

工作任务：用户负荷倒换。

停电范围：①10kV 米油二线（米 81-油 74）线路万奇分支某房地产 315kVA 箱变高压负荷开关及以下；②10kV 米油二线（米 81-油 74）线路万奇分支移动箱变 D0 开关及以下。

停电时间：2012 年 8 月 19 日 6：30～7：30。

现场安全措施，接地线为 3 副：1 号低压接地线为某房地产箱变低压母排；1 号高压接地线为某房地产箱变高压负荷开关接地刀闸；2 号低压接地线为移动箱变低压母排。

5）旁路电缆拆除。

工作负责人：略。

工作任务：10kV 旁路线分别接入 10kV 米油二线万奇分支 3HF3、4HF3 备用间隔。

停电范围：10kV 米油二线（米 81-油 74）万奇分支（PL1-PL2）线路。

停电时间：2012 年 8 月 19 日 7：00～8：00。

现场安全措施，接地线为 2 副：1 号接地线为旁路线 PL17 接地刀闸；2 号接地线为旁路线 PL27 接地刀闸。

（2）线路第二种工作票 4 张。

1）用户箱变相序测试。

工作负责人：略。

工作任务：用户箱变相序测试。

工作时间：2012 年 8 月 18 日 20：30～20：40。

2）移动箱变相序测试。

工作负责人：略。

工作任务：移动箱变相序测试。

工作时间：2012 年 8 月 18 日 20：45～21：00。

3）旁路线电流监测。

工作负责人：略。

工作任务：旁路线电流监测。

工作时间：2012 年 8 月 18 日 20：00～2012 年 8 月 19 日 6：00。

4）旁路线巡视。

工作负责人：略。

工作任务：旁路线巡视。

工作时间：2012 年 8 月 18 日 20：00～2012 年 8 月 19 日 6：00。

（3）施工作业票 5 张。

1）高压旁路电缆敷设及连接。

施工负责人：略。

工作任务：高压旁路电缆敷设及连接。

工作时间：2012 年 8 月 18 日 14：00～17：30。

2）低压旁路电缆敷设。

工作负责人：略。

工作任务：低压旁路电缆敷设。

工作时间：2012 年 8 月 18 日 14：00～16：00。

3）高压旁路电缆回收。

工作负责人：略。

工作任务：高压旁路电缆回收。

工作时间：2012 年 8 月 19 日 8：00～9：00。

4）低压旁路电缆回收。

工作负责人：略。

工作任务：低压旁路电缆回收。

工作时间：2012 年 8 月 19 日 8：00～9：00。

5）旁路电缆试验。

工作负责人：略。

工作任务：旁路电缆试验。

工作时间：2012 年 8 月 18 日 16：30～17：00。

（4）线路倒闸操作票 8 张。

根据调度命令票填写。

（5）变压器倒闸操作票 6 张：

1）移动箱变测相序送电操作票。

2）移动箱变测相序完工停电操作票。

3）负荷转移至移动箱变：某房地产箱变停电操作票。

4）负荷转移至移动箱变：移动箱变送电操作票。

5）负荷恢复至某房地产箱变：移动箱变停电操作票。

6）负荷恢复至某房地产箱变：某房地产箱变送电操作票。

编号：Q/×××

10kV 米油二线 （米81-油74） 万奇分支 1H 环网柜更换作业指导书

（电缆不停电作业方式）

编制：＿＿＿＿＿＿＿＿＿　　年＿＿＿＿月＿＿＿日

审核：＿＿＿＿＿＿＿＿＿　　年＿＿＿＿月＿＿＿日

批准：＿＿＿＿＿＿＿＿＿　　年＿＿＿＿月＿＿＿日

作业负责人：＿＿＿＿＿＿＿＿

作业日期　　年　　月　　日　　时至　　年　　月　　日　　时

××供电公司

1 范围

本指导书适用于湖北省襄阳供电公司 10kV 电缆线路不停电作业工作，规定了该工作现场标准化作业的工作步骤和技术要求。

2 规范性引用文件

下列文件中的条款通过本作业指导书的引用而成为本作业指导书的条款。

2.1 GB/T 18037—2000　　　　带电作业工具基本技术要求与设计导则
2.2 GB/T 18857—2003　　　　配电线路带电作业技术导则
2.3 GB/T 2900.55—2002　　　作业人员术语　带电作业
2.4 《现场标准化作业指导书编制导则》（国家电网公司 2004.9）
2.5 国家电网生〔2007〕751 号　　国家电网公司带电作业工作管理规定（试行）
2.6 国家电网安监〔2009〕664 号　国家电网公司电力安全工作规程（线路部分）
2.7 《国家电网公司深入开展现场标准化作业工作指导意见》的通知
2.8 10kV 电缆线路不停电作业技术导则

3 施工前准备

3.1 准备工作安排

施工前准备工作安排见表 1。

表 1　　　　　　　　　　　　　施工前准备工作安排

√	序号	内　容	标　准	责任人	备　注
	1	现场勘察	1）核对工作地段设备双重名称； 2）确认电缆不停电现场作业条件（作业条件、环境、电气设备接线情况等）； 3）确认气象条件是否符合作业要求； 4）制定现场施工布置定位图		
	2	明确作业项目，确定作业人员并组织学习作业指导书			
	3	开工前一天准备工器具	工器具必须有试验合格证		
	4	开工前一天物资材料领取	材料应充足齐全		
	5	开工前一天办理相关施工票、操作票、线路一种票、线路二种票等	安全措施符合现场实际，按《工作票实施细则》要求进行填写		
	6	开工前学习施工作业票、工作票，明确停电范围、带电部位、安全措施及危险点	工作班组必须全员参加，认真学习，全面分析		
	7	学习高、低压旁路电缆敷设及电缆连接施工工艺，质量标准及技术资料			

3.2 人员要求

本作业项目共需要作业人员29人。作业人员要求见表2。

表2   人 员 要 求

序号	人 员 分 工	人 员 要 求	人数
1	工作负责人（监护人）	应具有一定的配电带电作业实际工作经验，熟悉设备状况，具有一定的组织能力和事故处理能力，并按《安规》要求取得工作负责人（监护人）资格	
2	专责监护人	应具有一定的配电带电作业实际工作经验，熟悉设备状况，具有一定的组织能力和事故处理能力，并按《安规》要求取得工作负责人（监护人）资格	
3	旁路电缆接头连接作业人员	应通过10kV电缆不停电作业专项培训，经考试合格并书面公布	
4	旁路开关操作和电流检测	应通过10kV电缆不停电作业专项培训，经考试合格并书面公布	
5	移动箱变操作人员	应具有一定的实际工作经验，熟悉设备状况	
6	地面电缆铺设作业人员	应具有一定的实际工作经验，熟悉设备状况	
7	旁路作业电缆车操作人员	应具有一定的实际工作经验，熟悉设备状况	
8	电缆绝缘电阻检测人员	应通过10kV电缆不停电作业专项培训，经考试合格并书面公布	
9	环网柜检修作业人员	应具有一定的实际工作经验，熟悉设备状况	

3.3 工器具

作业人员应核对工器具的使用电压等级和试验周期，检查外观完好无损。工器具运输应存放在工具袋或工具箱内；金属工具和绝缘工器具应分开装运。

3.3.1 专用设备

专用设备见表3。

表3   专 用 设 备

√	序 号	名 称	规格/型号	单 位	数 量	备 注
	1	电缆旁路作业车		辆	1	施放和储存电缆
	2	移动箱变车		辆	1	用户负荷转移
	3	连接型旁路电缆	22.8kV，38mm²	根	27	主连接电缆
	4	低压旁路电缆		根	12	低压连接主电缆
	5	直线接头		只	21	50m主电缆之间连接用
	6	T型接头		只	3	连接分歧线路时用
	7	直线接头装置架		个	7	装直线接头，带接地装置
	8	T型接头装置架		个	1	装T型接头，带接地装置
	9	旁路负载启断开关	22.9kV，200A	台	1	旁路作业专用开关
	10	电缆保护盖板		块	100	保护旁路电缆
	11	小拖车		辆	3	展放电缆
	12	防水布		m	500	

3.3.2 工器具清单

工器具清单见表4。

表 4 　　　　　　　　　　　**工 器 具 清 单**

√	序 号	名 称	型 号	单 位	数 量	备 注
	1	电缆剥削器		把	2	
	2	液压接钳	六角模及圆模	台	2	
	3	发电机		台	1	
	4	电缆刀		把	4	
	5	钢丝钳		把	4	
	6	吊车	8t	台	1	
	7	手动锯弓		把	4	
	8	卷尺	5m	支	2	
	9	液化气		坛	2	
	10	液化气枪		把	1	
	11	兆欧表	5000V/2500V	台	1/1	
	12	锉刀		把	1	
	13	钢丝刷		把	1	
	14	平口螺丝刀		把	1	
	15	梅花螺丝刀		把	1	
	16	活动扳手	6in（1in＝0.0254m）	把	4	
	17	活动扳手	8in（1in＝0.0254m）	把	4	
	18	活动扳手	10in（1in＝0.0254m）	把	4	
	19	活动扳手	12in（1in＝0.0254m）	把	4	
	20	铁锤	2.72kg	把	2	
	21	木锤		把	4	
	22	套筒扳手		套	2	
	23	锯子		把	4	
	24	塑料手套		双	30	
	25	塑料箱		个	2	
	26	安全遮拦	10m	套	80	
	27	围栏杆		根	160	
	28	安全警示牌	电力施工，车辆缓行	套	16	
	29	安全警示牌	由此进出	快	10	
	30	遮阳棚	8m	套	10	
	31	高压验电器	（10）kV	支	2	
	32	低压验电器	400V	支	1	
	33	高压接地线		组	1	
	34	低压接地线		组	2	

√	序 号	名 称	型 号	单 位	数 量	备 注
	35	绝缘手套	10kV	双	2	
	36	接地线	10m	根	10	
	37	接地钎		根	10	
	38	千斤绳	$\phi16\times2.5$m	根	1	
	39	白棕绳	$\phi8\times15$m	根	2	
	40	钢钎	$\phi18\times2$m	根	2	
	41	照明灯	发电机灯	台	3	

3.4 材料清单

材料清单见表5。

表5 **材 料 清 单**

√	序 号	名 称	型 号	单 位	数 量	备 注
	1	电缆终端头		套	3	
	2	手锯锯条		根	10	
	3	不起毛白布		kg	1	
	4	绝缘自粘带		卷	2	
	5	丙酮		瓶	10	
	6	半导体带		卷	2	
	7	铜线鼻子	DT-340	只	6	
	8	螺栓	$\phi16\times40$	套	10	
	9	螺栓	$\phi12\times40$	套	10	
	10	铜芯皮线	BX-25	m	10	
	11	电缆标示牌		块	20	
	12	硅脂膏		kg	1	
	13	环网柜		台	1	

3.5 危险点分析

危险点分析见表6。

表6 **危 险 点 分 析**

√	序 号	内 容
	1	人身触电伤害
	2	电缆沟内工作时损伤其他电缆
	3	停电线路存在感应电压，发生人身触电
	4	吊车起重伤害
	5	抬运物件时挤压，施工过程物体砸伤
	6	制作电缆头造成割伤

√	序 号	内 容
	7	制作电缆头造成烫伤
	8	易燃物起火
	9	高温天气中暑
	10	施工现场未设围栏，未悬挂"止步，高压危险"标示牌
	11	交通事故

3.6 安全措施

安全措施见表7。

表7   安 全 措 施

√	序号	内 容
	1	施工期间必须严格执行工作票制度，严格执行班前、班后会制度。开工前对所有工作人员进行"三交"（停电范围、工作任务、安全措施），完工后工作负责人进行"三查"（人员任务完成情况、工具材料是否遗漏、现场和设备是否清扫干净）
	2	环网柜内工作时要核对间隔名称，防止误入间隔
	3	在环网柜停、送电操作及负荷电流监测时工作人员应戴绝缘手套，防止意外触电
	4	吊车起吊环网柜时，由专人指挥防止伤人及交通事故，起吊范围内除指定人员外，其他人员严禁进入
	5	敷设电缆人员应相互配合，轻抬轻放，防止损物伤人
	6	用刀或其他切割工具时，正确控制切割方向
	7	使用液化气枪应先检查液化气瓶减压阀是否漏气或堵塞，液化气管不能破裂，确保安全可靠
	8	液化气枪点火时，火头不得对人，以免人员烫伤，其他工作人员应与火头保持一定的距离
	9	液化气枪使用完毕应放置在安全地点，冷却后装运；液化气瓶要轻拿轻放，不能同其他物体碰撞
	10	所有工作人员均应穿反光背心，防止交通意外发生
	11	电缆试验时应在电缆三端派人看守，防止人员触电

3.7 作业分工

作业分工见表8。

表8   作 业 分 工

√	序号	作业内容	作业负责人	作业人员
	1	现场安全措施设置		
	2	铺设防水布、电缆保护板铺设		
	3	接头盒、PL0开关摆放、高压旁路电缆敷设、电缆连接		
	4	移动箱变就位、低压旁路电缆敷设、箱变至旁路电缆接入、用户箱变相序监测记录		
	5	高、低压旁路电缆试验		

√	序 号	作业内容	作业负责人	作业人员
	6	环网柜备用间隔停电操作		
	7	旁路电缆接入环网柜备用间隔		
	8	旁路线送电		
	9	用户箱变负荷转移至移动箱变		
	10	检修段线路停电		
	11	环网柜更换		
	12	3HZ2 至 4HZ1、1H 环网柜送电		
	13	将用户负荷恢复至用户箱变		
	14	旁路线停电操作		
	15	旁路线退出		
	16	高压旁路电缆设备回收		
	17	低压旁路电缆设备回收		
	18	现场安全措施拆除		

3.8 布置图

不停电作业布置图如图 1 所示。

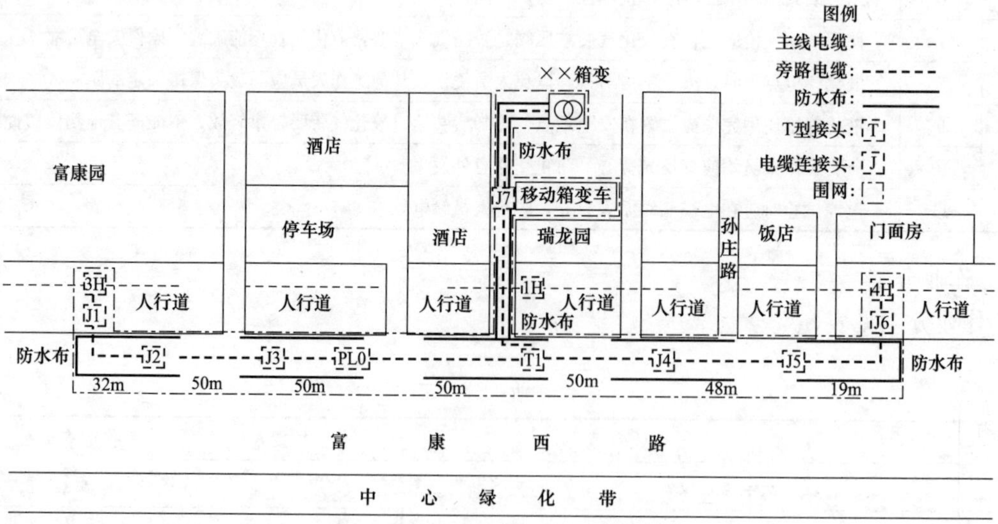

图 1 不停电作业布置图

4 流程图

电缆不停电作业流程图如图 2 所示。

194

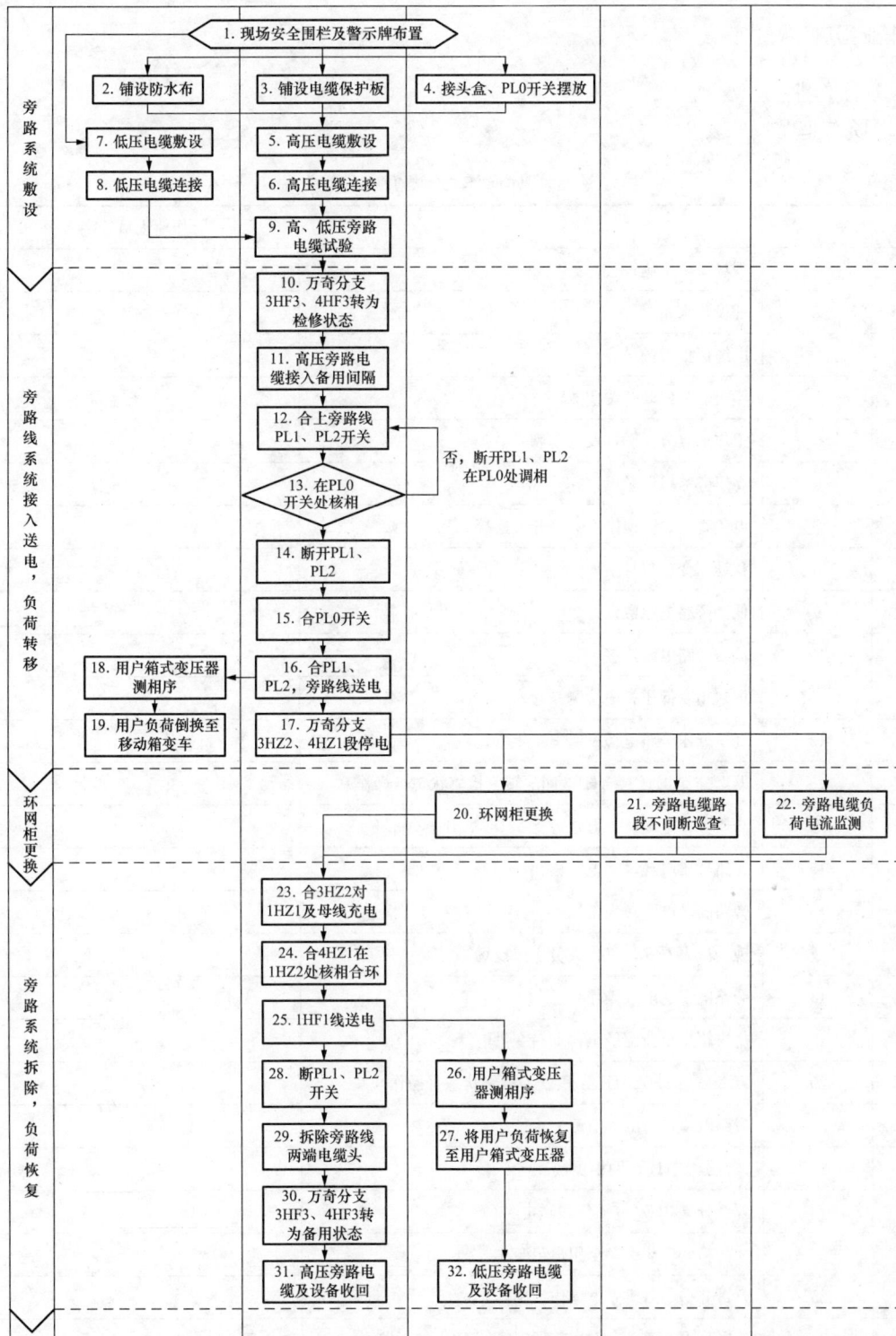

图 2　电缆不停电作业流程图

5 作业程序

5.1 现场作业

现场作业程序见表9。

表9　　　　　　　　　　　　　现 场 作 业 程 序

√	序　号	内　　容	作业人员签字
	1	现场安全措施设置	
	2	铺设防水布	
	3	电缆保护板铺设	
	4	接头盒、PL0开关摆放	
	5	工作地点装设围栏及标示牌	
	6	高压旁路电缆敷设	
	7	电缆直接、T型接、旁路开关连接	
	8	移动箱变就位	
	9	低压旁路电缆敷设	
	10	低压旁路电缆连接	
	11	用户箱变低压相序检测	
	12	高、低压旁路电缆试验	
	13	万奇分支3HF3、4HF3间隔转为检修状态（操作）	
	14	高压旁路电缆接入万奇分支3HF3、4HF3间隔	
	15	旁路高压电缆试送电及核相	
	16	旁路高压电缆转为备用	
	17	现场派人看守，工作人员撤离现场	
	18	旁路电缆送电（操作）	
	19	用户箱变负荷倒换至移动箱变供电	
	20	万奇分支3HZ2-4HZ1段转为检修状态（操作）	
	21	旁路电缆负荷电流监测	
	22	万奇分支1H环网柜更换	
	23	万奇分支3HZ2-4HZ1段送电	
	24	移动箱变负荷倒换至用户箱变	
	25	万奇分支旁路线停电操作（操作）	
	26	万奇分支3HF3、4HF3间隔高压旁路电缆拆除	
	27	万奇分支3HF3、4HF3间隔转为备用状态	
	28	高、低压旁路电缆及设备拆除回收	

5.2 作业内容及标准

作业内容及标准见表10。

表 10 作业内容及标准

√	序号	作 业 内 容	作业步骤及标准	安全措施及注意事项	责任人签字
	1	现场安全措施设置	施工道路两侧各30m处设置"车辆慢行,前方施工"标示牌	所有路口均应设置	
	2	铺设防水布	由3H环网柜至4H环网柜、T型接头到移动箱变全程沿路沿石铺设防水布	防水布应铺设平整,搭接完全不少于20cm,必要时拿重物压平	
	3	电缆保护板铺设	由3H环网柜至4H环网柜、T型接头至移动箱变地段铺设电缆保护板	注意保护板前后一致及预留出接头盒位置	
	4	接头盒、PL0开关摆放	接头盒、PL0开关按摆放	注意接头盒位置应提前选好,作好标记;T型接头位于PL0开关靠负荷侧;PL0开关外壳需接地	
	5	工作地点装设围栏及标示牌	分别在3H、4H环网柜、接头盒、PL0开关、电缆预留处设置围栏及"止步,高压危险!"标示牌	工作完成后安排专人在现场路口等位置现场看守,发现问题立即调整	
	6	高压旁路电缆敷设	1)使用电缆敷设车敷设电缆; 2)使用电缆敷设小车,分两组从两头分别开始敷设工作	电缆放出后立即放入电缆保护板内,并盖好盖板,原则上电缆摆放顺序为靠近路沿右侧(南)为白色,依次为白、蓝、红,在电缆两侧做好相色标	
	7	电缆连接	旁路电缆直接接头、T型接头、旁路开关接头连接	电缆头清洁应使用无水、无尘用品,连接应可靠	
	8	负荷转移设备就位	1)移动箱变就位。 2)现场安全措施设置。 3)低压旁路电缆敷设。 4)箱变至旁路电缆接入。 5)用户箱变相序监测记录	1)移动箱变位置应提前选定,作好标记,原则为停放位置不影响箱变操作及来往车辆通行。 2)在移动箱变、用户箱变、低压旁路电缆全程设置围栏,防止行人进入。 3)因低压旁路电缆无防护盖板且绝缘层较薄,敷设时严禁在路面拖动,摆放位置应紧贴西侧墙边摆放	
	9	电缆试验	高、低压旁路电缆试验	在试验时PL0开关合闸,试验后PL0开关断开,试验时电缆三端应派人看守,防止人员意外触电	
	10	环网柜备用间隔停电操作	万奇分支3HF3、4HF3间转为检修状态	检查移动箱变FK01、PL0开关确在断开位置后向配调申请环网柜备用间隔停电操作	

✓	序 号	作 业 内 容	作业步骤及标准	安全措施及注意事项	责任人签字
	11	旁路电缆接入	得到配调许可开工命令后，分别将旁路线接入 3HF3、4HF3 间隔	电缆连接紧密，固定牢固，绝缘处理符合要求	
	12	旁路高压电缆试送电及核相	1）得到配调许可分别合上 PL1、PL2 开关，送电至 PL0 开关两侧。 2）在 PL0 开关处核相	核相不正确，申请断开 PL1、PL2 开关，进行调整	
	13	旁路线转为备用	1）得到配调许可分别断开 PL1、PL2 开关。 2）派人看守已停电的旁路电缆及设备	1）严格按操作票执行操作。 2）看守人员应防止重载车辆碾压电缆保护板及行人进入设备区	
	14	旁路线送电及 PL 开关电流监测	1）得到配调许可分别合上 PL1、PL2、PL0 开关。 2）在 PL0 开关处用高压钳型电流表进行电流监测。 3）旁路电缆路段不间断巡查	1）PL0 合环后在 PL0 靠负荷侧检测旁路线确有电流后方可进行下一步 3HZ2、4HZ1 的停电操作。 2）旁路电缆带负荷电流后应派专人在 PL0 开关处进行电流测试，如电流大于 200A，应立即通知总负责人停止工作	
	15	检修段停电操作	得到配调许可分别断开 3HZ2、4HZ1、1HF1 开关；推上 3HZ27、4HZ17、1HF17 接地刀闸	严格按操作票执行操作，旁路线送电后，万奇分支 3HZ2-4HZ1-PL2-PL1-3HZ2 型成小环网，注意操作流程，防止带电误合地刀	
	16	用户箱变负荷转移	1）断开用户箱变高、低压负荷开关，拉开低压总刀闸，推上高压负荷开关接地刀闸。 2）合上移动箱变高压负荷开关，在移动箱变低压侧检测低压相序，并与用户箱变相序比较，定出低压旁路电缆接线方式。 3）断开移动箱变高压负荷开关，按已定的旁路电缆接线方式进行低压改接。 4）分别合上移动箱变高、低压负荷开关。 5）合上用户箱变低压负荷开关，完成负荷转移工作	1）工作负责人只有得到总负责人许可命令后方可开始工作。 2）负荷转移完成后，派专人在用户箱变处看守，严禁合上用户箱变高压负荷开关及低压总刀闸	
	17	环网柜更换	1）拆除 1H 环网柜所有接线电缆。 2）拆除旧 1H 环网柜。 3）对环网柜基础进行修整。 4）安装新环网柜。 5）环网柜电缆制作、试验、接入	1）工作负责人只有得到配调许可命令后方可开始工作。 2）拆除电缆前应对所有电缆做好标记，防止接入时出现相序反相。 3）使用吊车吊装环网柜时应注意保护旁路电缆安全。 4）环网柜更换完毕后，所有开关应在断开位置	

√	序 号	作 业 内 容	作业步骤及标准	安全措施及注意事项	责任人签字
	18	检修段送电操作	1）拆除 3HZ2、4HZ1 开关靠线路侧安全措施。 2）合上 3HZ2、1HZ1 对 1HZ1 及母线充电（1H 其他开关处于断开位置）。 3）合上 4HZ1 开关送电至 1HZ2，并在 1HZ2 开关处核相。 4）在 1HZ2 处合环。 5）1HF1 线路送电	严格按操作票执行操作，检修段送电后，万奇分支 3HZ2-4HZ1-PL2-PL1-3HZ2 型成小环网，注意操作流程，防止带地刀合闸	
	19	负荷转移	1）断开移动箱变高、低压负荷开关。 2）拆除低压旁路电缆。 3）合上用户箱变高、低压负荷开关恢复用户供电	箱变高压旁路电缆只有在得到总负责人许可后方可拆除	
	20	旁路电缆停电操作	1）断开旁路线 PL0 开关。 2）断开旁路线 PL1 开关。 3）断开旁路线 PL2 开关。 4）合上旁路线 PL17 接地刀闸。 5）合上旁路线 PL27 接地刀闸		
	21	旁路线退出	分别拆除 PL1、PL2 间隔旁路电缆		
	22	低压旁路设备回收			
	23	高压旁路设备回收			

5.3 竣工

竣工验收内容见表 11。

表 11　　　　　　　　竣 工 验 收 内 容

√	序号	内　　容	负责人签字
	1	环网柜安装、电缆终端头制作完毕，做电缆试验，并出具试验报告，恢复电缆接头	
	2	工作完毕，清理施工现场	
	3	指定专人认真清点本项目施工的所有从业人员，清理开工前所携带的工器具无丢失，材料的使用情况正常，确定线路无人后，拆除所挂接地线并向调度报完工	
	4	整理施工记录，试验报告	
	5	整理电缆施工设计和有关设备变更资料	
	6	整理由制造厂提供的电缆附件质量保证证明文件和相关技术资料	
	7	相关资料移交运行单位	

6　验收总结

验收总结见表 12。

表 12　　　　　　　　验 收 总 结

自验收记录	设备安装情况	
	存在的问题及整改措施	
验收单位意见	班组总结评价	
	运行单位验收意见及签字	
	公司验收意见及签字	

7 指导书执行情况评估

指导书执行情况评估见表13。

表 13　　　　　　　　　　指 导 书 执 行 情 况 评 估

评估内容	符合性	优		可操作项	
		良		不可操作项	
	可操作性	优		修改项	
		良		遗漏项	
存在问题					
改进意见					

附 录 A

A.1 低压相序记录表

10kV米油二线（米81-油74）万奇分支某房地产用户相序记录单

相序表连接方式	黄绿红	相序表连接方式	黄绿红
相序表显示方式	正转　　　反转	相序表显示方式	正转　　　反转

A.2 高压旁路电缆电流检测记录表

序　号	时　间	电流值			测 试 人	记 录 人	备　　注
		U	V	W			

A.3 高、低压旁路电缆试验记录

线路名称	10kV 旁路线		试验日期		
装设处所	PL1-PL2	线路全长	m	导线排列及标志	
芯数		电压	10kV	厂家	
导线形状				温度：	℃
导线截面积				湿度：	%
绝缘电阻 （MΩ）					
相别	U	V	W	使用仪器	
测试值				10 000V 绝缘电阻表	
结　论：					

线路名称	低压旁路电缆		试验日期		
装设处所	移动箱变至用户箱变低压侧	线路全长	m	导线排列及标志	
芯数		电压	380V	厂家	
导线形状				温度：	℃
导线截面积				湿度：	%
绝缘电阻 （MΩ）					
相别	U	V	W	O	使用仪器
测试值					500V 绝缘电阻表

结　论：

备　注：

试验人员：

第三节　不停电作业阶段接线图

一、不停电作业阶段接线图（见图 5-4）

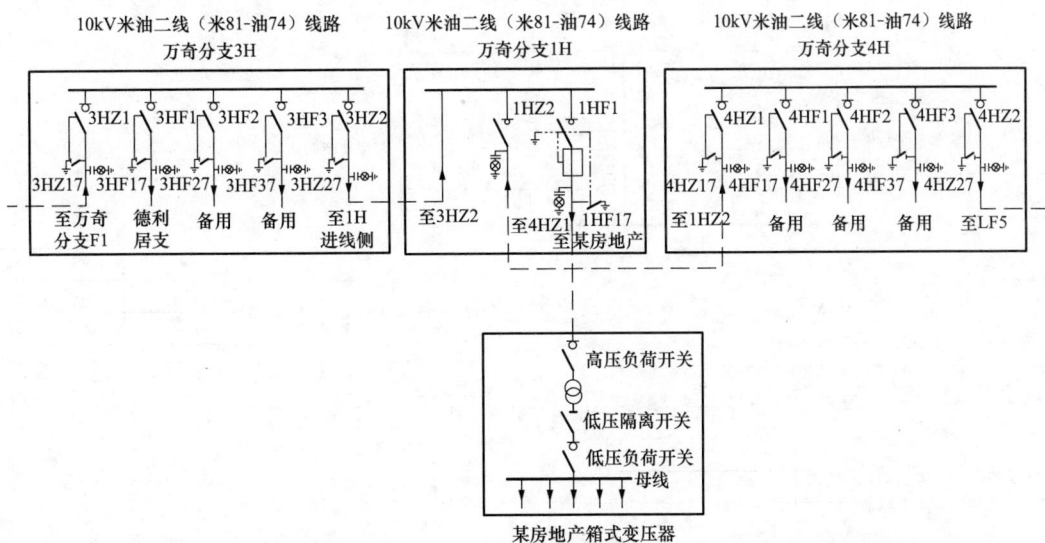

图 5-4　10kV 米油二线万奇分支 1H 环网箱不停电作业现状图（旁路线接入前）

二、不停电作业阶段接线图（见图5-5）

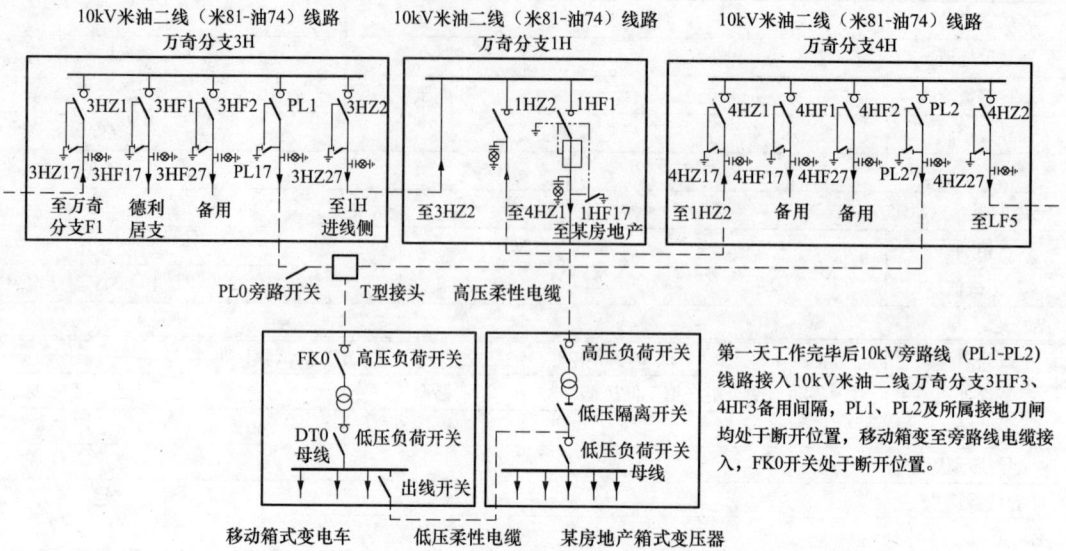

图 5-5　10kV米油二线万奇分支1H环网箱不停电作业接线图（旁路线接入后）

三、不停电作业阶段接线图（见图5-6）

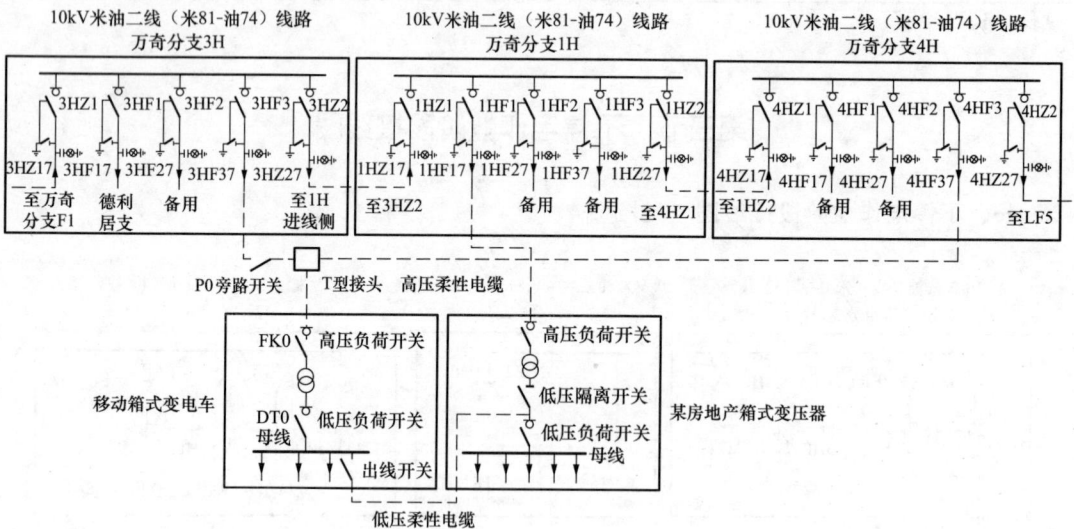

图 5-6　10kV米油二线万奇分支1H环网箱不停电作业接线图（1H环网箱更换后）

202